북한 투자의 시대

수익률 1000% 시장에 도전하라

북한 투자의 시대

초판 1쇄 발행 2019년 3월 4일
초판 4쇄 발행 2019년 3월 22일

지은이 정민규

발행인 백유미 조영석
발행처 (주)라온아시아
주소 서울시 서초구 효령로 34길 4, 프린스효령빌딩 5F

등록 2016년 7월 5일 제 2016-000141호
전화 070-7600-8230   **팩스** 070-4754-2473

값 18,500원
ISBN 979-11-89089-59-7 03320

이 도서의 국립중앙도서관 출판예정도서목록(CIP)은 서시정보유통지원시스템 홈페이지(http://seoji.
nl.go.kr)와 국가자료종합목록시스템(http://www.nl.go.kr/kolisnet)에서 이용하실 수 있습니다.
(CIP제어번호 : CIP2019002398)

라온북은 독자 여러분의 소중한 원고를 기다리고 있습니다. (raonbook@raonasia.co.kr)

북한투자의시대
NORTH RUSH

정민규 변호사 지음

RAON
BOOK

북한투자, 리스크만 관리하면
1,000퍼센트의 수익을 낼 수 있다

1848년 1월 24일 제임스 W. 마셜은 캘리포니아주 서터스 포트에서 제재소를 짓기 위하여 인근 강바닥 굴착공사를 하고 있었다. 그때 그는 우연히 강바닥에서 찬란한 빛을 뿜어내는 황금빛 조각을 발견한다. 골드러시의 대서사시가 시작되는 순간이다. 캘리포니아에서 황금이 발견되었다는 소문은 순식간에 전 세계에 퍼졌다.

미국 전역, 중남미, 유럽, 하와이, 중국 등지에서 물밀듯이 사람들이 캘리포니아로 몰려들었고 약 30만 명의 사람들이 캘리포니아주로 이주해왔다. 그 영향으로 작은 어촌마을이었던 샌프란시스코는 신흥도시로 급부상했고 캘리포니아는 도로, 학교, 마을이 새로 건설되어 미국의 31번째 주로 편입된다. 오늘날 미 달러화 가치로 수십억 달러의 금이 발견되었고 그 대부분은 골드러시 초창기에 금 채굴에 과감하게 뛰어든 개척자들에게로 돌아갔다.

그로부터 170여 년 뒤 캘리포니아주에서 비행기로 12시간이 걸리는 지구 반대편 한반도에서 바야흐로 새로운 골드러시가 시작되려 하고 있다. 남북관계가 개선되고 북미정상회담이 개최됨에 따라 다시 대북투자에 대한 열기가 달아오르고 있다. 일부는 장밋빛 희망을 이야기하고 일부는 여전히 대북투자의 리스크를 경고한다. 골드러시 당시 과감하게 뛰어든 개척자는 크게 성공했다. 남북관계와 북미관계 개선에 관한 희망과 불신이 교차하는 지금이야말로 진정한 북한투자의 적기라고 본다. 기대와 소문, 망설임과 불확실성이 뒤섞여 있는 이러한 개와 늑대의 시간이 투자하기에는 최고의 타이밍이다.

　이 책에서는 왜 지금이 북한투자의 적기인지, 북한에 투자하고 대북 비즈니스를 하면 왜 고수익을 올릴 수 있는지를 구체적인 사례를 들어 설명하고 있다. 북한투자를 고민하고 있는 기업인에게 북한투자 시 도움이 될 만한 조언을 실었다. 특히 대기업, 중소기업, 개인사업가나 자영업자별로 투자 규모가 다르므로 그에 걸맞게 또 북한의 현재 실정에 걸맞게 적합한 투자 유망업종을 분석해 제시하였다.

　사회주의 국가인 중국, 베트남도 개혁 개방정책을 펴면서 해외투자자로부터 직접투자를 받아서 경제성장의 동력으로 삼았다. 이 책에서는 다른 사회주의 국가에서의 외국인 투자의 성공 및 실패의 사례를 살펴보고 향후 대북투자 시 투자자들이 참조할 교훈과 인사이트를 도출해 정리했다.

무엇보다도 북한투자는 그 본질과 핵심이 투자위험을 줄이고 관리하는 리스크 헷징에 있다. 이 책에서는 북한투자 리스크를 줄이기 위해 실행 가능한 다양하고 현실적인 방안들을 검토하고 모색했다. 중국, 러시아의 기업과 합작을 하는 방안, 북한의 현지 중개인이나 사업 파트너를 물색하는 방법, 국제공증이나 국제보험 등을 활용하는 방안 등 실제 사업의 현장에서 직접 활용이 가능하고 효과가 있는 구체적 접근법과 해법을 실었다. 북한투자의 리스크를 줄이기 위해 북한 고위층과 실제로 어떻게 인적 네트워크를 구축하고 어떻게 그들과 접근할 수 있을지 다양한 경로들에 대한 방안을 담았다. 북한투자 리스크의 상당 부분은 결국 북한의 조선노동당이나 감독기구의 고위직 간부들에 의해 상쇄될 수 있기 때문이다.

이 책이 다른 대북투자서와 다른 점은 실제로 북한에 투자했거나 하고 있는 사람들, 대북 비즈니스에 관련된 사람들, 북한에서 고위층으로 살다가 탈북한 탈북 엘리트들, 국정원에서 대북협력사업에 관여한 요원들 등 실제 현장에서 북한투자나 대북업무를 체험한 사람들과의 경험담을 참조하여 작성되었다는 점이다. 실제로 북한을 접한 투자자들의 경험담이 여러분의 새로운 북한 비즈니스에 소중한 시금석이 될 것이다.

북한투자는 인류의 지도에서 마지막 남은 미개척 블루오션이자 보물섬이다. 위험하지만 그래서 그만큼 더 수익률도 높다. 북한이 개혁 개방정책을 얼마나 강하게 추진할 것인지는 여전히 베일 속에 가려져 있다. 그러나 한 가지 확실한 것은 개혁 개방을 미루고 자력갱생의 헛된 구호로 인민들을 동원하기에는 북한의 내부 경제상황이 녹록하지 않다는 점이다. 북한은 결국 스스로 살기 위하여 개혁 개방노선을 취할 수밖에 없을 것이고 이미 개방정책을 통해 성장의 모멘텀을 발견한 중국, 베트남을 선례로 따를 수밖에 없다.

이 책이 북한에서 새로운 투자나 비즈니스를 계획 중인 기업인, 사업가뿐만 아니라 향후 북한에서 사업기회를 고민 중인 일반인들에게도 현실적인 사업의 나침반이 되기를 바란다.

책이 나오기까지 많은 조언을 해준 라온북 출판사의 조영석 대표님, 최향금 부장님, 편집부에 따뜻한 감사의 마음을 전한다. 멀리 낯선 미국에서 열심히 학업에 매진하고 있는 아들 필립, 딸 로미와 애들 뒷바라지로 고생하고 있는 와이프 현정에게도 고마움을 전한다.

ad majorem dei gloroam
(하나님의 더 큰 영광을 위해)

(위) 금수산 태양궁전
(아래) 평양 인민문화궁전

(위) 평양 을밀대
(아래) 평양 옥류관

평양 류경호텔

주체사상탑

미래과학자 거리 아파트

려명거리 아파트

(위) 평양 시내 아파트
(아래) 평양 시내 전경

평양 시내 야경

(위) 평양 거리의 택시
(아래) 평양 거리의 교통경찰

(위) 정주영 체육관
(아래) 대동강 강변

대동강 전경

평양 순안공항

대동강 맥주와 평양 소주, 고려술

평양 식료품 상점

대동강수산물 식당

(위) 평양 류원 신발공장
(아래) 평양 주류공장

| 목차 |

프롤로그   4

PART 1 21세기, 마지막 남은 인류의 보물섬

북한은 절대적으로 공급이 부족한 미개척지   33
북한경제에 대한 오해와 진실   37
한국의 청년실업대란을 해결할 새로운 고용시장   41
북한판 아마존 '만물상', 준비된 스타트업과 창업생태계   47
남북 연결로 생성된 대한 플랫폼이 세계물류를 바꾼다   51
한국, 북한, 미국의 3중 조합이 가져온 천재일우의 개방 기회   55
한국은 더 이상 성장 모멘텀이 없다   60
북한의 개혁 개방 모델 예측   64

PART 2 100년간 한국을 먹여 살릴
거대한 물결이 밀려온다

북한 장마당의 실상과 인기품목   71
High Risk, High Return   75
북한은 중국, 러시아와 투자 시너지 창출을 위한 3중 레버리지   79

북한은 중국, 러시아, 일본 등 동북아시아 물류의 허브　　83

세계에서 가장 싸고 똑똑한 노동시장이 몰려온다　　87

세계 최대 자원 보고인 극동러시아 개발이 가져올 파급효과　　91

북한투자가 중국이나 베트남 투자보다

높은 수익률이 가능한 이유　　94

유통업, 서비스업 등 무주공산의 사업영역이 넓다　　97

PART 3　투자의 금맥은 어디인가

최우선 순위는 인프라 구축과 원자재 및 지하자원 개발이다　　103

대기업은 토목건설, 물류, 유통, 호텔 · 관광 사업에 진출하라　　108

중소기업은 섬유, 식품, 신발, 건설자재 생산공장,

목재공업을 노려라　　113

개인사업자, 자영업자는 중고제품 조립 · 수리 시장을 뚫어라　　118

개인이 큰돈 없이도 소액으로 북한에 투자하는 법　　123

일반인이 단기에 접근 가능한 남북경협 관련 실전 투자방안　　127

북한의 은행, 금융업 투자 및 진출 방안　　131

북한에는 능라88, 클락새20이 있다   135

북한의 부동산투자 유망지역, 투자물건 및 조상 땅 찾기   138

베트남 투자 사례를 통해 본 북한 초기 투자 사업 아이템   142

개인도 농산품, 수산물 등의 무역 직거래에 활로가 있다   145

속초항으로 수입하는 무역업, 물류업이 황금알이다   151

북한 노동당의 민원사업에 착안하라   155

PART 4 사회주의 국가 투자 사례에서 배우다

필립스 등 글로벌 기업의 중국투자 성공기   163

글로벌 기업의 베트남 진출 성공 사례   167

현대그룹의 대북사업의 성과와 교훈   171

태광실업(태광비나)의 베트남 투자 성공 스토리   175

대표적 개성공단 입주기업 로만손의 성공과 실패   179

태창의 금강산 샘물사업 투자 실패 사례   182

중국기업의 북한투자 실패 사례   186

사회주의 국가에 대한 투자의 기회요소와 위험요소   190

PART 5 어떻게 북한투자 리스크를 줄일 것인가

중국, 러시아의 기업과 합작회사를 만들어라   197

신뢰할 수 있는 현지 중개인이나 조선족 파트너를 찾아라   201

러시아 하산시, 중국 단둥시, 훈춘시에 합작회사를 설립하라   205

현지 합작기업 설립을 통한 우회투자전략   208

유엔 등 국제기구와 공동사업을 위한 프로젝트를 기획하라   212

국제금융기구의 금융지원을 레버리지로 안전판 구축하기   216

서방투자자, 글로벌 투자은행 시각에서 본 리스크 헷징 방안   220

국제공증, 국제보험 및 계약 입회를 통한 리스크 분산   224

북한에서의 투자 및 회사설립절차   229

개성공단 입주 시 투자 리스크 해소 방안   234

PART 6 북한투자를 위한 네트워크 구축과 투자 지역 선정하기

중국보다 더 중요한 관시　　　　　　　　　　　　　　241

북한 고위층과 관계 트는 법　　　　　　　　　　　　245

탈북 엘리트를 통한 관계망 형성　　　　　　　　　　249

중앙민족경제지도기관의 간부들은 어떤 사람들인가　252

각국의 정보당국 고위직을 통하면 북한 고위층과 연결된다　255

NGO, 조선족 기업인들을 대북창구로 삼아라　　　　258

기존의 대북 관련 정부 산하기구를 활용하라　　　　262

북한의 경제특구 중 최적의 투자지역 선정　　　　　266

재보험과 제3국 상사중재제도로 리스크 헷징하기　　270

| 부록 |

북한의 권력기구도와 파워엘리트 분석　　　　　　　276

대북경협 절차와 필요서류　　　　　　　　　　　　279

북한 투자 관련 한국의 주요 법령　　　　　　　　　293

- 남북관계발전에 관한 법률　　　　　　　　　　　294

- 남북교류협력에 관한 법률   301
- 남북협력기금법   317

북한 투자법령 및 남북경협 활성화를 위한
북한 투자법령 개정방안   321

- 북남경제협력법   322
- 외국인 투자법   326
- 합영법   330
- 합작법   338
- 외국인기업법   342
- 외국투자기업등록법   347
- 외국인 투자기업로동법   353
- 외국투자기업 및 외국인세금법   362
- 개성공업지구법   372
- 금강산국제관광특구법   380
- 라선경제무역지대법   387
- 황금평·위화도 경제지대법   401
- 상업은행법   413
- 남북경협 활성화를 위한   422
- 북한 투자법령 개정 방안   422

참고문헌   429
에필로그   430

PART 1

21세기, 마지막 남은 인류의 보물섬

북한은 절대적으로
공급이 부족한 미개척지

만성적인 공급 부족은 초대박 이윤을
가져다줄 도깨비방망이다

최근에 만난 탈북자의 말에 따르면 북한의 고위급 당 간부의 가족들도 정상적으로 배급을 받지 못하여 장마당(1994년 중앙배급체계가 무너지면서 생긴 일종의 암시장)에서 의식주의 부족을 해결한다고 한다. 이들뿐만 아니라 경찰이나 군인들도 장마당을 기웃거리고 있으니 북한의 배급 시스템이 더 이상 제대로 작동하지 않는 것은 사실인 것 같다.

같은 군부대의 연대장 부인이 대대장 집에서 옥수수 포대를 빌렸다가 갚지 않아 싸움이 생겼다는 웃지 못할 해프닝도 전해온다. 북한의 핵심 계급들이 이 정도라면 일반 주민들의 경제 사정은 안 봐도 뻔하다. 북한의 고위급 당 간부의 친척 중에도 탈북자가 없는 집이 없어 서로 탈북자 문제는 쉬쉬한다는 이야기도 들린다.

나진·선봉 경제특구에는 북한의 만성적 공급 부족을 이용해 돈을 벌고 있는 중국인 밀수업자들이 활개치고 있다. 중국에서 가져온 물건들을 북한에 밀반입하여 비싸게 팔고 이익을 챙기는 신흥 졸부들인 셈이다. 이들은 쉽게 번 돈을 주체하지 못해 북한의 젊은 처자를 현지처로 두고 있다고 한다.

장마당이 북한 전역에서 계속 늘어나고 있고, 장마당에서 돈을 번 돈주(외국인을 대상으로 관광 사업과 무역 등을 통해 부를 축적한 북한의 신흥 부유층)들이 공산당 간부들 못지않게 떵떵거리며 살고 있는 것이 북한의 현실이다. 북한이 핵 경제 병진노선을 추진하는 동안 북한 주민들의 생활 수준은 바닥으로 추락했다. 식량, 의류, 생필품, 농기구, 어선 등 모든 물자의 공급이 부족한 실정이다. 탈북자가 있는 가족들은 브로커를 통해 한국의 탈북가족에게 필요한 물건을 보내달라고 요청하고 있는 실정이다.

이처럼 북한은 모든 물자에 대하여 수요 대비 공급이 절대적으로 부족한 '절대적 공급 부족'의 트랩에 갇혀 있다. 절대적으로 공급이 부족한 사회에서는 조금만 투자해서 생산량을 늘리고 공급을 증가시키면 거대한 이윤을 수확할 수 있는 기회가 탄생한다. 지금 북한투자가 적기인 이유는 '절대적 공급 부족', 이 한마디로 설명 가능하다.

21세기 현재 아프리카 대륙의 일부 국가들을 제외하고는 전 세계적으로 공급이 수요를 초과하는 '공급 초과'가 보편적 현상이다.

생산하는 것이 문제가 아니라 소비자들에게 파는 것이 문제라는 뜻이다. 그래서 많은 기업이 마케팅에 천문학적인 비용을 쏟아붓고 있는 것이다. 그런데 북한에서는 적어도 그런 고민을 할 필요가 없다. 어느 정도 품질이 보장된 물건이 공급되면 이를 구매할 사람은 아직도 넘쳐나는 '수요 초과' 상황이기 때문이다.

결국 경제는 수요와 공급의 법칙에 의해 좌우되기 마련이다. 북한 정권의 이념적 경직성으로 인한 공급 부족은 개혁 개방이 되는 순간 외부 투자자에게 기하급수적이고 천문학적인 이윤 창출을 가져다줄 돈 보따리고 도깨비방망이다. 우리가 지금 어려워도 북한에 투자하고 북한과 사업을 시작해야 하는 결정적 이유가 여기에 있다.

사회주의 국가 개혁 개방 초기에 투자해야 수익이 크다

중국도 덩샤오핑의 개혁 개방 초기에는 절대적 공급 부족에 시달렸다. 개혁 초기만 해도 중국인 대다수는 만성적인 생필품, 의류, 식량, 연료 등의 부족을 겪었다. 그러나 덩샤오핑이 개혁 개방정책을 펼친 지 20여 년이 지난 지금의 중국은 천지개벽 그 자체다. 중국은 경제 규모로 미국을 육박하며 세계 제2위의 경제대국으로 발전했고 베이징, 시안, 청두, 상하이, 칭다오 어디를 가더라도 마천루와 아파트가 치솟아 있다.

베트남도 개혁 개방 초기에 만성적인 공급 부족 상태에 있었다. 베트남은 1986년에 '도이머이(Doi Moi)' 정책을 채택하여 본격적인 시장경제체제에 돌입했다. 1987년 12월에는 외국인 투자법을 공포하고, 1993년에는 토지법을 개정하여 토지상속권, 담보권, 사용권을 인정했다. 1995년에 동남아시아국가연합(ASEAN)에 가입했고, 1998년에 아시아태평양경제협력체(APEC)에 가입했다. 그 후 2001년 12월 베트남은 미국과 무역협정을 발효했고, 2006년(세계무역기구WTO)에 가입하여 개방적 자본주의 세계경제에 완전히 편입되었다. 이러한 노력으로 베트남은 개방한 지 30여 년이 지난 2018년 현재 1인당 국민소득 2,550달러로 개방 초기에 비해 약 10배 이상의 성장을 이룰 수 있었다.

개혁 개방정책을 채택한 선배 사회주의 국가들인 중국, 베트남의 사례에서 보듯이 북한이 앞으로 개혁 개방을 본격화한다고 하더라도 북한 주민들은 그 실질적 성과와 혜택을 2030년쯤에서야 체감할 수 있을 것이다.

그러나 외국인 투자자들에게는 오히려 투자 초기인 현 시점이 투자의 위험에 비례하여 투자 성과도 크다는 점을 잊지 말아야 한다. 개혁 개방 초기에 외국 자본과 투자가 아쉬운 북한 정권으로서는 투자 장려를 위해 외국인 투자자의 이윤 회수에 대해 규제나 제재를 하기가 어렵다. 이는 개혁 개방 초기에 사업 실패의 위험도 크지만 대박이 날 확률도 훨씬 높다는 얘기다. 성공은 원래 리스크의 세제곱 함수다.

북한경제에 대한
오해와 진실

폐쇄경제가 아닌 외국에 대한 무역의존도가
50퍼센트가 넘는 개방경제

북한에 대한 흔한 착각 중 하나가 북한이 폐쇄경제라는 것이고, 또 하나가 장마당이 성행하고 있음에도 불구하고 북한 주민들은 여전히 배급경제에 의존하고 있다는 인식이다.

북한은 자급자족의 폐쇄경제가 아니라 외국에 대한 무역의존도가 50퍼센트를 넘는 개방경제다. 북한의 무역은 대부분 중국에 의존하고 있는데, 북한의 주요 수출품은 광물자원이고 주요 수입품은 중국산 원유다. 또 현실 통계를 살펴보면 북한의 가계 소득 중 배급제보다 장마당을 통해 벌어들이는 비공식소득의 비중이 70퍼센트를 넘는다.

2014년 북한의 1인당 국민소득은 미 달러 기준으로 770달러로 한국의 27,971달러의 약 2.7퍼센트에 불과하다(김병연, 《Unveiling the North Korean Economy》, 캠브리지대학 출판사, 2017). 남북한의 극심한 경제 격차는 향후 통일과정이 순탄치 않을 것이라는 점을 암시하지만 동시에 남북 간 경제협력이 그만큼 한국과 북한 양국에 경제적 번영의 기회를 가져다줄 수 있다는 것을 보여준다.

북한의 경제성장률은 2011년 0.8퍼센트, 2012년 1.3퍼센트, 2013년 1.1퍼센트, 2014년 1.0퍼센트, 2015년 -1.1퍼센트, 2016년 3.9퍼센트로 평균적으로 1퍼센트대의 성장률을 기록하고 있다(위의 책).

북한의 무역총액은 1998년 16억 달러로 최저치를 기록했다가 2010년 51억 달러, 2012년 79억 달러, 2014년 97억 달러로 꾸준히 큰 폭으로 상승해왔다.

북한의 대외 무역의존도는 2000년에 20퍼센트에서 꾸준히 성장하여 2014년에 50퍼센트로 정점을 찍은 후 2015년에는 48퍼센트에 머물고 있는데, 한국인들의 일반적인 생각과 달리 대외무역에 의존하는 상당히 개방된 경제구조를 보여주고 있다.

북한 주민들의 공식 월 평균 급여는 약 3,000원에 불과한데, 4인 가족이 생계를 꾸려나가려면 최소한 월 50달러가 필요하다. 그래서 북한 주민들은 공식적 수입과 실지출액과의 차이를 메꾸기 위해 암시장인 장마당에서 장사를 해서 비공식적으로 수익을 벌고 있다.

이러한 비공식 부문에서의 시간당 임금은 공식 부문의 임금에 비해 약 80배 정도나 높은 것으로 알려져 있다. 이 때문에 점점 더 많은 북한 주민이 장마당 경제에 편입되고 있는 실정이다.

장마당을 통해
이미 자본주의의 단맛을 본 북한사회

북한의 일반 주민들은 밀수활동이나 장마당에서의 판매활동 등 시장경제 활동을 통해 수입을 얻는다. 남편이 중국에서 생필품을 밀수해서 북한에 반입하면 아내가 장마당에 나가 이를 팔아서 생활비를 벌어 생계를 꾸리는 식이다. 일부 주민들은 아파트 베란다에서 닭을 키워 이를 장마당에 내다 팔아 수익을 얻기도 한다. 그리고 조선 노동당의 중간관료들이나 하급직 당 간부들은 일반 주민들의 장마당 활동을 단속하지 않고 눈감아주는 조건으로 뇌물을 받아서 생활하고 있다.

한편 김정은 위원장과 고위 당 간부 등 북한 상류층은 중국 등과 무역을 하거나 각종 공식적·비공식적인 외화벌이를 통해 수익을 얻고 있다. 북중 무역거래를 하는 경우 대금 중 약 7퍼센트 정도를 리베이트로 받아 당에 헌납하는 것이 관례로 알려져 있다.

북한에서 김정은 위원장과 그 주변 권력층을 제외하면 나머지 중간관료나 일반 주민들은 장마당 경제를 통해서만 생계가 유지되므로 북한의 자본주의화 및 시장경제화는 이미 상당 부분 진행되었다고 봐야 한다. 즉 북한경제는 이미 시장경제에 일정 부분 편입되었고 대외무역 의존도가 높아졌다.

북한의 김정은 위원장이 국제사회의 외교적 고립에는 잘 버티다가 유엔과 미국의 대북 경제제재가 강화되자 미국과의 협상에 나서게 된 이면에는 이러한 경제구조의 체질변화라는 속사정이 있다.

따라서 김정은 위원장과 북한 정권은 내부로부터 동요와 불만을 잠재우기 위해서라도 개혁 개방정책을 펴지 않을 수 없을 것으로 보인다. 이는 분명히 한국기업들과 외국인 투자자들에게는 투자의 호기라고 할 수 있다.

한국의 청년실업대란을
해결할 새로운 고용시장

북한의 개혁 개방은 새로운 투자 창출과
신규 고용을 이끈다

2018년 9월 12일 통계청이 발표한 고용동향에 의하면 2018년 8월 취업자 수는 약 2,690만 명으로 전년 동월 대비 약 3,000명이 증가하는 데 그친 반면, 8월 실업자는 약 113만 명으로 전년 동월 대비 약 13만 4,000명(13.4퍼센트)이나 증가했다. 전체 실업률은 4.0퍼센트로 전년 동월 대비 0.4퍼센트 상승했고, 특히 15세에서 29세까지의 청년층 실업률은 10퍼센트에 달해 전년 동월 대비 0.6퍼센트 증가했다.

청년실업률 10퍼센트는 현재 한국의 청년실업대란을 압축적으로 표현하는 수치다. 경기침체의 직격탄을 사회생활을 갓 시작하는 청춘들이 맞고 있는 셈이다.

문제는 한국의 저성장, 고용부진, 경기침체의 사회경제문제가 향후로도 개선될 전망이 잘 안 보인다는 점이다. 이는 보수나 진보와 같은 정권의 성격이 문제가 아니라 한국이 OECD 회원국에 진입하면서 성장의 동력이 떨어지고 선진국의 평균적인 저성장률에 수렴하고 있기 때문으로 보인다.

청년실업대란은 이제 어떤 정권이 들어서도 풀기 힘든 난제가 되어버렸다. 한국의 기업들이 청년 신규채용 비율을 높이지 못하는 이유는 국내에 투자수익률이 높은 사업 아이템이 없어 투자를 미루고 있어서 추가 고용이 불필요하기 때문이다. 기업들이 고용률을 높이기 위해서는 새로운 투자수요가 발생하고 시장에서 제품에 대한 수요가 늘어나서 공급을 확대할 요인이 있어야 한다. 북한의 개혁 개방정책과 대북제재 완화로 북한시장이 개방되면, 한국기업으로서는 약 2,600만 명의 소비자가 있는 새로운 내수시장이 열리는 것이다. 이는 투자 확대로 이어져 자연스럽게 청년층을 고용할 유인이 생기게 된다.

기존 개성공업지구에 입주한 대부분의 기업들이 의류가공업, 섬유업 등의 영세한 중소기업이었지만 향후 개성공단이 재가동되고 2단계 개성공단 확장공사가 마무리되어 새로이 2차 개성공단 입주기업 분양이 시작되면 이전보다는 매출액 규모도 더 크고 보다 기술집약적인 기업체들이 입주할 것으로 보인다. 북한 당국도 실제로 한국 정부에 대하여 대기업이나 중견기업의 입주를 강력하게 요청하고 있다.

대기업이나 중견기업이 개성공단에 입주할 즈음에는 단순 노동력을 요하는 일자리는 북한 노동자로 채울 것이고 기술력을 요하는 일자리는 한국의 기술인력을 채용할 것으로 예상된다. 그런데 북한 노동자와의 임금격차로 인한 위화감 해소나 비용절감 차원에서라도 고임금의 경력직 기술자보다는 한국의 이공계 청년층을 신규채용하는 방식으로 이 문제를 해결할 수밖에 없을 것이다. 따라서 북한의 개혁 개방정책과 대북제재 완화로 대기업 및 중견기업이 북한에 진출하면 한국의 청년들에게는 기존에 없던 새로운 고용시장이 열릴 수 있다.

북한에서의 청년 창업은
새로운 돌파구

북한의 개혁 개방은 북한 정권과 북한 주민들에게도 새로운 기회겠지만, 고용불안과 취업전쟁에 시달리고 있는 한국의 20대 청년들에게도 새로운 고용시장과 창업시장이 열리는 것이라 할 수 있다.

한국의 20대 젊은이들은 전대미문의 고용 부진과 사상 최고의 청년실업률 속에서 매일매일 취업전쟁을 치르고 있다. 대기업과 중견기업의 연간 신규채용 규모는 점점 줄어들고 있어 '헬조선'을 살고 있는 'N포 세대'의 청년들에게는 대학 졸업 후 어디라도 취업하는 것이 인생의 최대목표가 되어버렸다.

청년들이 공무원 시험에 매달리고 대기업이나 공기업에 취업하려는 이유는 한국에서 창업이나 사업의 성공이 불확실하기 때문이다. 그런데 대기업에 취업하거나 공무원이 되더라도 40~50대가 되면 직장생활과 노후가 불안해지기는 마찬가지다. 결국은 젊을 때 밑에서 월급쟁이 생활을 하다가 노년에 몰아서 노후를 걱정하느냐 아니면 리스크가 있더라도 젊을 때 창업해서 노년에 편안하게 살 것이냐는 선택의 문제다.

개인적인 경험을 말하면 나는 사법시험에 합격하여 청와대 근무도 해보고 검사생활도 하면서 공무원도 해봤고 KB금융지주에서 임원도 해봤다. 그런데 40대 후반이 되어 다시 변호사로 돌아오고 보니 공무원이나 대기업 임원 생활은 겉보기만 번지르르했지 실속이 없었던 것 같다. 어차피 평생 공무원을 할 것도 아니고 평생 남의 회사에서 월급쟁이 생활을 할 것이 아니라면 하루라도 빨리 창업해서 자기 사업을 하는 것이 정답이다. 세상에는 크게 두 가지 종류의 사람밖에 없다. 월급을 주는 사람과 월급을 받는 사람.

그래서 나는 한국의 20대 청년들에게 가급적이면 대기업이나 공기업 취업, 공무원 시험 합격에 연연하지 말고 새로운 시대 트렌드에 맞춰 남들이 하지 않는 신사업 분야에 뛰어들어 창업하라고 강력하게 권하고 싶다. 40대 후반이 되어 겨우 깨달은 진리는 아무리 작은 규모라도 내 사업, 내 회사가 있어야 한다는 것이다. 앞으로 평균 수명이 100세가 되는 세상이 눈앞에 있는데, 월급쟁이로 살며 50대까지 남의 밑에서 월급 받아 살다가는 겨우 자식들을 대학교 졸업시켜 놓고 나면 본인에게 남는 것은 아무것도 없게 된다.

물론 창업의 과정은 험난하고 고달프다. 그런데 큰 부를 일구기 위해서는 평균적으로 3번 정도의 실패를 하기 마련이다. 리스크가 없으면 수익도 없는 법이다. 그런 측면에서 나는 한국의 20대 청년들이 북한이 개혁 개방정책을 실시할 경우 재빠르게 북한에서 스타트업 창업을 시도하기 바란다.

한국은 관 주도로 경제성장을 일구면서 공무원 조직이 비대하게 성장해버린 나라여서 모든 산업 분야에 거미줄보다 촘촘한 규제 관련 규정들이 존재한다. 불행하게도 한국은 포지티브 규제 방식을 채택했는데, 이 방식은 한국에서 새로운 산업이 태동할 때마다 걸림돌로 작용했다.

나는 드론산업이 제4차 산업혁명의 대표업종으로 태동하던 2014년에 한국드론협회의 이사로 잠깐 재직했다. 그런데 드론의 시험을 위해 시범비행을 하려고 해도 이를 허용하는 법령이 당시 입법이 안 되었다는 이유로 2년 동안 비행장소를 제대로 확보하지 못했다. 한국이 규제 때문에 주춤한 사이 네거티브 규제방식의 중국은 드론산업을 세계 최고 수준으로 도약시켰음은 익히 아는 사실이다.

북한은 아직까지 경제 분야에 관해 기본적인 법령 자체가 미비하고 특히 산업 분야에 관하여는 별다른 규제입법이 없어서 제4차 산업혁명시대에 길맞은 새로운 산업 분야의 스타트업을 하기에 최적의 시험무대다.

북한의 산업 중에서 한국의 현재 기술 수준과 대등한 분야로 소프트웨어 산업 분야와 애니메이션 분야가 있는데, 평양의 은정과학지구는 최첨단 소프트웨어 업체들이 입주해서 왕성한 연구활동을 하고 있다. 한국과 북한이 공동으로 평양 은정지구에 청년 스타트업 밸리를 구축하여 임차료 감면, 세금 면제 등 다양한 혜택을 주면서 스타트업을 할 수 있는 여건을 조성해준다면 한국 청년들에게 새로운 돌파구가 될 것이다.

만약 평양 은정과학지구가 어려우면 2단계 개성공단 확장으로 조성될 2차 개성공업지구의 일부에 청년 스타트업 밸리를 구축해도 좋다. 북한의 소프트웨어 분야나 애니메이션 등 문화콘텐츠 분야에서 한국의 청년 창업가들이 북한 청년들과 협업을 통한 창업을 시작할 수 있을 것이다. 남북한 정부와 첨단기술 분야나 문화콘텐츠 분야의 대기업들이 청년들의 창업을 지원하는 생태계를 조성해주면 한국 청년들의 새로운 창업 성공신화가 북한에서 태동할 수 있다.

북한판 아마존 '만물상', 준비된 스타트업과 창업생태계

북한의 벤처 기업과
엔젤투자자인 '돈주'의 등장

자본주의의 꽃이라는 스타트업이 사회주의 국가인 북한에도 있다고 하면 믿겠는가? 개인이 회사를 창업하는 경우도 있다면? 믿지 못하겠지만 다 사실이다. 북한의 신흥자본가 세력인 돈주들이 그 핵심인데, 이들은 북한 당국의 사실상의 묵인하에 엔젤투자자로서 또는 스타트업 창업자로서 직접 기업을 설립하여 운영하고 있다.

돈주들은 북한의 고난의 행군 시절인 1990년대 중후반에 등장했는데, 장마당이 대형화·조직화되면서 그들의 자본금 규모도 덩달아 커졌다. 북한의 사회주의 시스템이 약화되며 국가의 중앙배급시스템이 인민에게 물자를 충분히 공급하지 못하자, 암암리에 인민들 간에 거래가 가능한 자유시장이 형성됐다. 이를 '장마당'이라 부르는데, 이곳의 상거래 활동으로 부를 축적한 토착 집단이 재일동포, 화교와 함께 북한의 새로운 신흥계급인 돈주 세력으로 성장했다.

이들은 국가에서 놀리고 있는 공장을 빌려 직접 제조업을 하거나 무역 사업에 뛰어들어 외화를 벌어들였다. 또 소기업에 자금을 대출해주는 사실상의 금융기관 역할을 하기도 하고 한국의 엔젤 투자자처럼 벤처기업에 투자하기도 했다. 국제 사회의 고강도 대북제재에도 불구하고 북한 경제가 2016년 3.6퍼센트의 성장률을 보이며 버틸 수 있었던 저력도 사실은 이 돈주 집단의 자생력 덕분이었다는 해석이 많다.

북한은 2003년경 '종합시장 개혁'을 통해, 장마당을 사실상 합법화·상설화했다. 이 시기 과거 국가 소유였던 외화 상점의 약 80퍼센트가 돈주들에게 넘어갔다. 이러한 과정을 거쳐 현재 북한 내에는 문서상으로는 국영기업으로 등록되어 있지만, 실질적으로는 개인이 운영하는 자영업체와 소기업이 상당수 존재한다. 편법이긴 하지만 자본이 있는 개인의 창업이 가능하다는 이야기다.

싱가포르의 창업교육전문기관인 조선교류의 배대연 애널리스트에 의하면 평양과 평성 사이에 있는 은정과학지구에 지난 2년간 17개 정도의 스타트업이 설립되었다고 한다. 그에 따르면 2015년 조선교류가 북한 시민 11명을 싱가포르로 초청해 4개월가량 창업 관련 교육을 진행했고, 그 후 북한으로 돌아간 교육생들이 자금 지원을 받아 작년 말 기준으로 10개 내외의 신생기업을 북한에 세웠다고 한다. 분야별로는 전자, 식의약품 분야의 벤처기업이 다수인데, 이러한 기업들이 자본주의 국가에서 통상적인 개념의 스타트업과 가장 유사한 형태일 것이라고 설명했다.

성업 중인
인트라넷 전자 쇼핑몰

아직까지 북한 내에는 도소매업, 일반 서비스업 및 생계형 소상공인 창업이 다수를 차지하고 있으나, 최근에는 북한 내에 인트라넷을 활용한 기술 분야 창업도 꾸준히 생겨나고 있다.

북한 내에서는 인터넷 접속이 차단되어 있지만, 북한 정부가 구축한 자체 인트라넷 '광명'을 통해 다양한 전자상거래 활동이 이뤄지고 있고 북한 지역 곳곳에 인트라넷에 접속할 수 있는 피시방과 유사한 시설도 들어서고 있다.

이에 따라 다양한 IT 서비스 업종이 성장하고 있는데, 그중에서 가장 널리 알려진 것이 인트라넷 쇼핑몰인 '만물상'이다. 만물상은 신발부터 전자기기까지 4,000개 이상의 상품을 판매하고 있어, 북한의 아마존이라 할 수 있다. 북한 전문 매체인 〈NK뉴스〉 보도에 따르면 만물상은 2016년 기준으로 2만 3,000여 명의 방문자 수를 기록했다고 한다.

이처럼 북한 내에서 형식은 국유이지만 실질은 개인이 운영하는 기업이 많이 생겨나고 있고 신흥 자본가 계급인 돈주들을 중심으로 새로운 기업을 창업하려는 움직임이 계속 이어지고 있다.

북한은 자본주의가 아직 성숙되지 않은 단계라서 한국에 비하면 신규 사업에 대한 법적인 제재나 규제 체계가 거의 없다. 남북한 간에 교류가 활성화되거나 통일이 되면 북한의 이런 점에 주목해야 한다. 북한을 제4차 산업혁명의 규제 프리존으로 활용하거나 신규사업의 시험공간으로 양성화하면 북한을 매개로 한국이 제4차 산업혁명의 중심 국가로 우뚝 설 수 있는 기회가 될 것이다.

남북 연결로 생성된
거대한 플랫폼이 세계물류를 바꾼다

물류혁명의 강력한
쓰나미가 몰려온다

2018년 5월, 러시아 하산시에서 10년째 농장을 운영하고 있는 한국인 사업가 이 모 회장을 만났다. 그는 김대중 정부 시절부터 러시아에서 농장을 운영하며 러시아의 밀을 수매하여 북한에 무상으로 식량공급을 해온 오랜 북한통이다.

이 회장의 꿈은 러시아의 값싼 양질의 밀을 수매하여 하산시의 가공공장에서 제분한 뒤 밀가루를 한국 속초항에 직항으로 수출하는 것이다. 이 회장의 말에 의하면 남북 및 북미관계 개선으로 대북재제가 완화되면 러시아 하산시와 한국의 속초항을 직항으로 연결하는 해로를 통해 양질의 러시아산 밀가루를 한국의 시가보다 훨씬 저렴하게 수입한 후 판매할 수 있어 원가 우위의 가격 경쟁력을 누릴 수 있다는 것이다.

남북관계가 개선되고 북한투자가 활성화되면 이처럼 꿈만 같던 일들이 현실로 일어날 수 있다. 북한과의 단절된 관계로 인해 러시아 연해주나 중국 동북 3성으로부터 직수입하지 못했던 고랭지 농작물, 목재, 밀 등이 북한의 항만을 경유하여 한국으로 직수입되면 러시아, 중국, 한국과의 무역량도 기하급수적으로 증가할 것이다. 당연히 해운과 육상물류를 통해 창출될 직접적 무역이익과 물류 관련 산업의 발달로 인한 전방효과·후방효과로 창출될 부가적인 경제적 이익도 무궁무진하다.

삼성전자는 현재 스마트폰의 완제품과 부품을 수출할 때 해운을 이용해 태평양을 경유하여 유럽에 보내고 있다. 그러다 보니 생산원가에서 물류비용이 차지하는 비중이 엄청나다. 현재 극동 아시아에서 유럽으로 물품을 배송할 경우 해상을 이용하면 약 1만 9,000킬로미터의 거리가 되고 약 35일이 소요된다. 하지만 러시아의 시베리아 횡단철도(Trans Siberian Railroad : TSR)를 이용할 경우 약 9,300킬로미터의 거리가 되고 약 15일이 소요되므로 운송거리와 운송기간이 절반으로 단축될 수 있다.

만약 북한의 개혁 개방정책과 미국의 제재 완화로 남북이 연결되면 한국에서 북한의 항만으로 갤럭시 스마트폰을 수송한 후, 시베리아 횡단철도를 통해 완제품과 부품을 유럽으로 수출할 수 있어 삼성전자가 얻게 될 원가 절감의 이득은 엄청날 것이다. 이는 결국 제품의 글로벌 경쟁력 강화로 이어질 것이다.

물류의 패러다임 변화가
한국에 몰고 올 엄청난 경제적 수익

유럽에서 상품을 수입하는 경우에도 시베리아 횡단철도를 이용해 직항으로 물건을 들여오면, 물류비용의 대폭적인 절감으로 보다 저렴한 가격으로 한국에 수입·판매할 수 있다. 현재도 일부 컨테이너 물량을 블라디보스토크나 보스토치니에 선박으로 운반한 후 시베리아 횡단철도를 이용하고 있으나 남북 철도가 연결되면 철도를 통한 육로로 한 번에 운송이 가능해져 비용과 시간이 절감될 것이고 물동량의 규모도 더 증가할 것이다.

이러한 물류혁명은 유럽, 중국의 동북 3성, 극동러시아와 한국 간의 수출입 무역거래를 활성화시켜서 무역량의 증대로 이어질 수 있어 결국 한국 경제에 긍정적인 기여를 할 것으로 기대된다.

북한을 통한 중국, 러시아, 유럽과의 직접 연결은 상품 무역거래를 활성화시키는 것 외에도 한국의 관광산업 활성화와 그로 인한

| 러시아-한국 간 시베리아 횡단철도 컨테이너 화물량 | (단위:TEU)

구분	2010	2011	2012	2014	2015	2016	2017 (1~8월)
한국	88,577	113,485	103,252	194,057	122,500	75,000	-
-수출	44,279	48,488	-	59,016	-	-	-
-수입	25,364	38,686	-	59,016	-	-	-
-Transit	18,934	26,311	-	90,542	-	-	-

※ -표시는 거래가 없음을 의미함.

관광수입 증대에도 기여할 것이다. 항공편을 통한 한국 입국보다 시베리아 횡단철도를 통한 한국 입국이 더 비용 절감이 된다. 이는 한국을 이전보다 훨씬 더 매력적인 관광지로 부각시킬 것이다. 한국과 연계된 북한의 관광수입 증가는 더 말할 나위도 없다.

이처럼 남북관계 및 북미관계 개선으로 북한과의 물리적 단절이 해소되고 북한과 한국이 연결되면 이는 단순히 남북의 연결에 그치지 않는다. 거대한 물류의 패러다임이 바뀌게 된다. 한국과 북한이 유라시아 대륙의 물류 허브로 등장하면서 기존의 제품과 서비스의 이동 동선이 바뀌는 등 글로벌 사업의 거대한 판이 완전히 뒤집어지는 물류혁명이 일어날 것이다. 이는 유라시아 대륙의 맨 끝, 외로운 변방에 위치한 고립된 섬나라와 같았던 한국의 입장에서는 게임의 룰이 바뀌는 것이다.

한국으로서는 이 물류혁명을 이용하여 다시 경제성장의 모멘텀과 동력을 얻을 수 있다. 북한의 개혁 개방은 한국기업과 한국인들 모두에게 절호의 기회다. 한국기업이 북한에 투자하는 것은 이 물류혁명을 사업의 원천으로 활용하는 것으로, 이 기회를 잡느냐 마느냐에 따라 기업의 성쇠도 좌우된다고 본다. 지금 한반도에서 급변하며 소용돌이치는 이 거대한 물류혁명에 동참하지 않는다면 시대의 거대한 격랑에 휩쓸려 밀려나고 말 것이라고 감히 단언한다.

한국, 북한, 미국의 3중 조합이
가져온 천재일우의 개방 기회

세 개의 **톱니바퀴가** 잘 맞물려
돌아가면 빗장이 열린다

북한투자가 활성화되려면 남북관계 개선, 북미관계 개선이라는
과제가 선결되어야 한다. 그런데 이는 북한 최고 지도층이 경제발
전을 위해 개혁 개방과 변화를 수용하려는 의지가 있는지, 한국에
남북교류와 관계 개선을 중시하는 진보정권이 집권하고 있는지,
미국 백악관에 북한과의 관계 개선을 위해 기존의 전통적인 접근
법에서 벗어난 보다 유연한 시각을 가진 대통령이 집권하고 있는
지의 세 가지 요소가 맞아 떨어져야 한다.

　지금까지 남북교류와 대북투자 활성화가 어려웠던 이유는 위
세 가지 요소를 동시에 충족하는 것이 고차방정식인 3차방정식
의 해를 구하는 것보다 더 까다로웠기 때문이다.

그런데 우연히도 2018년, 한반도와 미국에서 이 세 가지 요소를 모두 충족시키는 물적 토대가 완성되었다.

그 배경에는 기존의 김정일 위원장과는 사고방식이 다른, 보다 유연하고 글로벌한 시각을 가진 젊은 지도자인 김정은 위원장이 있다. 여전히 상반된 다양한 평가가 존재하지만 김정은 위원장은 스위스 국제학교에서 글로벌한 서구교육을 받았고, 어릴 때부터 자본주의 시장경제와 선진문화의 영향을 받고 자랐다. 이것이 김정은 위원장이 아버지 김정일보다 덜 이념 지향적이고 개혁 개방 정책에 있어서 유연할 수 있는 이유다.

김정은 위원장은 2016년 제7차 노동당 대회에서 이전의 강성대국 건설에서 핵·경제 병진노선으로 정책기조를 전환하고 사회주의 강국 건설을 대외적으로 표명했다. 2017년 12월에는 핵 완성을 대내외적으로 선언하고, 2018년 4월 20일에는 북한 노동당 중앙위원회 제7기 제3차 전원회의에서 핵·경제 병진전략에서 '경제총집중전략'으로의 전환을 공식 발표했다. 김정은 위원장은 2022년 제8차 노동당 대회까지 경제발전의 성과를 북한인민들에게 제시해야 하는 과제가 있고, 장마당 활성화로 시장경제가 일부 도입된 북한의 현 상황에서 미국과 유엔 주도의 대북제재가 지속될 경우 경제적 타격으로 인한 내부적인 체제 균열이 발생할 위험이 있다.

이 때문에 김정은 위원장과 북한은 자의든 타의든 자신의 체제 보장을 위해서라도 미국 등의 대북제재를 풀고 개혁 개방으로 나아가야만 하는 불가피한 상황에 이르렀다.

새로운 기회를 잡으려면
대북투자에 발동을 걸어라

한국은 10여 년간의 보수 정권의 집권이 끝나고 남북관계 개선을 국정의 최우선 당면과제로 설정한 문재인 정부가 들어섰다. 보수 정권은 아무래도 북한 정권에 대한 오랜 불신 때문에 대북정책에 있어 소극적·수동적으로 대처하는 경향이 있었다. 이에 반해 문재인 정부는 노무현 정부 때의 적극적 대북정책을 계승하는 차원에서 동북아의 중재자를 자처하며 보다 과감하고 전방위적으로 북한과의 관계 개선에 나서고 있다.

2018년 4월 27일 문재인 대통령이 판문점에서 김정은 위원장과 만나 역사적인 판문점 선언을 도출해내고 싱가포르에서의 북미 간 정상회담을 적극 중재하는 노력으로 남북관계와 북미관계 개선의 새로운 물꼬를 튼 것은 외교적으로 중요한 성과로 기록될 만하다.

게다가 미국에서는 기존의 전통적인 엘리트 정치인이 아니라 비즈니스맨 출신으로 이질적인 사고방식을 가진 트럼프가 대통령으로 선출되어 백악관을 장악하고 있다. 이 또한 남북관계와 북미관계 개선을 위해서는 천운의 기회다. 왜냐하면 미국의 대외 외교는 초당적 외교로서 원칙에 입각하여 정교하게 매뉴얼화되어 있으므로 공화당이 집권하든 민주당이 집권하든 대북 외교의 기본원칙과 방향은 바뀌기가 쉽지 않기 때문이다.

그런데 트럼프 대통령과 그가 주도하는 백악관은 기존의 공화당이나 민주당의 전통적 사고방식이나 워싱턴의 외교문법에 얽매이지 않기에 기존의 틀을 깨고 파격적인 대북 접근이 가능하다. 트럼프는 2020년 재선에 성공하기 위해 역대 어느 미국 대통령도 이뤄내지 못한 전대미문의 외교성과를 내고 싶어 하는데 이것이 바로 북미관계 개선이다. 쇼맨십이 강한 트럼프 대통령에게 대북관계 개선처럼 홍보하기 좋은 소재는 없다.

2018년 6월경 싱가포르에서 북미정상회담이 개최되었는데, 기존의 미국 대통령이나 백악관이었다면 그 정도의 회담 준비와 의제 조율 수준에서는 아직 북미정상회담을 위한 조건이 성숙되지 않았다고 보아 회담을 무산시켰을 것이다.

따라서 트럼프 대통령이 집권하고 있는 이 천재일우의 기회를 북한이 정확히 인식하고 적극적으로 남북대화와 북미대화에 나와서 미국이 수용할 만한 구체적 비핵화 조치를 제시해야 한다. 그것이 북한 정권이 살고 북한 주민들도 살아나는 길이며, 남북이 서로 경제협력과 교류를 통해 상생할 수 있는 유일한 해법이기 때문이다.

트럼프 대통령의 임기 내에 북한의 비핵화 조치와 동시 이행으로 유엔과 미국의 대북제재 완화·조치가 시행된다면 본격적인 남북경협과 북한의 개혁 개방이 시작될 수 있다. 이러한 거대한 역사적 전환기는 우연히 외부조건이 맞물려 찾아왔지만, 세계사적으로도 향후 다시 오기 어려운 흔치 않은 기회다.

그러므로 기업인들은 지금이야말로 대북투자에 발동을 걸어야 할 유일한 시기이자 적기임을 깨달아야 한다. 대북 비즈니스는 'All or Nothing' 게임이다. 리스크가 많은 초창기에 먼저 진입하는 자만이 나중에 시장의 모든 자원을 독식하는 'First takes everything' 게임이다. 나중에 북한의 개혁 개방이 충분히 진척되고 대북제재가 완전히 해제될 때에는 이미 모든 분야에 경쟁자들이 들어차 투자할 기회조차 잡을 수 없는 상황이 올지도 모른다.

투자 리스크도 높고 여전히 정세가 불안정한 지금이야말로 가장 좋은 북한투자의 적기다. 새로운 기회를 잡으려는 자, 지금 바로 북한에 투자하라.

한국은 더 이상
성장 모멘텀이 없다

**임금 인상, 근로시간 단축, 저출산, 저성장,
신수종산업 몰락 등 성공신화의 추락**

한국은 최근 여당과 야당, 노동계와 자영업계가 최저임금 인상, 주당 법정 근로시간 단축 도입 등에 관한 찬반양립으로 격심한 내홍을 겪었다. 근로자의 최소한의 생존권 보장을 위한 필수 개혁이라는 입장과 중소기업이나 자영업자에게 감당할 수 없는 비용부담을 주어 그들의 경제기반을 무너뜨리는 처사라는 견해가 팽팽히 맞섰던 것이다.

　최근 기업인 조찬모임에서 만난 중소기업 사장들은 저마다 임금인상 부담 때문에 자동화 기기의 도입을 서두르거나 인력 감축을 고민하고 있었다. 그럼에도 불구하고 한국의 최저임금 인상이나 주당 근로시간 단축은 이미 돌이킬 수 없는 시대적 흐름이 된 것 같고 중소기업이나 대기업은 이러한 대외적 환경변화에 적응할 수밖에 없다.

한국은 경제의 펀더멘탈(fundamental, 경제기초)이 개선될 가능성이 낮고 과도한 규제와 신성장동력의 상실로 더 이상 사업하기에 매력적인 장소가 아니다. 여기에 더하여 최저임금 인상, 주당 근로시간 단축으로 사업주나 자영업자의 경영환경은 더욱 열악해졌다.

북미 간의 관계 개선이 이뤄지고 대북제재가 완화되면 상당수의 한국기업들이 대북투자로 눈을 돌릴 것이라고 보는 이유는 한국에서의 비즈니스가 가격 경쟁력 등에서 더 이상 메리트가 없기 때문이다. 특히 노동집약적인 경공업을 영위하는 중소기업의 경우에는 양질의 값싼 북한 노동력을 이용한다면 인건비 상승의 압박에서 벗어날 수 있으므로 충분히 매력적인 기회라고 할 수 있다. 최근에 만난 코스닥 기업 대표들 중에는 2차 개성공단이 출범하면 그곳에 분양을 받아 입주를 하겠다며 구체적 방법이나 절차를 묻는 사람들이 많다.

북한은 자본주의나 시장경제 자체가 발달되지 않아 한국과 달리 복잡한 규제나 제제가 많지 않다. 북한의 개혁 개방이 자리를 잡으면 한국의 많은 기업이 주요한 경영 의사결정을 하는 본사는 한국에 두고 노동력의 집중을 요하는 생산공장이나 생산기지는 북한이나 북한 국경에 인접한 중국, 러시아에 두는 형태로 기업을 운영할 가능성이 높다.

북한과의 경협은 한국이 고성장을
지속하기 위한 유일한 돌파구

여성복, 남성복, 제화, 골프의류, 학생복, 홈 리빙 등의 제품을 생산하는 중견 패션그룹인 형지그룹의 최병오 회장은 대북투자 환경이 조금이라도 개선된다면 원가 절감을 위해 불가피하게 형지엘리트를 포함한 다양한 계열사를 북한시장으로 이전할 것을 검토하고 있다고 밝힌 바 있다. 최 회장은 "주 52시간 근로제 도입으로 남북경협에 신경을 쓸 수밖에 없는 상황을 맞이했다"며 "남북 및 북미관계가 예상만큼 잘 풀리지 않아도 봉제나 의류 공장을 북한 현지에 만들어야 한다"고 말했다.

최근 한국의 노동시장과 근로환경의 급변이 역설적으로 한국 기업들이 북한과의 대북경협에 적극적으로 나서게 만드는 촉매제 역할을 하고 있는 셈이다.

굳이 이러한 인건비 압박 문제가 아니라도 한국은 초고령화, 저출산, 저성장, 내수시장 포화, 고용률 감소 등의 저성장과 장기침체의 트랩에 완전히 갇혔다. 기존의 조선, 해운, 자동차 등 한국의 대표적 수종산업들은 이미 성장엔진이 꺼진 채로 중국에 추월당했다. 제4차 산업혁명의 주요 업종인 IOT, 로봇, 드론, 인공지능, 전기자동차, 무인자동차 분야는 각 정부부처의 거미줄 같은 제재 규정에 포획되어 기술혁신과 성장이 요원한 상태다.

한국은 북한과의 남북경협, 북한을 통한 대중 무역 확대, 대러시아 무역 확대, 북방 삼각지 물류망의 연결로 인한 새로운 신성장 동력의 확보가 아니면 향후 지속적인 성장을 이끌어갈 만한 모멘텀이 전혀 없다. 북한과의 투자 확대, 남북경협 증대가 한국의 생존에 있어 선택이 아닌 필수사항인 이유가 여기에 있다.

한국의 경제 규모는 이미 G20의 선진국 수준에 진입하여 저성장의 정체단계에 진입한 상태다. 따라서 북한과의 경협 이슈가 없으면 더 이상 새로운 성장의 돌파구를 찾기 어렵다. 한국기업들은 인건비 상승의 압박에서 벗어나기 위해서라도, 저성장 뉴노멀의 덫에서 탈출하기 위해서라도 북한으로 눈을 돌려야 한다. 북한투자와 북한 비즈니스에 한국의 유일한 미래성장 돌파구가 있다.

북한의 개혁 개방
모델 예측

중국, 베트남, 미얀마의
개혁 개방 모델 속에 해답이 있다

북한이 북미관계 개선을 기회로 개혁 개방정책을 펼친다면 어느 나라의 개혁 개방 모델을 따라갈지에 대하여 이전부터 다양한 예측이 있었다. 김정은 위원장이 2018년 6월 싱가포르에서 북미정상회담을 하기 전날 싱가포르를 둘러보면서 싱가포르의 경제시스템을 칭찬하자 언론에서는 북한이 싱가포르 방식으로 개혁 개방을 추진할 것이라는 추측성 보도가 나오기도 했다.

그렇지만 사회주의 국가이고 폐쇄적 일당독재 사회인 북한이 현실적으로 참고할 수 있는 개혁 개방 모델은 그다지 많지 않다. 크게 중국식 개방 모델, 베트남식 개방 모델, 미얀마식 개방 모델 중 하나로 압축될 것으로 보인다. 중국식 개방 모델, 베트남식 개혁 개방정책(소위 도이머이)과 미얀마 개혁 개방 모델 간의 가장 큰 차이는 무엇일까?

중국과 베트남은 모두 사회주의 국가의 틀 안에서 국가 주도의 개혁 개방정책을 추진했다. 그러나 중국이 단계적·점진적 개방정책을 편 것과 달리 베트남은 도이머이 정책을 추진하면서 전면적 개방정책을 추진했다. 한편 미얀마는 군부 독재 정권이 장기집권을 했으나 사회주의 국가는 아니었다는 점이 중국, 베트남 모델과 다르다.

중국은 점(도시), 선(해안), 면(대륙)으로 이어지는 3단계 개방정책을 추진하는 방식으로 외국투자와 자본주의를 점진적으로 받아들였다. 중국의 경제개발 전략은 1978년 홍콩에 인접한 중국 선전에서 자본주의 경제를 받아들이는 개발전략으로 시작되어 점차적으로 해안도시에서 내륙지방으로 확대되었다.

이에 반해 베트남은 1986년 도이머이 정책을 시행하면서 국영경제와 민간경제를 철저히 구분해 민간경제 부분은 외국 자본에 전면적으로 개방했다. 베트남은 당시 철도, 항만, 도로 등 사회간접자본까지 외국 자본에 허용하는 등 전면적인 민간경제 활성화 전략을 취했다.

미얀마는 1962년부터 2011년까지 군부가 정권을 장악하고 독재정치를 펴다가 2011년 3월 민선정부 출범과 동시에 개혁 개방 조치를 단행했다. 경제개발특구법과 외국인 투자법을 개정하여 국제사회의 공적 원조와 외국인 직접투자를 적극 유치하는 정책을 펼쳤다. 이러한 미얀마 정부의 노력으로 외국인 투자액이 2003년 1억 달러에서 2013년 41억 달러로 10년 사이 약 10배 이상 성장했고 약 7퍼센트의 연평균 성장률을 기록했다.

북한이 미얀마의 개혁 개방정책에서 배워야 할 점은 미얀마 정부가 외국인 투자를 장려하기 위해 외국인 투자자가 국외로 자유롭게 과실(이익을 비유적으로 이르는 법률 용어) 등을 송금할 수 있는 특권을 법적으로 보장했다는 것과 암시장 환율과 공식시장 환율과의 차이를 통합하여 환율 시스템을 일대 개혁했다는 점이다. 이 두 가지는 외국인 투자자들이 가장 걱정하는 투자 리스크인데 미얀마는 이를 해소함으로써 외국인 직접투자가 급증할 수 있는 결정적인 토대를 만들었다.

현재 한국기업이나 외국인 투자자가 북한에 투자하거나 북한에서 사업을 할 경우 가장 큰 투자 리스크 두 가지도 북한에서 과실 송금을 제대로 보장해주지 않는다는 것과 공식 환율과 장마당의 환율의 차이가 너무 커서 환율 시스템이 대단히 불안정하다는 것이다. 북한이 외국인 직접투자를 확대하기 위해는 반드시 이 부분에 대한 일대 혁신과 개혁작업이 선행되어야 한다.

중국식과 베트남식의 절충형
개혁 개방정책으로 갈 가능성이 높다

북한이 국가와 조선노동당 주도의 개혁 개방정책을 취할 것이라는 점은 분명해 보인다. 북한이 사회주의 국가체제를 포기할 의향이 없는 이상 미얀마식 급진적인 개혁 개방정책을 추진하는 것은 체제 안정 차원에서 어렵다고 본다. 따라서 북한의 선택지는 중국식 단계적 개방과 베트남식 전면적 개방 중 하나로 귀결될 것이다.

북한이 베트남처럼 전면적 개혁 개방정책으로 나아갈지, 중국식 모델처럼 단계적 개혁 개방정책으로 갈지에 관하여는 북한의 최고지도자인 김정은 위원장의 의중이 제일 중요하다. 김정은 위원장이 자신의 정권 정통성과 체제 안정을 최우선 가치로 두고 있다는 점과 북한이 현재도 나진·선봉 경제특구, 금강산 국제관광특구, 황금평 경제특구, 개성공업지구 등 특정 지역만을 경제특구로 지정하여 외국자본에 허용하는 방식을 선호하고 있는 점을 감안하면, 기본적으로는 중국식의 단계적 개혁 개방정책을 기본으로 하고 거기에다 베트남식 개방정책을 혼합하는 절충식 방안을 추진할 가능성이 현재로서는 가장 높다.

따라서 북한 비즈니스나 북한투자를 시작하려는 한국의 사업가들은 이러한 북한의 개혁 개방정책의 기조와 방향을 염두에 두고 그에 걸맞게 사업추진 계획을 기획하고 준비하는 것이 중요하다.

PART 2

100년간 한국을 먹여 살릴 거대한 물결이 밀려온다

북한 장마당의
실상과 인기품목

한국은 조물주 위에 건물주,
북한은 노동당 위에 장마당

북한에는 노동당과 장마당이라는 2개의 당이 존재한다. 한국에 '조물주 위에 건물주'라는 우스갯소리가 있듯이, 북한에는 '노동당 위에 장마당'이라는 말이 있다. 원래 북한은 시장경제 시스템을 인정하지 않고 국가가 주민들에게 일률적으로 물자를 배급하는 사회주의 국가이므로 장마당은 일종의 암시장이라 할 수 있다. 장마당은 1994년 김일성이 죽고 국제적 외교 고립과 자연재해로 북한 전역이 경제적 궁핍에 허덕이던 '고난의 행군' 시절에 북한의 중앙배급체계가 무너지자 자연스레 형성됐다.

당시 100만여 명의 이웃들이 굶어 죽는 걸 옆에서 지켜본 북한 주민들은 본능적으로 자력갱생의 관념을 체득했고 너 나 할 것 없이 좌판을 깔고 식료품 등을 팔며 돈을 벌었다. 이렇게 북한 주민들이 자신들의 생존을 위해 자발적으로 개설한 장마당이 현재 북한 전역에 750여 개에 이른다. 구글 위성지도로 파악하면 장마당을 모두 합한 면적이 일산 신도시보다 넓다고 한다. 장마당의 경제 규모는 벌써 북한 국내 총생산의 약 30퍼센트에 육박하고 있다는 분석도 나온다.

장마당이 활성화되면서 돈이 몰리자 당 간부들이 장마당 판매대를 차지하려고 치열한 다툼을 벌이기도 하는데 이는 웬만한 외화벌이와 맞먹는 수익을 올릴 수 있기 때문이다. 공식적인 배급체계가 붕괴된 북한에서 이제 장마당은 돌이킬 수 없는 경제적 현상이 되었고 북한 주민들의 필수적 생계수단이 되었다. 북한 장마당에서 안전원이 물건을 빼앗아가면 주민들이 "왜 뺏어가냐" "영장한번 봅시다"라고 항의를 할 정도라고 하니 예전에는 상상도 할 수 없었던 변화가 북한에서 감지되고 있다.

탈북자들의 전언에 의하면 북한 주민들은 '고난의 행군' 시절을 거치면서 노동당에 대한 맹목적 충성이 약화되기 시작했다고 한다. 주위의 친척이나 아는 사람들이 기근으로 죽어나가자 '당에서 시키는 대로 하면 저렇게 비참하게 죽는구나' '내 힘으로 어떻게든 살아 남아야겠다'라는 위기의식을 가지게 된 것이다.

현재 북한의 장마당에는 구할 수 없는 품목이 없을 정도로 다양한 물건들이 거래되고 있다. 중국산 휴대폰, 기계부품, 한국의 쿠쿠 밥솥, 일본의 음란 비디오, 한국산 BB크림, 살결 물(스킨), 물 크림(로션)을 포함한 북한의 은하수 화장품 등은 장마당에서 꾸준히 팔리는 최고의 인기품목이다.

원래 북한 장마당의 베스트셀러 상품은 중국산 제품이었다. 그런데 최근 북한이 경공업 부문에 대한 자력갱생을 강조하면서 북한산 경공업 제품의 품질이 향상되었고 빵, 사탕과자 등 식품류와 신발, 옷, 양말, 가방 등 의류 및 학습장, 장난감, 화장품 등의 북한산 제품이 이제는 중국산보다 더 인기를 끌고 있다.

장마당은 북한 자본주의의 싹이자 시장경제의 실험장

1990년대 중반부터 지금까지 꾸준히 이어진 장마당은 점차 대형화·조직화되고 있다. 비록 합법은 아니지만 북한 당국에서도 단속만으로는 통제가 불가능하다는 것을 알기 때문에 사실상 묵인하는 형태로 계속 유지되고 있는 것으로 보인다.

정부의 배급을 못 받는 상황이 지속되니 북한 주민들도 더 이상 식량 배급에 목매지 않고 각자 장마당을 통해서 자신의 살 길을 찾고 있는 것이다. 북한 장마당에 물건을 팔고 있는 중국 조선족 김 모 사장에 의하면, 지금은 시장 시스템과 가격도 안정됐고, 대북제재 속에서도 장마당은 전혀 흔들림이 없다고 한다.

북한이 대북제재 해제와 동시에 개혁 개방정책을 실시한다면 중국이나 베트남보다 더 빨리 성장할 수 있을 것이다. 이러한 기대는 북한 주민들 대부분이 이미 장마당을 통해 자본주의를 체험했고 시장경제에 사실상 편입되었다는 현실에서 나온다.

시장경제를 몸으로 체험한 북한 주민들은 북한이 개혁 개방정책으로 외국투자를 받아들일 경우 타고난 성실성으로 외국인 기업과의 무역이나 비즈니스에 매진하여 폭발적인 북한의 경제성장을 견인할 것이다. 당연히 이 과정에서 기존 돈주를 능가하는 부호나 거상 등의 새로운 자본가 계급이 생길 것이다.

High Risk,
High Return

외국인 기관투자자들이 보는
북한투자 포인트

세계적인 투자왕 짐 로저스(Jim Rogers)는 2004년 발간한 자신의 저서 《어드벤처 캐피털리스트》에서 북한 화폐와 북한 채권에 투자하는 것이 향후 유망한 투자가 될 것이라며 북한투자의 무한한 가능성을 언급한 적이 있다.

2018년 6월 12일 싱가포르에서 열린 북미정상회담 개최와 관련하여 짐 로저스는 북미정상회담이 한국기업과 경제에 새로운 도약의 계기가 될 수 있다며 한국의 자본, 경영능력과 북한의 천연자원, 노동력이 결합하면 일본과 중국을 능가하는 국가 경쟁력을 갖출 수 있다며 북한투자에 대한 기대감을 숨기지 않았다.

이머징마켓(emerging market) 투자의 구루로 유명한 템플턴자산운용 이머징마켓 그룹 회장 마크 모비우스(Mark Mobius)는 2018년 5월 미국 경제전문방송 CNBC와의 인터뷰에서 남과 북의 결합은 '한국이 보유한 기술, 노하우, 제조능력'과 '북한이 보유한 천연자원'의 아름다운 조합이라고 강조하며 투자자들은 가급적 일찍 투자에 참여해야 할 것이라고 말했다. 그는 북한투자가 비록 비용이 들겠지만 장기적으로는 아주 큰 이익이 될 것이라며 초기에 투자하는 투자자들은 매우 큰 이득을 얻을 것이라고 기대감을 표출했다.

골드만삭스는 최근 보고서에서 남북한이 통일되면 5년 후에 통일한국의 국가신용등급이 현재의 AA-에서 AA+로 2단계 상승할 것이라고 예측했다.

AA+는 현재 영국, 프랑스, 홍콩의 국가신용등급 수준으로 AAA를 기록하는 미국, 독일 바로 다음의 두 번째 신용등급에 해당된다. 국가신용등급이 한 단계 상승하는 것이 얼마나 어렵고 오래 걸리는지 생각하면 이는 대단한 변화다. 또한 한국기업들이 해외 금융시장에서 파이낸싱을 통해 자금을 조달할 때 엄청난 금리 혜택을 받을 수 있다는 의미이기도 하다.

글로벌 자산운용사인 얼라이언스 번스틴(AllianceBernstein : AB) 자산운용은 최근 하반기 글로벌 증시 및 채권 전망 기자간담회에서 남북관계 개선으로 한반도의 지정학적 리스크에 대한 글로벌 투자자들의 우려가 크게 완화됐다고 평가했다.

유재홍 AB자산운용 파트장은 "한국의 신용부도스와프(Credit Default Swap : CDS)가 하락추세인 것을 보면 외국 투자자들이 한반도 지정학적 문제에 대해 긍정적으로 해석하고 있는 것으로 받아들일 수 있다"고 분석했다.

중국투자자들의 폭발적 반응은
북한투자에 대한 청신호

2018년 북한의 압록강 국경과 접하고 있는 중국의 단둥시 부동산 가격이 폭등했다. 중국인들은 어떤 외국인들보다 북한의 폭발적 성장 가능성을 믿고 있고, 향후 북한이 개혁 개방으로 나아갈 경우에 대비해서 북한과 국경을 마주보고 있는 단둥시의 건물에 집중적으로 투자하고 있는 것으로 풀이된다. 이는 중국인들이 개혁 개방을 거치면서 그 전초기지였던 선전(深圳)이 얼마나 급격하게 발전했는지를 몸소 경험한 학습효과 덕분이다.

선전은 1978년 개혁개방 방침이 발표될 당시 미개발 어촌에 불과했다. 그런데 개혁 개방 이후 1980년대 초부터 홍콩·대만과 동남아 화교 자본이 몰려들었고 투자가 몰리자 부동산 가격이 천정부지로 치솟았다. 선전의 부동산 가격은 개혁 개방 이후 수십 배나 폭등하였다.

이처럼 외국인 투자자들이 북한투자의 파급력을 높게 보는 이유는 북한 개혁 개방이 단순히 한반도 내의 남북 경제교류에 그치지 않고 이를 넘어서 인접한 중국시장, 극동러시아시장 및 유럽시장 등 유라시아 대륙 전체로 투자 개방의 효과가 파급될 것을 예상하기 때문이다.

투자에 있어서 고위험 고수익(high risk high return)은 불변의 진리다. 그런 측면에서 현재 전 세계에서 북한만큼 투자 리스크가 높은 지역이 또 어디에 있겠는가? 이 불확실성과 리스크가 만약 관리될 수만 있다면 북한투자는 전력증폭기를 통과한 에너지처럼 폭발적 이윤과 수익으로 변환되어 투자자들에게 돌아올 것이라 확신한다.

북한은 중국, 러시아와
투자 시너지 창출을 위한 3중 레버리지

북한을 지렛대 삼아 중국,
러시아 시장을 들어 올리자

북한과의 경협 확대는 비즈니스 확대의 효과도 있지만 북한과 인
접한 극동러시아와 중국 동북 3성이 한반도와 동일한 물류 및 무
역교역권에 편입된다는 점에서 더 중요한 경제적 의미가 있다. 북
한과의 교류 단절로 아시아 변방의 섬처럼 고립된 한국은 극동러
시아 개발이나 중국의 동북 3성과의 무역거래에 있어 추가적 물
류비용을 지출해야만 했다.

남북관계, 북미관계 개선으로 국제적 대북제재가 완화되면 북
한과의 직접 교역뿐만 아니라 북한을 경유한 중국이나 러시아 간
의 비즈니스에도 새로운 돌파구가 열릴 수 있다.

남북관계가 개선되어 한국과 북한의 철로가 연결되거나 한국과

북한의 직항로가 개통되면 부산항, 포항항, 속초항에서 나진·선봉항까지 직항로가 연결되고 나선경제특구에서 다시 도로나 철도로 러시아 하산시, 블라디보스토크으로 이동한 뒤에 시베리아 횡단철도를 통해 곧바로 유럽으로 나아갈 수 있다. 소위 말하는 '한반도의 물류 혁명'이 시작되는 것이다.

수출 주도의 무역구조를 가진 한국에게 이것은 천재일우의 기회라고 할 수 있다. 이전에 항공이나 해운을 통해 우회하여 제품이나 부품을 수출했다면 이제는 최단 경로의 직항노선으로 북한을 경유하여 직접 중국, 러시아, 유럽에 제품을 수출할 수 있어 비용절감 효과는 폭발적이 되리라 본다. 해외 상품 수입의 경우도 이동경로가 단축되어 운임비 감소가 결국 수입물품의 가격 인하로 이어질 수 있어 한국 소비자들에게도 큰 혜택이 돌아올 것이다.

중국의 동북 3성은 전통적으로 고랭지 농산물의 최대 생산지다. 동북 3성은 중국 최동북쪽에 위치한 지린성(吉林省), 헤이룽장성(黑龍江省), 랴오닝성(辽宁省)의 3성을 일컫는 말로, 중국의 대표적인 낙후지역에 속한다. 총면적은 79만 제곱킬로미터이고, 인구는 1억 595만 명으로 중국 전체인구 중 8.3퍼센트의 비중을 차지한다.

지린성은 옥수수, 감자 등이 대량생산되고 있는 성(省)인데, 중국 정부는 1차 산업인 농업을 더욱 발전시키기 위해서 적극적으로 농업 현대화를 추진하고 있다. 동북진흥이라고 불리는 동북 3성 발전계획을 기반으로 현재 동북 3성은 장비제조업, 석유화학, 농산품가공의 현대화 등에 집중적으로 투자를 추진하고 있다. 북한을 경유하여 동북 3성의 농산물을 직수입하고 한국의 최신식 농기계를 수출하면 양국 간 무역량 증가로 중국과 한국 모두에게 큰 이익이 돌아올 것이다.

남북경협은 한국과 러시아, 한국과 중국의 무역량 증대에 더 효과적이다

러시아 극동지역은 밀, 귀리 등 농산물의 생산지이자 명태, 킹크랩 등 수산물의 보고이며 산업용 목재의 집산지이기도 하다. 러시아에서 생산되는 밀은 Non GMO(비유전자변형) 농산물이라서 제품의 질이 우수하고 맛이 뛰어나다. 따라서 한국기업이 이 지역에 밀 가공기지를 건설한 후 가공한 밀가루를 수출하면 품질과 가격이라는 두 마리 토끼를 잡을 수 있다.

러시아 극동지역은 수산업, 임업 등의 자연자원이 풍부하나 이를 가공하고 상품화하는 기반시설이 부족하다. 따라서 한국기업들이 대북투자를 하면서 북한 국경에 인접한 하산시 등에 생산기지를 설립하고 현지의 풍부한 농업, 수산업, 임업의 자원을 현지 생산공장에서 가공한 후 러시아에 일부 수출하고 나머지는 한국, 일본, 중국에 수출하면 북한과의 무역을 넘어서 러시아, 중국과의 무역량 증대에도 효과적이다.

이러한 방식의 사업 추진의 예로 한국기업들이 추진하고 있는 '수산물가공 복합단지' 사업을 들 수 있다. 수산물가공 복합단지 사업의 핵심개념은 러시아 인근에서 잡아들인 명태 등의 수산물을 현지 생산공장에서 가공하여 일부는 러시아 내수에 소비하고, 물량 대부분은 한국, 일본, 중국 등으로 수출하겠다는 전략이다. 이러한 대북투자 방식이 자리를 잡으면 러시아의 풍부한 수산자원과 우리나라의 자본과 기술이 결합하여 시너지를 창출하므로 국내 수산업의 신성장 동력 확보에도 크게 기여할 것으로 예상된다.

또 극동지역은 하바롭스크와 프리모르스키를 중심으로 풍부한 임업 자원을 가공하는 목재산업이 발달했다. 그러나 목재 팰릿(wood pellet : 톱밥을 압축 가공한 연료) 생산이 활발한 러시아 서부지역과 달리 극동지역에는 팰릿 생산을 위한 생산기반이 약하다. 따라서 극동지역에 목재가공 공장을 설립하여 목재 팰릿을 생산해 목재에 관해 만성적 공급 부족에 시달리는 동아시아 지역으로 수출하는 방식은 훌륭한 비즈니스 모델이 될 수 있다.

이처럼 북한과의 비즈니스 확대 및 대북투자 강화는 북한 그 자체가 목적이 아니라 북한을 매개로 한 중국, 러시아와의 무역 및 사업 확대를 견인할 수 있어 상상을 초월하는 시너지 창출이 기대된다.

북한은 중국, 러시아, 일본 등 동북아시아 물류의 허브

도로를 만든 로마는 흥하고 장벽을 쌓은 중국은 쇠퇴했다

아마존과 쿠팡의 공통점은 무엇일까. 미국과 한국의 대표적 전자상거래 쇼핑몰이라고 답한다면 당신은 정답의 절반밖에 모르는 것이다. 더 중요한 나머지 50퍼센트의 진실은 이들 기업이 바로 빠른 운송을 업의 본질로 하는 물류기업이라는 것이다.

시장이 성숙된 포화상태의 기업환경에서 물류는 이제 기업 경쟁력의 제1순위 요소로 등극했다. 한국기업이 북한을 경유해 중국, 러시아 및 유럽과 직접적으로 무역을 할 수 있다면 현재 기업들이 지출하는 운송비의 1/3에서 1/2까지를 줄일 수 있고 운송기간도 1/2로 단축할 수 있다.

이처럼 물류개선으로 인한 운송비 절감과 운송기간 단축은 한국기업의 글로벌 경쟁력을 압도적으로 높일 수 있다. 이는 저성장, 장기침체의 덫에 갇힌 한국과 한국기업에 긴 가뭄 끝의 단비보다 더 달콤한 구원이 될 수 있다.

최근 중국 훈춘시에 약 3,000평 규모의 목재 가공공장을 설립한 김 회장도 남북관계 개선으로 인한 가장 큰 효과는 북한과의 투자나 거래 증가가 아니라 동북아시아 일대에 새로운 거대 물류시장이 탄생하는 것이라고 강조했다. 그는 현재 러시아의 침엽수 가공목을 수입하여 훈춘시 공장에서 1차 가공을 한 후 산업용 목재로 생산하는 기업을 운영하고 있다. 만약 남북교류 활성화로 한국과 북한 간에 철도, 항로 등의 물류가 연결되면 훈춘시 가공공장에서 철도로 북한의 나진항까지 가공목재를 운송한 후 나진항에서 속초항으로 이 목재들을 실어 나를 수 있다고 한다. 목재는 한국뿐만 아니라 일본에서도 절대적으로 공급이 부족하므로 물류 문제만 해결되면 김 회장의 목재가공업은 기존보다 2배의 마진을 남길 수 있을 것이다.

한국 속초항에서 북한 나진항까지, 북한 나진항에서 러시아의 시베리아 횡단철도를 통해 유럽까지 연결하는 물류망이 구축된다면, 북한 나진항에서 중국 훈춘시까지, 훈춘시에서 중국횡단철도를 통해 유럽까지 연결되는 물류망이 구축된다면 세계 물류산업에 일대혁명이 일어날 수 있다.

유라시아 대륙의 물류망 구축이
가져올 산업의 전후방 효과는 막대하다

사실 남북한 교류나 북한투자보다 중국, 러시아, 유럽을 연결하는 물류산업의 성장과 그와 관련된 산업생태계 구축 그리고 여기서 나올 전방연쇄효과, 후방연쇄효과, 네트워크 효과가 가져올 경제적 수익 창출은 상상을 초월할 것으로 예상된다.

한국의 물류 대기업인 CJ대한통운의 2017년 12월 연간 매출액이 약 7조 1,100억 원이고, 현대 글로비스의 2017년 12월 현재 연간매출액이 약 16조 3,600억 원인데, 남북의 물류가 연결되어 중국, 러시아 및 유럽과 연결될 경우 관련 물류기업의 연간 매출액이 10배 이상 증가한다는 것이 유수한 경제연구소의 분석이다.

이 물류산업을 장악하는 기업이 21세기 한반도의 새로운 대기업, 재벌로 급부상할 날이 조만간 올 것이라고 확신한다. 한국기업들이 주도적으로 이 새로운 물류산업과 물류망을 선점하기 위해서는 북한 정부, 중국 정부, 러시아 정부의 3개국 모두에 물류산업 육성의 정책적 제안을 할 수 있을 정도로 사전준비를 충분히 하고 위 3개국의 정부와 네트워크를 갖출 필요가 있다. 단순히 한국의 기존 50대 대기업들이 자본력만 믿고 덤벼들 수 있는 사업은 절대 아니다.

이 거대한 물류혁명을 주도하는 세력이 되기 위해서는 한국 정부, 민간기업, 공기업 등이 컨소시엄을 구성하여 관련 업종의 기업들과 전문가들을 포진시켜 체계적·전문적으로 물류망 구축과 물류산업 육성에 관하여 준비하는 노력이 필요하다.

한국이 유라시아 대륙을 관통하는 새로운 물류산업의 중심축으로 자리 잡는 경우, 이는 한국의 새로운 신수종산업이 되어 향후 100년간 한국을 먹여 살리는 강력한 산업의 성장엔진이 될 것이다.

세계에서 가장 싸고 똑똑한
노동시장이 몰려온다

북한이 한국보다 공교육이
더 발달되어 있다

한국인들이 흔히 하는 오해 중 하나가 북한의 초중고, 대학교는 주체사상과 같은 이념교육에만 치중하여 북한사람의 전반적 교육 수준이 낮을 것이라는 생각이다. 그런데 사실은 이와는 반대로 평준화, 평등주의 교육이념의 덫에 빠진 한국보다 우월성, 수월성 교육을 강화한 북한의 교육 수준이 높은 편이다.

사회주의 국가인 북한은 학교 교육을 국가의 책임이라는 기조에서 2012년 9월 25일 제12기 6차 최고인민회의에서 12년제 의무교육실시를 결정하는 등 인민들의 교육 수준 향상에 대하여 지대한 관심을 가지고 있다.

북한은 1980년대에 이미 IT 관련 전문인재 양성의 중요성을 인식하고 초중고 및 대학교의 과학기술교육 강화를 교육정책의 슬로건으로 내걸었다.

1980년 중반부터 고등중학교 6학년 수학교재에 컴퓨터 알고리즘 및 베이직 프로그램 교육을 반영하여 학생들로 하여금 컴퓨터 지식을 필수로 배우게 했고, 물리, 화학, 수학 등 기초과학기술과 외국어교육을 대폭 강화했다.

또한 1990년 조선노동당 교육위원회는 모든 대학의 교육과정에 컴퓨터 교육을 포함시킬 것을 지시했고, 그 이듬해 교육과정부터 컴퓨터 교육이 대학의 필수 교과과정으로 편입되었다.

북한은 강성대국을 표방하며 무엇보다도 과학기술 인재양성에 주력했다. 그 결과 1991년 김책공업대학에 컴퓨터양성센터가 설립되었고, 1996년 평양에 컴퓨터 프로그램 강습소도 설치되었다. 청진 제1사범대학 수학과의 경우 1991년부터 학생들이 졸업 전에 반드시 라진해운대학으로 1개월 컴퓨터 실습을 나가도록 의무화했는데, 이는 당시 라진해운대학에 미국의 최첨단 IBM 컴퓨터가 있었기 때문이었다.

한국대학들이 말로만 컴퓨터 교육 강화를 부르짖고 실제로는 컴퓨터 교육을 필수과목으로 지정하지 않은 대학이 아직 많은 것과 비교하면 북한이 한국보다 컴퓨터 교육에 있어서는 앞선 것으로 보인다.

이러한 체계적인 공교육 덕분에 북한 근로자들은 기본적인 영어회화가 가능하고 컴퓨터를 포함한 IT 과학기술에 익숙하다.

글로벌 경쟁력을 가진
북한의 인건비

북한은 1980년대에 이미 인공위성 제어, 무기체계의 개발에 필요한 인공지능, 프로그램 언어 등의 분야에서 인재를 양성하기 시작했고, 연구기관과 대학에 컴퓨터학과를 설치해서 IT 관련 전문인력을 키워왔다.

평등을 중시하는 북한인지라 교육에서도 누구나 평등하게 교육시킬 것 같지만 실제로는 한국보다 영재교육, 수월성 교육이 더 많이 이루어지고 있다. 대학에서도 영재교육을 전담하는 수재반이 따로 편성될 정도다. 김일성종합대학의 경우 물리학부의 현대물리학과, 수학학부의 응용수학학과는 그 단과대학에서 가장 우수한 인재들을 선발하여 집중적으로 수재교육을 시키고 있다.

이처럼 의무 공교육의 보편화와 과학기술을 중시하는 교육정책의 영향으로 북한은 사회주의 국가 내에서뿐만 아니라 전 세계적으로도 문맹률이 낮고 과학기술에 관한 지식 수준이 높은 나라에 속한다. 특히 과학기술 전문인력의 인재풀이 풍부하므로 향후 한국기업이나 외국기업들로서는 IT 등 하이테크 기술에 투자할 경우 양질의 기술인력을 어렵지 않게 구할 수 있다는 이점이 있다.

북한의 지식 수준이 평균적으로 우수함에도 불구하고 북한 노동자의 임금 수준은 다른 사회주의 국가들과 비교하더라도 현저히 저렴하다. 한국의 개성공업지구 입주기업들이 당시 북한 노동자를 고용하면서 지급한 임금은 각종 수당을 포함하여 월 180달러에 불과했다. 이 인건비가 얼마나 낮은지는 러시아 노동자의 임금이 월 800달러, 중국 단둥지역에 인력 송출된 북한 노동자들이 받는 임금이 월 800달러인 것과 비교하면 분명하게 알 수 있다.

각종 수당을 제외하고 월 기본급을 기준으로 다른 나라와 비교해볼 때, 중국의 5분의 1 이하이고 베트남, 캄보디아 및 미얀마보다도 더 낮은 수준이다. 이를 놓고 보면 북한 노동력의 인건비는 분명 국제적으로 경쟁력이 있어 보인다. 향후 북한의 개혁 개방화가 진행될수록 북한 노동자의 임금 수준도 국제적 수준에 점점 수렴하겠지만 개방 후 10년 동안은 북한 노동력의 인건비는 글로벌 경쟁우위를 유지할 수 있을 것이다.

한국기업으로서는 양질의 노동력을 베트남 등 동남아시아 국가의 인건비보다 훨씬 저렴하게 채용할 수 있다. 생산원가 측면에서 확실한 비교우위를 가지고 사업을 시작할 수 있다. 최저임금상승 등 인건비 압박에 시달리는 한국의 중소기업들이나 소상공인 사업가에게는 북한의 노동시장 활용 방안은 날로 어려워지는 경영 악화 상황에서 새로운 타개책이 될 수 있다.

세계 최대 자원 보고인 극동러시아 개발이 가져올 파급효과

전 세계적 에너지 위기를 뛰어넘을 수 있는 마지막 비상구

극동러시아에 속하는 러시아 연해주는 일제 강점기 때 조선인들이 대거 이주하여 거주한 지역으로 한국과 인연이 깊다. 이곳에는 아직도 카레이스키라고 불리는 고려인 동포가 많이 살고 있다. 극동러시아는 푸틴 대통령이 공개석상에서 러시아의 미래라고 칭하면서 집중적으로 개발을 약속하고 독려한 지역이다. 푸틴 대통령의 극동러시아 개발에 대한 의지는 신동방정책으로 구체화되고 있는데, 극동개발부라는 전담부서까지 두어 이를 적극 추진하고 있다.

아무르 주, 축치 자치구, 유대인 자치주, 캄차카 지방, 하바롭스크 지방, 마가단 주, 프리모르스키 지방, 사할린 주를 포함하는 극동러시아에는 석유, 천연가스, 구리 등 지하자원의 매장량이 아직도 무궁무진하다. 인간이 거주하기에는 너무 추워 인구도 적고, 러시아가 자체 개발하기에는 기술력이나 자본력이 부족하여 미개척지로 남아 있지만 언젠가는 개발이 될 인류의 마지막 자원보고다.

셰일가스(shale gas)의 발견으로 석유 피크론이 힘을 잃기도 했지만 현재 채굴되고 있는 석유나 천연가스 매장량에는 한계가 있으므로 언제든지 전 세계적으로 이전의 중동 오일쇼크와 같은 에너지 위기가 찾아올 것은 기정사실이다. 이때 인류의 마지막 대안이 바로 극동러시아에 매장된 석유, 천연가스 등의 부존자원이다.

러시아 극동개발부 장관은 2014년 3월 말에 북한을 방문하여 남·북·러 3각 협력사업(가스관건설, 철도연결사업 등)에 대해 심도 있게 논의했고 북한을 설득하면서 전향적인 협조를 적극적으로 요청했다. 노무현 정부시절 남북러 협력사업은 상당 부분 진척이 되었다가 현재는 보류된 상태인데, 북미관계가 정상화되고 대북제재가 완화되면 한국 정부와 기업들이 관심을 가지고 적극적으로 공동사업에 나서야 할 분야이기도 하다.

러시아와의 자원개발 협력은
남북한의 한반도 공동번영사업

2017년 9월 문재인 대통령은 러시아 블라디보스토크에 있는 극동연방대학교에서 열린 '제3차 동방경제포럼'에 참석했다. 그리고 그곳에서 '나인브리지(9-Bridge)' 전략이라는 남북한과 러시아 간 협력 프로젝트를 제안했다.

2018년 7월 9일 대통령 직속 북방경제협력위원회는 위 제안을 보다 구체화하여 러시아 극동개발을 위해 전력, 천연가스, 조선, 수산, 북극항로, 항만, 철도, 산업단지, 농업 등 9개 분야의 한·러 협력사업인 나인브리지 전략을 추진한다고 세부 사업추진계획을 밝혔다. 한국 정부는 9개 분야별 TF를 구성·운영하고, 러시아 극동개발부와 공동으로 구체적인 협력과제를 발굴해 2019년 9월 동방경제포럼에서 추진상황을 중간발표한다는 계획이다.

극동러시아는 천연가스의 세계적 생산지이므로 러시아의 천연가스를 한국에 도입하는 사업은 한국의 만성적 에너지 수급문제를 해결하는 좋은 대안이 될 수 있다. 러시아 정부와 남북한은 이전에도 러시아 가스 프로젝트를 추진한 경험이 있다. 그러므로 러시아 가스 프로젝트와 관련하여 정부나 공기업이 추진하는 가스관 연결사업에 1차 밴더 사업자로 참여하는 것도 좋은 사업 기회가 될 수 있다.

러시아의 자원개발은 대규모의 자본과 고도의 탐사 및 분석기술이 요구되므로 향후 러시아 정부의 개발계획에 참여하면서 세계적인 에너지 메이저 그룹과 한국의 공기업, 대기업이 컨소시엄을 구성하는 방안을 강구해야 한다.

북한투자가 중국이나 베트남 투자보다 높은 수익률이 가능한 이유

풍부한 자원 양질의 노동력, 국제사회 원조로
10퍼센트 이상 초압축 고성장 가능

중국은 1978년 개혁 개방정책을 시행했고 그 결과로 경제 규모가 1978년 세계 11위에서 지난해 미국 다음의 세계 2위로 급부상했다. 중국 국내 총생산액은 3,679억 위안에서 지난해 82조 7,122억 위안으로 무려 200배 이상 급증했다. 또 외환보유액은 세계 38위에서 세계 1위로 올라섰다.

베트남은 도이머이 추진 후 본격적인 외자 유치가 시작된 1992년부터 연 8.8퍼센트의 놀라운 고도성장의 역사를 일구어냈고, 30년 만에 경제 규모가 14배 이상 성장했다.

한국은 1970년대부터 박정희 대통령이 수출 주도의 중공업 육성정책을 펼치면서 평균 연 10퍼센트의 성장률을 기록하며 오늘

날 한국의 경제성장의 기반을 마련했다. 한국의 놀라운 고도성장은 별다른 지하자원이 없었음에도 관 주도로 잘 기획된 경제개발계획과 우수한 노동력의 결합에 기인한 바가 컸다.

북한이 핵을 포기하고 개혁 개방정책을 추진하면서 미국과 유엔의 대북제재 해제를 얻어내고 외국자본을 유치하여 경제발전에 올인한다면 북한은 중국이나 베트남보다도 더 놀라운 경제성장과 발전을 할 수 있다.

북한은 한국에 비해 지하자원이 풍부하고, 국제적 가격 경쟁력이 있는 양질의 노동력이 풍부하며, 강력한 통솔력과 경제발전의 의지가 확고한 김정은 위원장이 버티고 있어서 한국과 외국의 지원을 받으면 두 자릿수의 연 경제성장률을 달성할 수 있다. 무엇보다도 자본력과 기술력이 있고 고도의 압축성장 경험이 있는 한국과의 경제협력을 통해 다른 사회주의 국가들이 겪었던 시행착오를 대폭 줄일 수 있다.

중국이나 베트남은 외부 국가의 큰 도움 없이 독자적으로 개혁 개방정책을 추진하면서 많은 시행착오를 겪었다. 하지만 북한은 한국의 적극적인 지원과 도움을 기대할 수 있다. 한국의 압축성장의 노하우와 경험을 전수받아 중국이나 베트남보다 훨씬 더 빠르게 경제성장을 이룰 수 있다. 한국의 경제 규모나 국제기구에서의 위상을 볼 때 한국이 적극적으로 중재자 역할을 한다면 북한의 국제금융기구 가입, 공적 원조 유치도 중국이나 베트남보다 훨씬 수월하게 그 목적을 달성할 수 있다.

북한투자는 초고속 성장의
무한질주 기관차에 동승하는 것

한국기업이 북한에 투자하는 것은 결국 초고속 성장하는 북한 경제의 무한질주 기관차에 올라타는 것이다. 모든 고수익과 고이윤의 사업 기회는 한 나라의 경제가 성장하고 발전하는 초기 단계에 집중적으로 몰려 있다는 것이 우리가 경험으로 알고 있는 사업상의 진리다.

북한은 아직도 유통업이나 서비스업종이 맹아기이고 제조업도 이제 시작 단계다. 한국기업이나 투자자들에게는 초기에 대북투자 리스크만 제대로 짚고 회피할 수 있는 노하우를 알고 있다면 시장을 선점하여 잉여이윤을 창출하기에 이보다 더 좋은 기회가 없다.

중국시장은 중국인들의 텃세와 언어 장벽이 있고, 베트남은 물리적 거리가 멀고 언어 소통의 문제가 있다. 그러나 한국인 입장에서 북한은 물리적으로 가깝고, 의사소통이 가능한 저렴한 노동력이 풍부하며, 지하자원이 풍부할 뿐 아니라 중국과 러시아 및 유럽으로 연결되는 물류의 중심지에 위치해 있다. 이러한 장점들을 한국의 자본력과 기술력 및 경제성장의 노하우와 접목시키면 황금알을 낳는 신개척 시장이 열릴 수 있다.

그렇다면 이렇게 팽창하며 성장하는 북한 시장이 가져올 잠재적 시장가치와 투자가치를 외면하고 이미 성숙 단계에 들어간 중국 시장이나 베트남 시장에 투자할 필요가 있을까.

유통업, 서비스업 등
무주공산의 사업영역이 넓다

백지 상태의 북한 유통업, 서비스업을 개척하라

북한투자를 이야기하면 사람들은 대개 대기업이나 공기업의 영역이라고 생각하고 자신과는 무관하다고 여기는 것 같다. 속칭 북한 전문가라는 사람들이 언론에 나와서 반복해서 이야기하는 것이 철도, 도로, 전력 등 사회간접자본에 대한 대규모 투자만 언급하기 때문에 이러한 편견이 생긴 것으로 보인다.

그런데 북한이 핵을 포기하고 개혁 개방으로 나아가면 대기업들보다 개인이나 일반인들이 오히려 사업을 통해 수익을 낼 수 있는 기회나 가능성이 더 높다면 믿겠는가? 사회간접자본시설(인프라) 건설에는 대규모의 초기 투자금이 투입되어야 할 뿐 아니라 투자이익을 회수하는 데도 최소 5년 이상의 장기간이 소요된다.

이에 반해 개인사업자들은 상대적으로 가장 낙후된 북한의 서비스업이나 유통업 등에 선제적으로 투자하고 사업을 시작하면 경쟁사업자나 대체재가 없어서 거의 독점사업 같은 초과이윤을 창출할 수 있다. 아직 북한에는 소형 마트와 같은 제대로 된 유통업이 없다. 한국의 식료품이나 생활용품 등을 북한에서 판매하는 식으로 접근하면 단기에 큰 수익을 거둘 가능성이 높다.

당구장, 미용실, PC방, VR 게임방, 노래방, 화장품 판매점과 같은 서비스업도 소규모 초기 자본금과 운영자금으로 창업이 가능하다. 개성, 평양 등의 대도시에서 시작하면 북한 주민들의 폭발적 수요를 기대할 수 있다. 대도시에 거주하는 북한의 당 고위층이나 상류층을 타깃으로 하는 서비스업종을 창업하면 구매력이 있는 북한 주민들의 호주머니가 활짝 열릴 것이다.

북한의 전력난은 새삼스런 뉴스도 아닐 정도로 심각하다. 대규모 발전소를 건설하려면 대기업과 공기업의 컨소시엄이 장기간 대규모로 사업에 매달려야겠지만, 소규모 조력·풍력 발전사업은 개인들도 충분히 도전할 수 있는 분야다.

북한은 사계절 바람이 많고 북한의 서해안은 조수 간만의 차이가 심해 소형 풍력발전사업이나 소형 조력발전사업을 하기에는 안성맞춤이다. 전력을 생산한 후 이를 북한 전력업체에 판매하면 적은 자본금으로도 상당한 수익률을 기대할 수 있다.

현지화와 적응을 위해서도 서비스업과 유통업에 먼저 진출하는 것이 유리하다

이처럼 북한은 아직까지도 서비스업이나 유통업 등의 개념조차도 생소한 사회이므로 경쟁자 없는 무주공산의 업종이나 사업 분야에 먼저 진입하여 선점효과를 누리면 초대박의 기회와 가능성이 있다.

서비스업이나 유통업 분야에 먼저 진출해야 하는 또 다른 중요한 이유는 현지화에 따르는 불가피한 시행착오 때문이다. 북한 주민들이 한국 사람들과 같은 민족이라고는 하나 남북이 분단된 지 벌써 60년이 지나서 생활습관이나 문화가 많이 차이가 나는 것도 사실이다. 서비스업이나 유통업의 경우, 현지 주민들의 기호와 취향을 분석하고 이에 맞추는 현지화 전략이 반드시 필요하다. 북한에 먼저 투자하는 기업들은 시행착오도 남들보다 앞서 겪기 때문에 현지화에 성공할 가능성이 높다.

PART 3

투자의 금맥은
어디인가

최우선 순위는 인프라 구축과
원자재 및 지하자원 개발이다

**정부 주도 남북경협사업의 첫 관문은
토목건설, 인프라 구축, 지하자원 개발이다**

2018년 4월 27일 판문점에서 남북정상회담이 개최될 즈음 주식시장에서 남북경협주로 가장 급등한 종목은 현대시멘트, 현대로템, 쌍용양회, 부산산업, 대아티아이 등 철도, 건설, 시멘트 등 인프라 및 건설 관련주들이었다. 이는 남북경협이 추진되면 정부 주도로 가장 최우선 과제로 추진될 것이 철도, 도로, 항만, 정보통신시설, 상하수도, 전력시설 등의 사회인프라 구축 및 개선작업이라고 보기 때문이다.

철도, 도로와 같은 인프라 확충은 모든 산업발전의 근간이기 때문에 한국 정부와 북한 당국이 모두 초미의 관심을 가지고 있는 사안이다. 인프라 건설은 당연히 남북경협의 최우선 목록에 올라와 있다. 인프라 구축이 시작되어야 외국의 자본이 북한에 유입될 수 있기 때문에 북한의 개혁 개방을 위한 가장 기초적인 작업에 해당된다.

다만 철도, 도로, 항만, 발전소를 포함한 인프라 구축 및 정비는 초기에 대규모 투자금이 필요하고 투자회수에 장기간이 소요된다. 이에 반해 개발이익은 누구나 누리는 공유재의 성격이 있어서 민간기업이 앞장서서 투자에 나서기는 어렵다고 본다. 따라서 민간기업은 정부, 공기업이 주도하는 인프라 건설의 컨소시엄에 보조 참여자나 1차 밴더 또는 2차 밴더로 참여하는 방안이 유력하다.

북한의 육상운송은 주철종도(主鐵從道)로 철도의 수송분담률이 86퍼센트로 압도적이고 도로는 12퍼센트, 해운운송은 2퍼센트 수준에 불과하여 편차가 심하다. 현재 한국과 북한 간에 연결된 철도노선으로 문산에서 임진각, 도라산을 경유하여 개성까지 가는 구간의 경의선과 강릉에서 속초, 대진을 지나 금강산 온정리까지 가는 동해북부선이 있다.

문재인 정부에서 발표한 '한반도 신경제지도 구상'은 한반도를 크게 3개의 축을 중심으로 발전시킨다는 것인데, 발전축의 모양이 영문 H와 같아서 'H라인 구상'이라고도 한다.

환동해권 벨트는 금강산, 원산, 함흥, 단천, 나선, 러시아를 연결하는 에너지, 자원 벨트로 금강산, 원산 등의 국제관광협력사업, 단천의 자원개발협력사업을 포함한다. 특히 러시아와 연결해

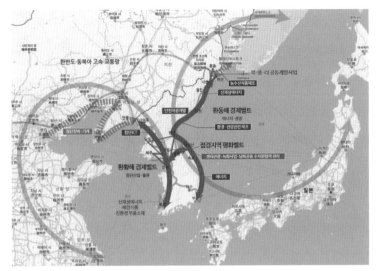

자료 : 국정기획자문위원회

러시아의 가스관을 통해 에너지 자원을 유입하는 것이 주요한 부분이다. 환서해권 벨트는 수도권, 개성, 개성공단, 해주, 평양, 남포, 신의주, 중국을 연결하는 교통, 물류산업 벨트인데, 남북한을 연결하는 고속철도 개통이 이 벨트의 핵심이다.

환동해권 벨트와 환서해권 벨트 구상은 결국 핵심이 한국과 북한의 철도를 연결하고 기존 철도를 개량하여 고속철도화함으로써 남북한 물류를 활성화시켜 자원에너지 개발과 관광산업 활성화를 이끌겠다는 것이다.

한반도 신경제지도 구상을 실천하기 위해는 철도 건설과 철로 개보수에 천문학적 투자가 수반되어야 한다. 현재 북한 철도는 대부분 단선이며 기관차 노후화와 노반 정비 부족으로 평균 속도가 시속 40킬로미터 정도에 불과하므로 한국기업들에 있어서는 새로운 투자처로 손색이 없다.

한편 북한의 도로는 포장률이 10퍼센트 미만으로 알려져 있고, 왕복 2차로의 협소한 도로가 대부분이다. 항만의 경우에도 전력 부족으로 크레인 가동률이 극히 저조하다. 북한이 개혁 개방이 되면 도로와 항만의 개보수와 건설도 절실하지만 우선순위에서 철도에 밀릴 것으로 예상된다.

북한의 지하자원 중 매장량이 많은 것은 금, 철광석, 석탄, 마그네사이트 등이 있다. 이전에 노무현 정부 시절 한국의 광업진흥공사, 태림산업 등이 북한기업과 합작 또는 합영의 형태로 자원개발에 착수한 적이 있으나 현재는 모두 중단된 상태다.

**북한의 자원개발은 한국과 중국의 각축장,
지금부터 적극적으로 선점해야 한다**

북한의 자원개발의 문제점은 매장량은 풍부하지만 광물 개발을 위한 인프라가 극도로 열악하다는 것이다. 전력공급망이 턱없이 부족하고, 광물을 운송할 철도, 도로 등의 운송시설이 낙후되어 있으며 채굴을 위한 중장비 구입에 대규모 투자가 필요하다. 이 때문에 다른 외국에서의 자원개발과 달리 탐사비용 및 채굴비용 외에 추가로 시설 인프라 투자비용이 추가된다는 점을 염두에 두어야 한다. 따라서 대규모 투자를 감행할 수 있도록 정부와 자원 공기업 그리고 포스코 등 민간대기업이 컨소시엄의 형태로 대북 자원개발단을 구성하여 투자재원을 확보하는 노력이 필요하다.

투자수익 회수를 위해서는 한국기업이 광산개발에 필요한 자본과 기술을 제공하고 그 대가로 북한의 광물 현물을 가져오는 합작투자 방식이 가장 적합해 보인다.

현재 북한의 지하자원 개발에 가장 투자를 많이 하고 적극적으로 참여하고 있는 나라는 중국이다. 한국이 향후 북한의 개혁 개방정책으로 북한의 광산개발에 나설 경우 중국과의 치열한 경쟁이 예상된다. 불행 중 다행인 것은 북한의 광산개발에 투자한 중국기업들 중에 아직까지 가시적인 성과를 거둔 기업이 별로 없다는 점이다. 지금이라도 한국 정부와 기업이 북한 광산에 대한 탐사와 개발에 선도적으로 참여하여 사업의 선점효과를 누릴 필요가 있다.

대기업은 토목건설, 물류, 유통,
호텔·관광 사업에 진출하라

대기업은 신시장 개척의 관점에서
북한의 내수시장 진출을 노려야 한다

개성공업지구에 입주한 한국기업들은 대부분 중소·중견기업들
이었다. 북한의 저렴한 노동력을 활용하기에 가장 적합한 업종이
노동집약을 요구하는 임가공의 경공업이었기 때문에 한국의 중
소기업이 많이 진출한 것이다.

북한의 개혁 개방이 본격적으로 진행되면 대기업들이 전면적
으로 나서야 되는 업종들이 있다. 바로 인프라 건설, 자원개발, 토
목건설, 물류, 유통, 호텔관광 사업 등이 그것이다.

앞에서 철도, 도로, 항만, 발전소 건설 등의 인프라 구축, 자원
개발은 기본적으로 투자 회수기간이 길고 초기에 거대한 규모의
투자자금이 요구되기 때문에 국가와 공기업, 대기업이 함께 공동

투자 형식으로 리스크를 분담하는 방식의 컨소시엄 투자가 바람직하다고 했다. 즉 한국도로공사, 철도공사, 한국광물공사 등 공기업과 포스코, 현대건설 등 대기업 등이 컨소시엄을 구성하여 북한투자의 리스크를 분배하는 방식으로 투자하면 리스크를 최소화하면서 장기적인 수익을 기대할 수 있다.

그런데 이러한 인프라 구축과 지하자원 개발 등의 국가적 사업은 투자기간이 지나치게 장기라서 대기업이 단독으로 주도하기는 어렵고 보조적 역할에 머물 가능성이 크다. 그에 반해 토목건설, 물류, 유통, 호텔관광업은 대기업이 북한 내수시장을 아프리카 시장처럼 이머징마켓으로 설정하고 단독 투자를 하기에 적합하다.

남북간의 철도, 도로 연결에는 필연적으로 토목공사와 건설공사가 수반되며 시멘트, 레미콘 등 건설자재의 수요도 급증할 것이다. 이는 현재 국내 건설시장의 불황으로 장기 정체에 빠진 한국의 토목건설 기업에 엄청난 도약의 기회일 수 있다.

또한 남북의 철도 등 육로를 연결하고 다시 시베리아 횡단철도나 중국 횡단철도로 연결하는 육로 연결사업과 한국과 북한 간의 바다 항로과 러시아와의 항로를 연결하는 해운물류사업의 경우 전후방 연관효과가 커서 향후 큰 개발이익이 기대된다.

물류사업에는 현대글로비스, CJ대한통운, 한진택배 등의 물류업을 영위하는 대기업들이 적극적으로 관심을 가질 만하다. 이러한 물류사업은 초기에 상당한 투자금이 들어가지만 향후 러시아의 시베리아 횡단철도와 연결되는 경우 높은 미래 현금흐름이 지속적으로 창출되므로 위험수익률을 감안하여 할인하더라도 상당한 이윤이 예상되므로 장기적으로는 회사의 사내유보금으로 공격적인 투자를 고려할 만한다.

유통업은 거점 도시 위주로,
호텔관광 산업은 관광특구와 관광개발구를 중심으로

유통업의 경우 북한이 점 단위의 거점도시 위주로 개혁 개방을 추진할 것으로 예상되므로 북한 전역을 연결하는 전면적인 유통 도소매점을 입점하기는 쉽지 않아 보인다. 그렇지만 평양, 개성, 해주, 신의주, 나선지역 등 주요 거점도시 위주로 대규모 할인마트나 소매할인매장이 들어서면 내수시장을 장악할 수 있다. 한국의 롯데마트나 이마트와 같은 유통대기업은 북한의 철도나 도로의 인프라가 구축 및 개선되는 상황에 맞추어 북한 주요 거점도시에 대형 할인매장 입점을 고민해보아야 한다. 이를 시작으로 점진적으로 북한의 유통시장에 진입하는 방안을 고민할 때가 되었다.

　북한은 한국에 비해 백두산, 금강산, 묘향산 등 자연경관이 수려하고 개성시의 고려 궁궐. 평양시의 고구려 유적 등 문화유적지 보존이 상대적으로 잘 되어 있다. 천혜의 자연경관과 문화유적지 등의 관광자원이 우수하므로 관광 인프라만 잘 구축하면 관광산업 활성화로 단기간에 높은 수익을 올릴 수 있다.

현재 북한의 관광지 호텔은 대부분 1980년대 준공되어 시설이 낡고 서비스 수준이 낮아서 관광산업 활성화에 장애가 되고 있다. 한국의 대기업들이 북한의 유명 관광지의 입지를 먼저 선점하여 호텔을 개보수하거나 새로 호텔을 설립하는 방식으로 투자한다면 단기간에 높은 투자수익을 회수할 수 있을 것이다.

북한의 특급호텔은 평양의 고려호텔, 양각도 국제호텔, 류경호텔 등을 포함하여 대부분 평양에 몰려 있다. 그러므로 평양 이외의 개성, 금강산, 묘향산, 마식령 스키장이 있는 원산시 등에 카지노 시설과 국제적 규모의 회의실, 컨벤션 센터가 딸린 특급호텔을 건립하여 30년간 운영하여 수익을 가지고 그 이후에 북한에 기부 채납하는 조건으로 북한과 투자약정을 체결하는 방안을 적극 권장한다.

평양 중심부에 피라미드 모양의 330미터, 105층짜리 류경호텔이 있다. 1987년에 착공을 시작했으나 1990년대 북한 경제가 악화되면서 공사가 중단되었다. 2008년에 이집트 전신회사인 오라스콤이 류경호텔에 투자하기로 하고 공사를 재개하여 외벽의 유리창 공사를 마무리했다. 이 외벽공사에는 프랑스의 시멘트 회사인 라파트도 투자를 한 것으로 알려져 있다. 한편 세계적 호텔체인인 캠핀스키 그룹도 류경호텔의 경영권을 인수했다고 발표한 바 있으나 현재는 모든 공사가 다시 중단된 상태이고 오라스콤이나 캠핀스키도 미국의 대북제재 조치 이후 위 사업에서 철수한 상태다. 류경호텔은 평양의 랜드마크이고 입지조건이 우수하므로 향후 대북제재가 해제될 경우 한국의 관광유통 대기업이나 건설회사에서 공사 재개나 경영권 인수 등에 관심을 가질 필요가 있다.

북한 관광산업의 폭발적 성장 가능성의 원천은 바로 북한에 인접한 중국과의 물리적 근접성에 있다. 12억 인구의 중국은 세계 최대의 해외여행객을 내보내는 나라다. 북미관계가 개선되고 북한에 관광 인프라가 확충되면 중국인들은 다른 나라보다 중국과 인접한 북한으로 자연스럽게 관광하러 올 것이다. 이때 북한 관광산업에 투자한 한국기업은 그야말로 돈 방석에 앉을 것이다.

중소기업은 섬유, 식품, 신발,
건설자재 생산공장, 목재공업을 노려라

대박 사업 기회는
중소기업·중견기업에 있다

북한이 개방되면 진정한 대박 사업 기회는 대기업보다는 오히려 중소·중견기업에 있다. 왜냐하면 북한의 현 경제 규모나 내수시장의 수준이 대기업이 영위하는 업종보다는 중소·중견기업들이 영위하는 업종과 비슷하기 때문이다.

북한 노동자의 임금이 저렴하다고 해서 삼성전자나 LG전자가 기존의 베트남 공장을 북한으로 옮길 가능성은 그리 높지 않다. 그에 반해 중소기업의 경우 한국과 운송거리가 가깝고 인건비가 저렴하며 언어가 통하므로 분명 매력적인 투자처다.

그러나 한국의 중소기업들이 대북투자를 결정할 때 북한이 한국보다 경제수준이 낮다고 아무 업종이나 선택해서 진출한다면 낭패를 보기 쉽다. 대북투자를 결정하기 전에 북한의 현재 각 산업별·업종별로 기술력과 발전 수준, 생산능력과 생산제품, 제품에 대한 유효 수요, 북한에 동일제품이나 대체재를 생산하는 기업이 있는지 등 다양한 요소를 사전에 미리 충분히 분석하고 검토해야 한다.

한국무역협회의 자료에 의하면 북한 섬유제품 수출액으로 지난 2009년까지만 해도 6,000만 달러에 불과했다. 그러던 것이 2011년 4억 달러, 2013년 6억 달러, 2015년에는 8억 달러를 돌파했다. 성장률로 따지면 1,200퍼센트, 그러니까 12배나 성장한 셈인 것이다.

수출은 주로 중국, 그중에서도 90퍼센트 이상이 중국 랴오닝성에 집중되고 있는 것으로 나타났다. 북한의 섬유산업은 화학섬유산업, 방직산업 등이 대표적인데, 생산량의 80퍼센트 이상이 화학섬유이다. 화학섬유 생산량의 56퍼센트(10만 톤)가 비난론이며, 다른 화학 섬유는 생산량이 저조하다. 방직산업은 설비가 노후화되어 생산성이 낮고 2000년 직물생산량이 1.08억 제곱미터로 한국의 1.27퍼센트에 불과해 생산량에 한계가 있다(《북한의 산업》, KDB산업은행, 2015). 평양이 북한 최대의 방직공업 중심지인데, 최근 김정숙 평양방직공장 등 주요 공장들이 시설 현대화 작업을 마쳐 생산량 증가가 예상된다.

2011년에 북한 수출에서 섬유가 차지하는 비중이 17퍼센트 정도였으나 2015년에는 33퍼센트에 도달하여 두 배나 성장했다. 반면 석탄과 철광 등 지하자원 수출은 같은 기간 71퍼센트에서 55퍼센트로 크게 줄어들었다. 북한의 광물 등 지하자원 수출에 대한 국제사회의 대북제재가 강화되자, 북한은 섬유·의류산업을 육성했고 현재 광물에 이어 섬유·의류업종이 북한의 대표적인 수출상품으로 자리 잡았다.

이처럼 북한의 섬유·의류산업은 최근 제품 수준이 많이 향상되었고 자체 제품 경쟁력을 갖춘 것으로 보인다. 따라서 한국 중소기업들이 별다른 준비 없이 북한의 의류업종에 투자하는 경우 북한 내수업체와의 치열한 경쟁을 각오해야 한다.

경공업은 비교우위가 있는 업종 중심으로 선별적으로 진출해야 한다

이에 반해 북한 신발업종의 대표적인 내수공장은 평양시와 신의주시에 밀집되어 있다. 1996년 북한의 신발생산능력은 약 9,340만 켤레로 한국의 1996년 기준 생산량인 1억 9,500만 켤레의 약 48퍼센트 수준으로 추정된다(《북한의 산업》 KDB산업은행, 2015).

북한의 근로자, 사무원 등 일반 주민들은 비닐 소재의 비닐구두, 비닐샌들이나 천 소재의 운동화, 편리화를 많이 신고 다니고, 농민들은 작업화인 고무장화를 많이 착용한다고 한다. 지방도시와 농촌 주민들은 얼마나 오래 신을 수 있는지의 내구성과 실용성을 중시하다 보니 군대에서 나온 가죽군화나 군대 노동화를 선호한다.

현재 북한의 신발산업은 우리나라의 1980년대 중반 수준으로 평가된다. 북한의 신발산업에 투자하려는 기업의 경우 북한의 중산층 이하의 주민들을 겨냥하여 중저가의 천으로 된 운동화나 비닐 소재의 구두, 샌들 등을 생산하여 판매하면 북한 내수시장을 공략할 수 있다.

한편 북한의 식료품, 식품가공산업도 아직은 한국의 1980년대 수준에 머물러 있는 것으로 보인다. 북한 식료품산업의 주 생산물은 옥수수 가공품과 간식류인 제과, 제빵, 음료수 및 주류다. 북한의 식료품 가공 기술은 단순 가공 수준에 머물고 있고 제품의 종류도 빈약하다. 무엇보다도 북한은 고질적인 식량난으로 고통받고 있어 원료 부족이 식료품 산업발전을 가로막고 있다.

북한이 2012년 강성대국 원년을 선언하고 주민들 식생활 개선을 위해 식료품 가공공장을 증설하고 보수작업을 시작했으나 여전히 시설 노후화와 원료 부족으로 품질과 공급에 한계가 있다. 북한의 음료산업은 상대적으로 무산령의 샘물공장을 포함하여 증산군, 진천군, 장강군, 삼지연군 등에 음료공장이 전국적으로 분포되어 있는 편이다. 그에 반해 빵, 과자, 밀가루 등의 식료품이나 식품가공업은 여전히 수준이 낙후되어 있어 외국 투자가 필수적일 것으로 보인다.

향후 한국의 식료품 기업들이 발달된 가공 기술을 토대로 북한의 식료품, 식품가공업에 투자를 하면 박리다매의 수익 창출 모델로 큰 수익을 기대할 수 있을 것으로 보인다.

현재 북한의 GNP가 약 36조 원 규모이고 1인당 GNP가 약 146만 원 정도임을 고려하면 북한의 개혁 개방 초창기에 투자하기 유망한 업종은 역시 경공업 제품, 특히 생필품인 식료품, 신발, 잡화 등이 유력하다. 문제는 북한의 경공업 분야가 전반적으로 낙후되어 있다고 해서 모든 분야에 대해 한국기업들이 북한기업보다 비교우위에 있다고 착각해서는 안 된다는 것이다.

앞에서 잠깐 언급했듯이 북한의 섬유·의류산업은 이미 상당한 기술 수준에 도달했고 자체 경쟁력도 있다. 화장품 분야도 자체 생산하고 있는 은하수, 금강산, 봄 향기, 미래 등 4개의 대표적인 북한산 브랜드의 화장품을 생산하고 있고, 특히 은하수는 중국으로도 수출되는 등 외국에서도 높은 호평을 받고 있다. 한국 화장품의 품질과 비할 바는 아니지만 북한 화장품의 기술력도 상당한 수준에 도달되었다고 평가된다.

따라서 한국의 중소기업이 대북투자 업종을 고민한다면 북한의 경공업 분야 중에서 한국보다 상대적으로 많이 낙후된 식료품, 신발, 치약, 비누, 제분, 제당 업종에 대한 투자가 상대적으로 유망하다.

경공업 분야에 대한 투자는 당연히 임가공 형식으로 원재료는 한국에서 가져와서 북한의 저렴한 노동력을 결합하는 방식으로 생산하고, 이를 한국과 중국 시장에서 판매한다면 가격 경쟁력으로 높은 수익을 기대할 수 있다. 인건비 상승과 내수시장 부진의 압박으로 생존의 기로에 선 한국의 중소기업들에 북한투자는 선택의 여지가 없는 불가피한 최종 종착지라고 본다.

개인사업자, 자영업자는
중고제품 조립·수리 시장을 뚫어라

중고 자전거, 오토바이 제조·수리,
가정용 에너지업종에 기회가 있다

베트남의 주력 교통수단은 자동차가 아니고 오토바이다. 1년 전 베트남의 하노이시를 방문했을 때 교통신호가 바뀌자 장마철 개구리처럼 여기저기 쏟아져 나오던 무수한 오토바이 행렬을 잊을 수가 없다. 외국에 개방의 문호를 연 지 어언 20년이 다 되어 가는 베트남도 여전히 오토바이나 자전거가 대중들의 교통수단인데 하물며 북한은 어떻겠는가?

북한이 개혁 개방정책을 실시하면 그 개방의 단계나 방향은 베트남을 따라갈 가능성이 높다. 게다가 북한은 원래 교통체계상 철도가 주종이고 도로는 부수적으로 발전된 나라다. 주민들이 자동차를 소유하기에는 비용부담이 되는 데다 도로 상황도 너무 열악

118

하며 주유할 기름도 부족하다.

따라서 북한의 현 교통 인프라 실정과 북한 주민들의 1인당 국민소득 수준을 생각하면 상당기간은 자전거나 오토바이 등 저렴한 1인용 교통수단이 주로 이용될 것이다. 북한의 개혁 개방정책으로 지금 당장 돈을 벌 수 있는 사업가는 현대자동차가 아니라 개인사업자라는 말이다.

북한의 자동차, 오토바이, 자전거의 생산 수준과 생산량은 열악하다. 평양 시내에서 운행되는 대부분의 자동차는 남북한 합작의 평화자동차가 생산한 것이거나 중국으로부터 수입한 차들이다.

평화자동차는 북한의 유일한 자동차 생산기업인데, 원래는 남북한 합작기업이었다. 통일교 재단에서 1998년에 북한의 련선연합과 합작으로 평화자동차를 설립했고 2000년 초에 5,000만 달러를 투자해서 남포시에 평화자동차 공장을 설립했다.

북한의 평화자동차가 생산하는 차종에는 5인용 세단 휘파람 시리즈, SUV 뻐꾸기 시리즈, 미니버스인 삼천리, 한국 쌍용자동차 체어맨의 라이선스를 얻어 생산하는 고급세단 준마 등이 있다. 그러나 SUV 뻐꾸기의 차량 한 대 값이 미화 약 4만 달러 정도이므로 북한 주민들에게는 언감생심이고 그림의 떡이다. 그나마 생산물량도 2013년 남북한 합영이 중단되고 북한이 단독으로 생산하면서 1,200여 대 수준으로 떨어졌다.

현재 북한에서 볼 수 있는 자가용들은 당의 고위층 간부나 최근 장마당으로 부를 축적한 돈주 등 극소수 사람들만이 운행하고 있다. 이 때문에 북한에서 선택받은 고위급 출신성분의 평양시민들도 자동차를 모는 것은 엄두를 못 내고 지하철로 출퇴근한다.

북한 국경에 인접한 중국, 러시아에
자전거나 오토바이 조립·수리공장을 설립하라

북한에서 자가용을 대체할 수 있는 교통수단으로 평양시민들이 선택할 수 있는 옵션은 무엇일까? 당연히 평범한 사람들은 자전거일 것이고 조금 더 여유가 있는 사람들은 오토바이일 것이다. 그런데 자동차는 평화자동차라는 합작회사가 있어 소량이라도 중국부품을 수입하여 자체 생산을 하지만 오토바이나 자전거는 북한에 자체 생산기업이 없다.

그래서 한국의 개인사업자나 중소기업이 북한 국경과 인접한 중국 훈춘시, 단둥시, 러시아 하산시에서 중고 오토바이나 중고 자전거 조립·수리공장을 설립하여 북한 내수시장이나 중국 동북 3성을 타깃으로 하여 판매한다면 확실한 판로를 확보할 수 있다. 중고 자전거나 중고 오토바이 조립·수리공장은 큰 자본금 없이도 사업을 시작할 수 있다는 장점이 있다.

또 북한에는 농기계나 어선이 노후하고 성능이 떨어질 뿐 아니라 공급이 절대적으로 부족하다. 개인사업자가 한국의 중고 농기계나 중고 어선을 매입하여 수선한 후에 북한에 싼값에 판다면 훌륭한 사업 아이템이 될 수 있다.

이처럼 개인사업자나 자영업자들은 정부에서 말하는 지하자원 개발이나 도로, 철도 등 인프라 구축과 같은 큰 그림에 현혹되지 말고 중고 자전거, 중고 농기계, 중고 어선 등의 수리판매업과 같이 현실적인 소규모 투자사업에서 활로를 찾기 바란다. 이것이야말로 대북사업에 있어서의 진정한 '소확행(소소하지만 확실한 행복)'이 아니겠는가?

한편 북한의 가정용 에너지원의 비중을 살펴보면 석탄류(구멍탄과 석탄)와 나무류 등이 약 65퍼센트를 차지하고 석유, 중유, 전력 등은 35퍼센트가량인 것으로 추정된다. 탈북자들의 증언에 의하면 대다수 북한 주민들은 평균적으로 하루 연탄 반 장 정도, 일주일에 연탄 2~3장 정도를 소비한다고 한다. 취사부문의 용도를 감안하면 대부분의 가정이 난방을 하지 않으면서 겨울을 보내는 것이다.

북한 주민이 사용하는 열에너지는 대부분 석탄과 땔나무다. 석탄은 북한 가정에서 매우 중요한 위치에 있다. 북한에서는 어떤 연료를 사용하느냐에 따라 계층이 나뉘는데, 땔나무를 사용하면 최하위 계층이고, 석탄(갈탄)을 쓰면 그보다 조금 나은 계층이며, 연탄을 사용하면 여유 있는 계층으로 분류된다.

북한에는 연탄 제조공장이 없어 주민이 직접 연탄을 생산해 사용하기도 하는데, 석탄과 진흙을 물과 함께 개어 연탄을 만든다. 아무래도 가내수공이라서 품질이 낮고 연소율도 많이 떨어진다.

북한에서는 갈탄, 석탄, 무연탄의 부존량이 풍부하지만 가공공장이 없다. 그러므로 가정용 연료를 제조하는 연탄공장 등을 설립하면 북한의 가정용 연료 내수시장을 장악할 수 있다. 가정용 연료산업 또는 가정용 에너지산업은 한국의 자영업자들이 적은 비용으로 북한에 투자하기에 무엇보다도 적합한 업종으로 보인다.

개인이 큰돈 없이도
소액으로 북한에 투자하는 법

북한투자를 테마주로 하는
공모형 펀드 가입 등 간접투자를 노려라

남북관계와 북미관계가 개선됨에 따라 한국에서는 기업뿐만 아니라 일반개인도 북한투자에 대한 관심이 늘고 있다. 현재 북한투자나 북한 비즈니스와 관련하여 기업들의 직접투자만 부각되고 있지만, 개인이 소액으로 북한 비즈니스에 투자할 수 있는 방법이 있다. 이른바 통일펀드 또는 대북투자 공모펀드와 같은 간접투자 말이다.

최근 한국의 많은 자산운용사들이 잇따라 통일펀드를 내놓으며 남북경협이 몰고 올 '큰 장'에 대비를 하고 있다. 2018년 4월 판문점 남북 정상회담이 열리기 전까지만 해도 한국에 출시된 통일펀드는 두 개에 불과했다. 박근혜 정부의 '통일 대박론'을 계기로

2014년 나온 신영자산운용의 '신영 마라톤 통일코리아' 펀드와 하이자산운용의 '하이 코리아 통일르네상스' 펀드가 그것이다.

그런데 북한과 미국이 북한의 핵실험으로 첨예하게 대립하면서 남북관계가 얼어붙은 2017년에 위 통일펀드들은 엄청난 수난을 겪었다. 하이 코리아 통일르네상스 펀드는 설정액이 늘지 않아 청산이 거론되기도 했다. 하지만 2018년 들어 남북관계가 해빙 무드로 급반전하고 경협 수혜주에 투자자의 관심이 높아지면서 자산운용업계 분위기도 빠르게 반전되었다.

신영자산운용과 하이자산운용은 기존 펀드를 재정비한 새로운 펀드를 선보였고 NH아문디 자산운용, 하나 UBS자산운용, 삼성 액티브 자산운용 등도 새 통일펀드를 잇따라 내놓았다. 사모펀드계의 강자 라임자산운용도 최근 사모형 통일펀드를 출시했다.

현재 한국의 자산운용사에서 출시한 펀드들은 대부분 경협 관련주로 분류되는 한국의 대북투자 관련 기업들의 주식을 갖고 포트폴리오를 구성한 것이다. 따라서 포토폴리오의 구성상 일정한 한계가 있을 수밖에 없다.

앞으로 북한비즈니스나 북한 사업에 투자하는 기업, 대북 관련 특정사업 자체를 대상으로 하는 공모형 펀드나 사모펀드(PEF)가 다양하게 출시될 것으로 보인다. 그러면 개인들도 소액으로 북한투자 관련 간접펀드에 가입하여 수익을 낼 수 있을 것이다.

사모펀드 활성화가 북한의
자본주의화를 앞당기는 촉매제 역할을 한다

북한투자의 경우 리스크 때문에 아무래도 일반인들은 사모펀드보다도 공모펀드에 투자하는 것이 바람직해 보인다. 공모펀드는 자산총액의 10퍼센트 이상을 증권에 투자할 수 없고, 동일 종목이나 동일 법인이 발행한 지분증권 총수의 10퍼센트 이상을 투자할 수 없는 등 투자자 보호를 위한 제한 조치가 있기 때문이다.

앞으로 자산운용사들이 다양한 북한 공모펀드를 출시하여 일반인들도 북한투자에 간접적으로 참여할 수 있는 방법들이 생겼으면 좋겠다.

한편 일부 소수의 자금력이 있는 개인이나 기관들은 북한투자 전문 사모펀드에 가입하는 것도 새로운 자산관리 방안으로 고려해볼 수 있다.

투자신탁업법에서는 100인 이하의 투자자, 증권투자회사법(뮤추얼펀드)에서는 50인 이하의 투자자를 대상으로 모집하는 펀드를 사모펀드라고 한다. 사모펀드는 소수의 장기투자자들로부터 사모방식으로 자금을 모아 기업 및 금융기관을 인수하고 구조조정한 뒤 이를 매각하거나 재상장시켜 투자자금을 회수하는 전략을 취한다.

북한투자와 관련하여 사모펀드가 북한 비즈니스나 북한투자에 특화된 유망 기업에 투자하여 기업가치를 올린 뒤에 재매각하는 방식으로 투자금을 회수하면 의외로 고수익을 창출할 수 있다.

이러한 과정을 거쳐 북한 기업들이 한국과 세계의 자본시장에 편입되는 계기가 될 수 있으므로 북한기업과 북한에 투자하는 다양한 펀드의 출시는 북한의 자본주의 및 시장화 촉진에 크게 기여할 수 있다.

일반인이 단기에 접근 가능한
남북경협 관련 실전 투자방안

한반도 신경제지도 구상에 발 맞춰
H라인의 접경지역 부동산에 투자하라

문재인 대통령이 판문점 회담 당시 김정은 위원장에게 건네준 USB에는 '한반도 신경제지도 구상'이 담겨 있었다고 한다. 한반도 신경제지도 구상은 향후 남북경협의 청사진이고 기본계획이므로 한국 기업인들이나 개인들에게도 대단히 중요한 정보라고 할 수 있다. 한반도 신경제지도 구상의 3개 발전축인 환동해권 경제벨트, 환서해권 경제벨트, 접경지역 평화벨트의 3대 벨트를 중심으로 남북경협을 추진하고 중점적으로 투자를 하겠다는 것이다.

향후 북한이 개혁 개방정책을 추진하고 대북제재가 완화 또는 해제될 경우 한국의 개인들이나 개미들이 가장 손쉽게 할 수 있는 투자는 한국 접경지역의 부동산에 투자하는 것이다. 다시 말해 한반도 신경제지도 구상의 3개 벨트가 시작되는 한국 지역 토지를 (건물은 현재도 시가가 높아서 투자수익률이 크게 나오지 않으므로 제외) 경매나 매매로 구입해서 장기투자하는 방안이다.

현재 유력한 투자 후보지로는 환서해권 벨트의 경의선 개보수 작업이 진행되고 있는 문산역, 임진강역, 도라산역 등이 위치한 파주시 인근 토지와 환동해권 벨트에 속하는 동해북부선 개보수 작업이 진행 중인 속초, 대진역 인근 고성군 토지가 우선적으로 검토될 수 있을 것 같다. 그리고 현재 군사분계선이 연결되지 않은 경원선과 금강산선의 경우도 대북제재 완화로 남북철도 연결 사업이 진행될 것을 전제로 하면 경원선과 금강산선이 모두 경유하는 철원도 유망한 접경지역 투자 후보지라 할 수 있다.

2018년 10월 26일 국토교통부가 발표한 '3분기 전국 지가변동률' 자료에 따르면 전국의 3분기 지가상승률이 제일 높은 곳은 경기도 파주시였고 그다음은 강원도 고성군으로 나타났다. 전국 지가상승률이 3.33퍼센트로 나온 반면에 파주시는 8.14퍼센트, 고성군은 6.51퍼센트였다. 이는 남북관계 개선에 대한 기대감이 위 접경지역의 지가에 그대로 반영된 것으로 보인다.

여기서 명심해야 할 것은 땅이라고 다 같은 땅이 아니라는 것이다. 토지에도 족보가 있고 계급이 있다. 남북 철도가 연결되는 파주시, 고성군, 철원시 토지라고 해서 무턱대고 구입하면 의외로 자금이 초장기로 묶이는 문제가 발생한다. 조금 비싸더라도 남북한 연결철도가 지나가는 역을 중심으로 약 10킬로미터 이내의 역세권 토지에 투자해야 한다.

북한과 한국의 철도가 경유하는 역에서 가까우면 맹지(도로와 맞닿은 부분이 없는 토지)여도 상관없고 개발제한구역이라도 큰 문제가 안 될 것이다. 어차피 남북관계가 개선되고 대북제재가 완화됨에 따라 연결철도가 지나는 역 주위의 토지이용관리계획과 도시계획이 전면적으로 수정될 것이기 때문이다.

현대그룹의 주식, 코스닥에 등록된 대북경협 관련주나 수익구조가 건실한 대북투자 기업의 비상장주식을 사라

개미투자자들은 7대 대북사업의 독점권을 가지고 있는 현대그룹의 상장회사인 현대엘리베이터 주식이나 코스닥, 코스피 등록기업 중에서 철도 관련업종을 영위하는 기업들의 주식을 주목할 필요가 있다.

재무구조와 영업실적이 양호한 철도 관련 기업들은 남북경협이 진전됨에 따라 기대수익이 주가에 반영될 것이므로 1년 정도 투자해서 묻어두면 상당한 수익률을 기대할 수 있다.

또 2차 개성공단 확장공사가 끝나고 새로 2차 개성공단에 입주하는 한국기업들은 1차 개성공단 입주기업에 비해 매출액 규모나 기술력이 높은 기업들이 선별될 것이다. 2차 개성공단 입주기업의 주식을 매입하는 것도 권장할 만하다.

북한 국경에 접한 중국 단둥시나
훈춘시의 아파트, 상가에 투자하라

북한의 개혁 개방이 시작되고 대북제재가 완화 또는 해제되면 남북교류가 활성화되면서 한국과 중국과의 교역량뿐만 아니라 북한과 중국과의 교역량도 증가하고 사람들의 왕래도 늘어날 것이다. 북한 국경에 인접한 중국의 단둥시나 훈춘시는 북한 특수로 부동산의 전반적 가치가 상승할 것이다. 따라서 지금 단둥시나 훈춘시의 소형아파트 입주권을 구입해 투자하면 북한의 개혁 개방이 진행될수록 매물의 가격이 올라갈 것이므로 수년 이내에 큰 수익을 기대할 수 있다.

북한과 압록강을 사이에 두고 신의주와 맞보고 있는 단둥시는 2018년 판문점 선언 이후 주택가격이 20퍼센트 이상 상승했고, 중심상업지구인 전성구의 상업용 부동산은 50퍼센트 이상 가격이 폭등했다. 두만강에 인접한 훈춘시의 경우 주택과 상가의 거래량이 직전년도 대비 2배 이상 증가했고 부동산가격이 평균 40퍼센트 이상 치솟았다.

지금 당장 북한의 부동산에 투자하기는 시기상조이므로 그 대안으로 단둥시나 훈춘시의 아파트나 상가에 투자하는 것을 고려해볼 필요가 있다. 향후 종전선언이 나오고 대북제재가 풀리는 국면마다 위 지역의 부동산은 상승할 호재를 안고 있어서 아직도 투자하기에 늦지 않았다.

북한의 은행,
금융업 투자 및 진출 방안

초기 금융업의 형태인 환전업,
대부업은 태동단계에 있다

북한의 장마당에서 통용되는 화폐는 미국 달러, 유럽연합 유로, 중국 위안이다. 따라서 모든 장마당에는 북한 원을 달러, 유로, 위안으로 환전하는 환전상들이 활개를 치고 있다. 환전상들은 장마당의 성장에 따라 부자가 된 북한의 신흥 자본가인 돈주들로부터 자금을 지원받고 있다. 장마당과 함께 성장한 돈주들이 초기 금융업의 맹아인 환전업과 단기 대부업에까지 진출한 것이다.

북한은 2009년에 처음으로 원화를 평가절상하는 화폐개혁을 단행했으나 소기의 성과를 거두지 못하고 실패로 끝난 쓰라린 경험이 있다. 이 화폐개혁으로 인해 북한의 소액 예금자들의 저축금액의 상당 부분이 평가절상으로 인해 공중으로 증발했고 암시장에서 북한 화폐의 가치는 99퍼센트나 폭락했다.

북한의 중앙은행인 조선중앙은행이 중앙은행 고유업무와 상업은행 업무까지 담당한다. 2006년에 상업은행법을 제정해 중앙은행과 상업은행을 이원화했으나 아직까지도 상업은행은 설립되지 않고 있다.

북한에는 상업은행은 아니지만 대외결제와 특수목적 융자를 하는 합영은행이 상당수 존재한다. 재미교포단과 북한이 합영한 고려상업은행, 조총련계 재일교포들과 북한이 합영한 조선합영은행, 북한 대성은행과 홍콩 페레그린투자가 합영으로 설립한 대동신용은행 등이 그것이다.

북한은 상업은행 시스템이 없다 보니 개인들이 대출을 받거나 저축을 할 방법이 없다. 그래서 돈주들이 사금융업자로서 은행 역할을 대신하면서 초기 형태 금융업을 영위하고 있는 것이다.

북한이 본격적으로 개혁 개방이 되면 가장 시급한 것 중의 하나가 철도 등 인프라 건설 못지않게 개인에게 여수신, 대부를 하는 상업은행의 설립이다. 북한이 개혁 개방 초기에 효율적으로 작동하는 상업은행 시스템을 구축하면 안정적인 자본과 금융서비스의 공급이 가능해져 북한경제의 생산성 향상과 시장경제로의 전환을 가속화시킬 수 있다.

북한으로서는 이미 다른 사회주의 국가의 사례를 통해 입증된 '금융시장을 통해 자본을 배분하는 것이 국가투자계획에 따르는 것보다 효과적이다'라는 진리를 받아들여야 한다. 특히 채권시장,

주식시장 등과 같은 자본시장을 발달시켜 금융거래 비용을 낮추고 자금의 질적인 향상을 도모할 수 있다면 더욱 효과적으로 북한의 경제를 발전시킬 수 있다.

은행, 금융업은 자본주의 시스템의 혈관과 같은 요소이므로 사회주의 국가인 북한이 이러한 금융시스템을 받아들이기까지는 상당한 시일이 걸릴 것이다. 따라서 한국기업들이 당장 발전된 형태의 상업은행업이나 금융업에 대해 대북투자를 하기는 어렵다고 본다. 그렇지만 개성공단에 입주한 한국기업들의 대외결제와 융자를 위해 북한기업과 합영은행을 설립하는 것은 북한 은행업에 대한 초기투자로서는 좋은 아이디어로 보인다.

P2P 대출업, 클라우딩 펀딩 등의 스타트업이 대북투자 금융업의 적합한 비즈니스 모델이다

은행제도와 금융시스템이 도입되기 전까지 기초적인 형태의 소액 대부업, 보증보험업, 환전업 등의 초기 금융업에는 한국의 대북투자 기업에도 기회가 존재한다.

현재 북한의 돈주들이 수행하고 있는 대부업, 환전업은 개별적·비조직적이어서 본격적인 금융사업으로 보기는 어렵다. 한국의 중소기업이 북한 주민들에게 소액자금을 대출해주는 대부업이나 개성공단의 입주기업에 고용된 북한 노동자들을 상대로 저축은 행업을 우선적으로 시작해볼 수 있다. 개성공단에 입주한 한국기업들로부터 보증을 서는 방식으로 담보를 받고 북한 노동자들을 상대로 대부업을 시작하는 것도 좋은 방안이다.

북한은 주민들의 소득, 직업, 신용등급 등 담보력이나 지급능력을 객관적으로 평가할 수 있는 통계나 자료가 없는 상태이므로 P2P 대출 같은 비제도권의 클라우딩 대출 비즈니스가 적합할 수도 있다. 한국의 P2P 대출산업이 각종 규제 때문에 성장에 많은 제한을 받는 데 반해, 북한에는 이러한 법적 규제가 없어 오히려 성장을 위한 좋은 사업환경을 가지고 있다고 볼 수도 있다.

북한이 개혁 개방정책을 펼칠 때 금융업은 시스템 구축에 장기간의 시일이 요구되는 제1금융권 비즈니스보다는 오히려 이러한 P2P 대출업과 같은 스타트업 비즈니스가 적합한 업종이 될 것으로 보인다.

북한에는 능라88,
클락새20이 있다

북한의 소프트웨어, 게임, 정보보안 업종은
국제적 경쟁력을 갖춘 상태다

한국의 ICT산업을 선도하는 곳이 대학과 전자통신연구원 등 국책
연구소 그리고 삼성전자 등 대기업 연구소이듯이 북한의 ICT(정보
통신기술), 소프트웨어, 정보보안산업을 주도하는 곳 역시 김일성종
합대학, 김책공업종합대학, 평양컴퓨터기술대학 등 국립대학과
국가과학원, 조선컴퓨터센터, 평양정보센터 등의 연구기관 및 조
선압록강기술개발회사 등이다.

　김일성종합대학의 전자계산학과는 암화화 기술개발에 뛰어나
고 인터넷 애니메이션 콘텐츠, 영화촬영 및 음성지원을 위한 프로
그램, 모바일 컴퓨터에서 사용할 각종 응용프로그램을 개발했거
나 현재 개발 중이다.

김책공업종합대학은 한글, 중국어, 일본어, 러시아어, 영어의 다국어 문서인식프로그램인 '신동 2002'를 개발해 북한과 일본 등에 시판 중이며, 크립토팩스, 스테가노그라피 등 정보 암호화 분야 제품도 개발을 완료했다.

특히 김책공업대학 컴퓨터보호연구소는 2014년 북한 군, 보위부 및 인민보안부가 공동으로 사용하는 인터넷 보안체계인 '능라88'을 개발 및 업그레이드를 했고 국가 주요 기관의 서버 보안을 위한 해킹 방어용 보안프로그램인 '클락새20'을 개발했다. 조선압록강기술개발회사는 1994년 제네바 기술축전에서 지문 식별 시스템과 지문열쇠로 우승을 차지하는 등 생체 식별 기술에 의한 보안 연구에서 북한의 최고 수준의 기술을 보유하고 있으며 관련 기술을 해외에 수출하고 있다.

이처럼 북한의 ICT, 소프트웨어, 정보보안 등의 일부 분야는 이미 기술 수준이 한국과 필적하거나 앞설 정도로 세계적 수준에 이르렀다. 그러므로 한국의 자본, 영업력과 북한의 고급 기술인력을 결합하는 방식의 소프트웨어 분야에 대한 투자는 시너지 창출효과를 기대할 수 있다.

현재 북한의 은정첨단기술개발구에는 이미 최첨단 ICT기업과 소프트웨어 기업들이 입주해 생산활동을 하고 있다. 한국의 ICT기업이나 소프트웨어 개발회사가 북한의 ICT 분야에 투자하는 것이다. 세계적 수준의 북한의 해킹 방지 기술이나 암호화 관련 정보보안 기술이나 생체 식별 기술에 의한 보안 기술 분야의 전문인력을 활용하면 기술력에서 경쟁력 있는 제품을 생산해 세계시장을 공략할 수 있다. 이 과정에서 한국기업은 북한의 전문 기술 인력과 공동연구 및 개발을 통해 기술을 업그레이드시킬 수 있고 북한은 자신의 연구개발기술을 상업화하고 상품화하는 노하우를 배울 수 있어 서로 윈윈(win-win)할 수 있다.

은정과학지구와 개성공단 2차 입주기업 간의 협업시스템을 통해 신제품 개발에 나서야 한다

북한의 ICT업종에 투자하는 한국기업들이 평양의 은정첨단기술개발구와 북한의 국가과학원, 조선컴퓨터센터, 평양정보센터 등의 첨단기술 연구기관과 공동 기술개발 및 연구를 통해 신제품을 출시하면 글로벌 경쟁력을 가진 최첨단 ICT 제품이 나올 수 있다.

향후 2차 개성공업지구가 새로 입주기업을 선정할 경우 한국의 우량 ICT기업을 입주시켜서 위 북한의 최첨단 IT기술 인력을 고용하든지 공동연구 등 협업을 통해 신상품 출시 프로젝트를 추진하면 세계시장에서 통할 수 있는 최첨단 제품을 개발할 수 있을 것이다.

북한의 부동산투자 유망지역,
투자물건 및 조상 땅 찾기

려명거리, 미래과학자거리의
대규모 아파트단지의 입주권을 사라

가끔 참석하는 토지경매 및 부동산투자 스터디 모임에서 한 회원이 내가 북한투자 관련 책을 쓰고 있다고 하니까 북한이 개혁 개방되면 어느 지역에 투자해야 하는지 물어왔다. 내가 말을 꺼내기도 전에 다른 회원이 "사회주의 국가인 북한은 부동산이 모두 국가소유인데 부동산 투자가 어딨어?"라고 끼어들었다.

과연 그 회원의 말처럼 북한에서는 부동산거래가 안 될까? 그렇지 않다. 북한의 토지는 국가소유라서 매매 등 거래가 불가능하지만 건물의 경우에는 소유권거래는 불가능해도 건물을 사용·수익할 수 있는 리용권을 매매할 수 있다.

북한 민법의 이 리용권을 북한에서는 실무상 입주권이라고 하는데, 이 입주권을 표창하는 증서가 입사증이다. 이 입사증은 일종의 등기권리증과 같은 것으로 입사증 매매를 통해서 북한에서도 건물 이용권의 거래가 발생한다. 새로 입주권을 구매한 사람은 도시경영사업소에서 비공식적으로 뇌물을 주고 자신의 명의로 된 새 입사증을 발급받아 이용권의 명의변경을 할 수 있다.

만약 북한의 개혁 개방이 진행되면 북한 부동산에 대한 1순위 투자처는 무조건 평양 중심시가지의 대규모 아파트 단지다. 그중에서도 최고 노른자위는 대성구역의 려명거리와 중구역의 미래과학자거리에 위치한 아파트 단지다.

투자대상으로서의 아파트 가치는 역세권 등 입지와 입주세대의 규모 및 주변의 편의시설 집중 여부 등에 의해 결정된다. 평양의 려명거리와 미래과학자거리의 아파트 단지는 평양의 중심시가지에 위치해 교통이 편리하다. 또한 입주세대도 려명거리의 아파트단지가 약 4,700세대, 미래과학자거리의 아파트 단지가 약 2,400세대로서 북한에서는 최대 규모이고 주위에 상가 등 편의시설도 잘 발달되어 있어 최고의 투자대상이다.

현재 위 아파트의 입주민들이 대부분 김일성종합대학, 김책공업대학의 교원들이거나 당 고위간부 또는 돈주들인데, 현지 중개인을 통해 프리미엄을 지급해서라도 입주권을 구입하면 북한의 개혁 개방이 가속화될 때마다 입주권의 가격은 폭등할 것이다.

북한 부동산 투자 지역 2순위는 평양의 예상개발후보지인 대동강역 일대, 동평양역 일대, 송신역 일대다. 평양직할시는 크게 서

평양, 본평양, 동평양으로 구분하며 19개의 구역으로 나뉜다. 일제 강점기 조선총독부에 의해 평양성 안을 중심으로 근대적인 도시가 개발되었고 현재의 평양 도심도 이 기본적인 발전의 축에서 크게 벗어나지 않는다.

현재의 도심인 중구역(中區域)은 본평양에 속하는데, 인민문화궁전, 조선노동당 청사, 목란관, 고려호텔 등이 밀집되어 있는 평양의 중심 시가지나, 향후 위 도심이 밀집되면 발전의 축이 대동강이남의 대동강역 주변과 동평양역 일대 및 송신역 일대로 이동할 것으로 예측된다. 한국의 분당 신도시처럼 이른바 평양의 신도시가 들어설 예정후보지라고 할 수 있다. 이 지역의 역세권에 위치한 아파트나 건물의 입주권도 가격 상승 가능성이 큰 좋은 투자물건이라고 할 수 있다.

북한 부동산 투자 지역 3순위는 북한이 국가단위에서 지정한 5개의 경제개발특구인 신의주행정특구, 황금평·위화도 경제특구, 개성공업지구, 나진·선봉경제특구, 금강산 국제관광특구의 도심 중심부에 위치한 대규모 아파트 단지다. 대북제재 해제로 외국의 자본이 대규모로 유입되고 개발이 본격화되면 공급이 한정된 도심 중심지에 위치한 아파트 단지에 대한 입주권의 희소성이 커지면서 가격이 필연적으로 상승할 수밖에 없다.

부동산 등기권리증을
할인된 가격으로 매입하라

아파트 외에 북한의 부동산 중 투자할 만한 다른 대상은 없을까? 북한은 사회주의 정권을 수립하면서 모든 부동산을 국유화했다. 그러나 북한에 현재 거주하고 있는 주민들 중에는 부모님으로부터 전 부동산의 등기권리증을 지금도 보관하고 있는 사람들이 있다.

북한은 일제시대 토지조사령에 의해 작성된 공부인 토지조사부가 남아 있지 않아서 수년 전에 한국에서 유행한 토지조사부에 근거한 '조상 땅 찾기 소송'으로 조상이나 부모의 토지를 찾을 방법이 거의 없다. 그러나 북한에 위치한 부동산에 대한 등기권리증이 남아 있다면 통일 후 '진정명의 회복을 원인으로 한 소유권이전등기청구' 소송을 통해 소유권을 찾을 방법이 있다. 이 등기권리증을 일종의 NPL(부실채권)로 보아 할인된 가격으로 매입하는 것도 좋은 투자 방안이다.

현재 법무부에는 통일 이후 북한의 부동산의 소유권 문제를 어떻게 정리할지에 관한 특별법 등을 연구하고 있는데, 위 특별법에 관계없이 등기권리증이 있다면 등기권리증에 근거해서 소유권을 회복할 수 있을 것이다.

베트남 투자 사례를 통해 본
북한 초기 투자 사업 아이템

노동 집약적 경공업 투자에서
부동산 개발 및 유통업 투자로

베트남은 1986년 개혁 개방정책인 도이머이를 시작한 후 평균 연 7퍼센트의 경이적인 경제성장률을 기록했다. 베트남도 개혁 개방 초기에는 북한과 같은 폐쇄된 자립경제의 저성장 사회주의 국가였다. 베트남의 개혁 개방 후 산업발전 패턴과 초기 외국인 투자 사례를 검토하면 한국의 북한투자나 북한사업을 하는 데 참조가 된다.

한국기업들은 1992년 베트남과의 수교를 계기로 베트남에 본격적으로 진출하기 시작했다. 초기에는 대기업이 주축이 되어 가전, 철강 등 중공업 분야를 중심으로 투자가 이루어졌다. 1995년 미국과 베트남 간 국교 정상화 이후 대미 우회 수출기지로서 베트남의 가치가 부각되면서 섬유, 봉제의류, 신발, 가발 등 노동집약적인 제조업에 대한 투자가 증가했다.

그 후 베트남 시장이 성장함에 따라 2005년 이후부터는 부동산 개발사업, 조선 및 유통업 분야에서 대규모 투자가 뒤따랐다. 2005~2008년은 한국기업의 베트남 투자 열풍이 가장 높았던 시기로 2007년 베트남의 세계무역기구 가입 등을 계기로 제조업, 건설업, 부동산 개발업 등 다양한 분야에서 대형 투자사업이 활발히 전개됐다.

한국기업의 베트남 투자 사례에서 알 수 있듯이 처음에는 베트남의 저임금을 활용한 노동집약적 경공업 분야나 무역분야에서 외국기업들의 투자를 유치했다. 그러다가 점점 더 자본집약적이고 숙련기술을 요하는 제조업, 건설업, 부동산 개발업, 유통업으로 투자 분야가 확대되었고, 마지막에는 최첨단 하이테크 산업으로 투자의 중심이 이동하였다.

경쟁력, 기술력이 있고
비교우위가 있는 업종을 선별하라

그런 점에서 보면 북한이 개혁 개방정책을 실시하게 되면 베트남의 경우처럼 초기에는 북한의 저임금 메리트를 활용할 수 있는 노동집약적 경공업 분야에 대한 투자가 가장 유망할 것으로 보인다. 그렇지만 업종을 불문하고 무조건적인 경공업 분야에 대한 투자는 위험할 수도 있다. 숙련된 기술을 요하지 않는 단순 노동집약적 경공업 분야나 단순 임가공 형태의 경공업 업종은 금방 북한의 내국기업에 의해 기술 모방으로 추월당할 수 있기 때문이다.

한국의 모 중소기업의 경우, 베트남 개방 초기에 저렴한 인건비를 노리고 슬리퍼 제조공장을 설립했다가 2년 만에 적자를 내고 철수한 경험이 있다. 슬리퍼 제조처럼 별다른 기술력을 요하지 않는 저가 품목의 경우 현지의 저렴한 인건비만을 믿고 투자했다가는 조만간 이를 모방하는 로컬 기업이 생겨 경쟁에 패하기 쉽다.

따라서 북한에 투자하기 위해서는 북한의 산업별 현황 및 생산 능력, 기술 수준, 시장의 수요 등을 정확하게 분석한 후 적어도 현지 북한기업들이 단기간 내에 따라올 수 없을 정도의 경쟁력과 기술력을 갖춘 업종에 투자하는 것이 중요하다.

북한의 현재 1인당 평균 국민소득이 시장환율 기준으로 770달러 수준이므로 월 평균 소득으로 환산하면 64달러 정도에 불과하다. 따라서 이 정도의 경제 규모와 소득 수준에 맞추어 북한투자나 비즈니스를 결정하는 것이 현실적이다. 그렇다면 아무래도 신발, 식료품, 가공식품 등 생필품과 잡화 위주의 경공업 분야나 직접적인 무역거래업이 초기 대북투자의 적합한 업종일 것이다.

이후 북한이 세계은행, 세계무역기구 등 국제금융기구에 가입하고 해외의 공적자금 지원이나 외국의 민간투자를 끌어들일 정도로 개혁 개방이 한 단계 비약하게 되면 그때는 유통, 관광, 중공업 분야로 투자업종을 다변화시킬 수 있을 것이다.

개인도 농산품, 수산물 등의
무역 직거래에 활로가 있다

두만강 모래만 수입해도
한 달에 15억 원을 벌 수 있다

북한투자 관련 책을 쓰고 있다고 근황을 전하자 나에게 북한투자 관련 사업제안을 해오는 사람이 많았다. 그중에서 개인적으로 구미가 당겼던 사업이 있다.

B소장은 러시아 연해주에서 오랜 기간 대북사업을 해온 사람이다. 러시아에서 농장을 운영하면서 해마다 러시아의 질 좋은 밀가루를 구매해 북한에 무상으로 지원해왔다. B소장은 그 과정에서 나진·선봉특구의 북한 고위직과 인연을 맺고 신뢰를 쌓게 되었는데, 밀가루를 무상지원해준 대가로 준설작업 후 두만강에 쌓여 있는 모래를 가져갈 수 있는 권리를 주겠다는 제안을 받았다는 것이다.

B소장이 내게 한 제안은 한국의 투자자를 유치하여 법인을 설

립한 후 두만강 모래를 배에 적재하여 나진항을 통해 속초항으로 들여오는 내용이다. 질 좋은 두만강 모래의 경우 건설업계의 수요는 넘치므로 한국의 건설업자들에게 팔면 큰 이윤을 남길 수 있다는 것이다. 두만강 모래를 한국 건설자재 시장의 시가에 비해 거의 4분의 1 가격으로 가져올 수 있다. 대북제재가 해제되고 북한 당국과 협의만 되면 그야말로 황금알을 낳는 거위가 될 수 있다.

모래는 고철처럼 현금과도 같은 귀한 건축자재에 속한다. 한국에서는 강에서 채취할 수 있는 모래가 바닥나서 바닷가에서 준설선으로 건설용 모래를 채취하고 있으나 염분 때문에 건축자재로서는 품질이 떨어진다. 부득이 현재는 필리핀 등으로부터 건축자재용 모래를 수입하는 실정이다. 북한의 두만강이나 청진강의 모래는 염분도 없고 알갱이가 굵어 품질면에서 최상품으로 평가되는데, 이를 북한에서 수입할 수 있다면 기존 한국의 건축자재 시장에서 크나큰 원가 경쟁력과 품질 경쟁력을 가질 수 있다.

북한의 두만강이나 청진강의 모래 1루베(1.5톤)의 원가가 약 9,000원인데, 1루베당 운송비는 약 6,000원이므로 한국의 개인사업자가 북한에서 모래 1루베를 수입하는 데 드는 원가는 약 15,000원이다. 한국의 건설자재 시장에서 모래 1루베의 시장가가 약 25,000원이므로 모래 1루베를 수입하면 약 10,000원의 마진이 남는다. 대형 모래 화물선의 최대 적재량이 약 10,000루베이므로 한국의 사업자가 모래 화물선을 통해 모래를 수입하면 1회에 약 1억 원의 이윤이 생기므로 꽤 괜찮은 사업 아이템이다. 모래 화물선으로 나진항에서 속초항까지 한 달에 15회 정도 싣고 오는 것으로 약 15억 원의 수익을 올릴 수 있는 대박 사업이다. 실제로 2005년 비앤비해운이 북한 조선민족경제협력연합회와 두만강 하류 나진항 근해의 바닷모래를 수입하기로 독점계약을 체결해 국내에 판매한 적이 있었다.

개인사업자가 할 수 있는 또 다른 무역업 유망 품목으로 석재 및 골재사업이 있다. 건설업에서 석재, 골재는 현금과 같은 귀한 원자재이므로 북한에 풍부한 석재를 채취하고 생산해 개성공단과 한국의 건설업체에 납품하면 큰 수익을 낼 수 있다. 2005년경 한국의 태림산업이 북측의 아리랑총회사와 개성시에 남북 합영회사를 설립하고 석재, 골재, 레미콘, 콘크리트 제품을 생산해 한국과 개성공단에 납품하다가 2010년 '5·24 조치'로 사업을 중단한 전례가 있다.

이처럼 무역업은 아이템만 잘 잡으면 대기업이나 중견기업이 아닌 개인이라도 사업자등록을 하고 북한과의 직거래 무역업에 뛰어들어 큰돈을 벌 수 있다. 삼성그룹, 현대그룹, LG그룹 등의 한국의 재벌그룹이 1970년대 초기에 종합무역상사를 통해 외국과의 무역거래를 통해 성장의 발판을 마련한 것을 기억하자.

개인의 경우 북한의 제조업 분야에 투자하기 위해서는 공장설비를 설치해야 하고 북한 노동자를 고용해야 하는 등 절차와 투자비용 측면에서 만만치 않은 진입장벽이 있다. 그러나 무역업이라면 사정이 다르다. 북한에서 싸게 수입해 한국에서 비싸게 팔 수 있는 아이템만 잘 선별한 후 북한의 해당 기업소나 노동당 등 감독기관과 협의를 통해 허가를 받으면 큰 고정투자비용 없이도 사업을 시작할 수 있다.

한국은 해방 이후 채굴을 계속하고 있는 금광이 없으나 북한은 현재도 대규모는 아니지만 금광에서 금을 채굴하고 있다. 북한 최대의 금광은 평안남도 운산군 북진노동지구에 있는 운산광산이다. 매장량은 약 2,000톤으로 추정되고 생산능력은 약 2.6톤으로 평가된다. 운산광산에서 선광된 원석은 원산의 금 제련소에서 금으로 제련되는데 연간 생산능력이 100킬로그램으로 추산된다.

개인사업자가 북한의 금 제련소에서 제련된 금을 직접 수입해서 한국의 금 도매상에 판매할 수 있다면 홍콩이나 동남아에서 수입하는 금보다 낮은 원가로 구매할 수 있으므로 더 높은 마진을 올릴 수 있다.

또한 북한은 고랭지 농산물의 품질이 뛰어나고 맛이 좋아 중국에 수출하고 있다. 북한은 한국보다 위도가 높아 감자, 옥수수, 버섯, 고사리 등 고랭지 작물의 작황이 좋고 품질이 우수하다. 한국의 농산물은 이미 시장가격이 상당 수준 폭등해서 가계 지출비에서 차지하는 비중이 크다. 북한의 농산물을 직수입한 후 한국에서 판매하는 방식의 농산물 직거래도 개인 무역업 아이템으로 적합하다. 또 다양한 먹거리를 기존보다 저렴하게 공급할 수 있어 한국 소비자들에게도 이득이 된다.

대북경협 초기에는 무역 직거래가
가장 리스크가 낮다

한편 북한의 동해안에는 명태, 오징어, 고등어, 꽁치 등 어종이 다양하고 서해안에는 털게, 꽃게, 바지락, 조개 등 수산물의 부존량과 어획량이 풍부하다. 북한은 매년 약 3억 달러의 수산물을 중국에 수출하고 있는데, 주된 수출품목으로 오징어, 바지락, 대게, 바닷가재를 들 수 있다. 북한 수산물은 오염이 안 된 깨끗한 청정바다에서 자라서 신선도가 뛰어나다. 이 때문에 중국에서도 인기가 좋아 백화점이나 마트에서도 없어서 못 팔 정도라고 한다.

현재 한국은 동해안, 남해안의 어획량이 감소하고 러시아로부터 수산물 수입량이 지속적으로 증가하고 있다. 북한의 수산물은 청정바다에서 어획되어 친환경적이고 맛이 뛰어난 데다가 러시아에 비해 물리적으로도 근접해 물류비 측면에서도 유리하다. 따라서 한국의 중소기업이나 개인사업자들은 북한의 수산물을 직접 수입하는 수산물 무역업에 관심을 가질 필요가 있다.

북한의 수산업은 영세하고 어선 등 장비가 노후할 뿐 아니라 생산성이 떨어지므로 북한과 합작이나 합영형태로 북한 동해안 일대에 어업기지나 창고 부지를 설립하는 방안도 고려해볼 만하다. 한국기업이 북한 어부들에게 어선과 자금을 지원하고 약정된 어획물량을 확보하는 계약을 체결하면 북한의 어업생산에 투자가 가능하면서 동시에 수산물 무역업에 진출할 수도 있어 일석이조다.

이처럼 대북투자 초기에는 거대한 고정 투자금이 필요한 제조업, 임가공업보다는 북한의 농산물, 수산물, 건축자재, 자원 등을 직항로를 통해 직접 수입하는 무역업이 가장 리스크가 적고 이윤 회수가 빠른 투자업종이다. 남북관계 개선으로 북한 나진항에서 한국의 속초항이나 부산항으로 운행하는 직항로가 개설되면 운송비가 절감된다. 농수산물, 건축자재 등 다양한 북한 물자를 수입하는 무역업이야말로 가장 빨리, 가장 안전하게 이익을 낼 수 있는 분야다.

속초항으로 수입하는 무역업,
물류업이 황금알이다

자루비노항과 속초항 간의 직항로는
21세기의 동방무역 신항로

2022년 9월 20일, CJ제일제당 식품사업부문의 박 상무는 새벽 5시 알람 소리에 눈을 떴다. 오늘 러시아 하산시에서 개최될 CJ제일제당의 러시아 제2 제분공장 및 물류공장 기공식에 참석하기 위해서는 적어도 8시까지는 인천공항으로 가야 하기 때문이다.

러시아 제2 제분공장만 생각하면 박 상무는 절로 입가에 미소가 피어오르는 것을 느꼈다. 처음 기획안을 올렸을 때 다른 임원들의 반대를 무릅쓰고 밀어붙인 것이 결국 식품사업부의 효자노릇을 톡톡히 하고 있기 때문이다.

제일제당은 자루비노항과 속초항 간 항로를 통해서 러시아산 밀가루를 수입하기 전에는 미국과 호주에서 수입해서 사용했다.

미국산과 호주산 밀가루는 운송비가 밀가루 원가의 상당 부분을 차지해서 그다지 마진이 남지 않는 것이 항상 문제였다. 그런데 북한이 국제사회에 약속한 비핵화 조치를 완료한 2020년부터 북한에 대한 유엔과 미국의 대북제재가 전면적으로 풀리는 바람에 자루비노항과 속초항 간의 직항로가 다시 개설되었다.

박 상무는 이 기회를 놓치지 않고 재빨리 러시아산 밀가루에 눈을 돌렸다. 러시아산 밀은 Non-GMO 제품이라 건강한 유기농인 데다가 맛도 뛰어나고 자루비노항과 속초항의 직항로를 통해 수입하므로 운송비가 기존 미국에서 들여올 때에 비해 절반으로 줄었다. 사실 밀가루와 같은 수입 식재료의 원가 경쟁력은 운송비에서 결정된다고 해도 과언이 아니다.

위의 이야기는 상상 속 허구다. 그러나 미국과 유엔의 대북제재가 완화되면 조만간 충분히 일어날 수 있는 일이다.

북한과의 교류단절로 물류가 막힘으로써 한국은 우회수입과 우회수출로 무역거래에서 지나치게 많은 물류 비용을 지출해왔다. 러시아의 중앙아시아는 세계적 밀 생산지다. 중국 동북 3성은 배추 등 고랭지 농산물의 최고 재배지다. 또한 블라디보스토크 등 극동러시아 지역은 명태, 오징어, 대게 등 신선수산물의 보고다.

중국 동북 3성과 러시아 극동지역의 산물을 나진항을 통해 속초항이나 포항항으로 직수입할 수 있다면 물류비용이 대폭 줄어든다. 그러면 원가 경쟁력에서 놀라운 마법이 일어난다.

물류산업은 전방 연관효과 및 후방 연관효과가 큰 산업이다. 직항로가 개설되면 물류창고 관련한 산업이 필요하고 항구 배후지의 관련 산업이 필연적으로 발전할 수밖에 없다. 해운물류산업은 해운선박 구입 등 초기에 천문학적 규모의 투자가 필요하다.

물류업 자체는 현대자동차 글로비스나 CJ대한통운 같은 대기업의 참여가 필요하다. 해운물류업이 성장하면 관련 1차 밴더, 2차 밴더 등 물류 생태계의 조성으로 수많은 중소·중견기업이 번창할 수 있는 토대가 형성된다. 중소·중견기업에는 새로운 사업에 참여할 수 있는 절호의 기회가 탄생하는 것이다.

물류의 연결은 산업지형과 재계순위를 바꿀 혁명적 사건이다

더 중요한 것은 남북관계와 북미관계 개선으로 인한 물류의 연결이 해운물류에서 끝나는 것이 아니라는 것이다. 속초항, 포항항에서 자루비노항으로 연결된 해운물류는 시베리아 횡단철도나 중국 횡단철도를 통해 유럽으로 직접 연결될 수 있다. 그때부터는 캄브리아기 대폭발처럼 사업 기회가 기하급수적으로 생겨나고 연결되며 확장되는 혁명적 변화가 도래할 것이다. 멋지지 않은가?

삼성전자는 갤럭시 휴대폰과 그 부품들을 이전에는 태평양을 거쳐 해로로 유럽으로 수출했다. 대북제재가 해제되고 북한이 개방되면 갤럭시 휴대폰은 속초항에서 나진항, 자루비노항을 거쳐 시베리아 횡단철도의 화물칸에 적재되어 베를린, 파리로 수출될수 있다. 삼성전자를 포함한 한국기업들의 가격 경쟁력이 얼마나높아질지, 글로벌 경쟁력이 얼마나 상승할지 상상만 해도 가슴 설레지 않는가?

한반도와 유라시아 대륙의 육로와 해로 등이 연결되는 복합물류망의 구축은 현재 한국의 산업지형도와 기업순위를 완전히 뒤바꾸어 놓을 수 있는 혁명적 사건이 될 것이다. 변혁의 시대에는변화의 중심에 서서 그 거대한 흐름에 올라타야 한다. 만약 이 도도한 변화의 물결을 놓친다면 기업들은 정체되는 것이 아니라 도태될 것이다.

북한 노동당의
민원사업에 착안하라

북한의 '경제발전 5개년 전략'의
과제에 주목하라

북한은 2016년 7차 노동당 대회에서 경제발전 5개년 전략을 채택했고 그 3대 과제로 인민생활의 향상, 국토관리사업, 대외경제의 활성화를 천명했다. 그중 최우선 과제인 인민생활의 향상을 위해서는 첫째, 전력문제 우선 해결, 둘째, 석탄·금속·철도 등 경제의 선행 부문과 기계, 화학, 건자재 등 기초공업 부문의 정상화, 셋째, 인민생활과 직결된 농업, 수산, 경공업 부문 증산을 요구하고 있다.

한국의 기업인들이 대북투자사업을 할 때 이러한 북한 노동당의 경제발전 전략과 북한의 최우선 개발과제에 일치하는 업종에 관심을 가지고 투자해야 한다.

얼마 전에, 북한에서 탈북한 엘리트들이 주최하는 '북방연구회'

에 참석할 기회가 있었다. 이 연구회는 김일성종합대학, 김책공업대학 등 북한의 최고학부를 나온 탈북자들이 주축이 되어 북한, 중국, 러시아 등의 정치·경제를 연구하는 모임이다.

북방연구회 회장을 맡고 있는 이 대표를 만나서 북한이 개방한다면 어떤 업종에 투자하는 것이 좋겠냐고 물었더니 기존의 대북 전문가들과는 다른 현실적인 아이디어를 제공해주었다. 즉 북한의 노동당과 노동당 간부들이 고심하고 있는 비공식적 정책이나 사업에 관심을 가지고 투자하라는 것이었다.

북한의 모든 경제 분야와 업종이 낙후되어 있지만 특히 조선노동당이나 김정은 위원장이 비공식적으로 중점을 두고 고민하는 분야가 따로 있다는 것이다. 대북투자를 하려는 한국의 기업가들이 이런 분야를 간파해서 먼저 그 업종에 진출하면 돈도 벌고 북한 노동당의 말 못할 애로사항도 해결해주는 것이 되어 향후 대북 사업도 탄탄대로에 오를 수 있을 것이라고 했다.

이 대표가 최근에 주목할 만한 북한 내부의 정보를 알려주었다. 김정은 위원장이 2018년 초 북한 어선의 노후화에 대하여 당 간부들을 크게 질책하고 대책을 요구했다는 것이다. 김 위원장은 북한 동해안 일대에 어선 2만 대를 새로 공급하라는 구체적인 지침을 내렸다고 한다. 이러한 내용은 국경지대에서 왕래하는 조선족 출신의 중국인 사업가들에게도 알려지게 되었다.

사실 북한의 어선이 낡아 어획 생산성이 낮고 조난사고도 자주 발생하는 것은 어제오늘 일이 아니다. 요즘도 동해안에서 조업하던 북한 어선들이 조류에 휩쓸려 일본까지 조난당했다는 뉴스가 가끔 나온다. 북한의 어선은 목선이다 보니 작업 효율도 떨어지고 안전사고에 취약하다. 그래서 김정은 위원장이 목선 어선을 플라스틱 어선으로 교체하라고 지시했다고 한다. 김정은 위원장은 중국이나 일본의 신형 어선에 관하여 지대한 관심을 표명하는 등 북한의 어선 개량사업 및 현대화에 많은 신경을 쓰는 것으로 전해진다. 이처럼 북한 노동당이나 당 간부들이 드러내놓고 말하지 못하는 절박한 현안문제를 해결할 수 있는 솔루션을 제시하는 것이 가장 확실한 북한 비즈니스의 첩경이다. 한국은 해양조선 분야의 선진국이므로 어선 제조기술이 뛰어나다. 따라서 한국의 신상품 어선이 아니라 중고제품만 되어도 북한이 필요로 하는 어선 수준을 충분히 만족시킬 수 있다.

만약 중국의 장춘에 중고어선 조립공장을 설립한 후 한국에서 부품을 구입하여 조립하고 북한에 판매한다면 수요물량은 충분히 확보되어 있으므로 단기적으로 큰 수익을 낼 수 있다. 이 과정에서 북한의 어선 현대화 과업을 수행하고 있는 노동당 간부들에게 실적을 보고할 수 있는 기회를 제공하여 인간적 신뢰를 구축할 수 있다.

처음에 중고어선을 조립하여 북한에 판매하는 방식으로 공급하게 되면 그다음에는 나진·선봉지구나 개성공단에 이미 판매한 중고어선의 수리공장을 설립할 수 있다. 중고어선의 조립판매업에서 수리정비업으로 업종을 확대할 수 있으니 계속적으로 사업을 확장하기로는 이보다 더 좋은 기회가 없다. 이 과정에서 나진·

선봉지구나 개성공단의 수리공장에서 북한 근로자들을 고용하면 저렴한 인건비로 예상보다 높은 영업마진을 올릴 수 있다.

북한 노동당의 비공식적
민원사업에 관심을 가져라

이처럼 북한의 공식적인 경제개발계획이나 중장기 발전계획에 따른 업종 선택보다는 조선 노동당이 현재 당장 절박하게 해결해야 하는 비공개 민원성 사업을 알아내는 것이 사업에 더 유익하다.

예를 들면 북한 농촌에서는 경운기, 트랙터 등 농기계가 노후하여 생산성이 열악하다. 북한은 1990년대 중반 고난의 행군 시절에도 농촌의 생산력 증대를 위해 농기계 현대화에 노력을 기울였으나 성과는 미미했다. 한국에서 생산되는 농기구들은 가격 대비 성능이 우수하여 세계적으로 경쟁력이 있다. 중국 장춘이나 북한의 나선 경제특구에 중국과 한국이 합작한 중고 농기계 조립공장을 설립하고 한국의 중고 농기계 부품을 싸게 구입해서 조립 후 판매하면 북한을 포함하여 중국 동북 3성이나 연해주 등 극동러시아에도 판로를 개척할 수 있다.

한국의 이른바 북한전문가들이 추천하는 대북사업은 도로, 철도, 지하자원 등 장기간의 투자회수기간을 요하고 거대한 자본금이 필요하므로 한국의 10대 대기업이 아니면 진출이 사실상 어렵다.

이에 반해서 지금 당장 북한 노동당의 애로를 해결할 수 있는 민원성 사업은 개인사업자나 중소기업도 작은 자본금으로 바로 시작할 수 있다. 그 과정에서 북한 고위직과 자연스럽게 신뢰와 인맥을 구축할 수 있으니 일거양득이다. 북한 노동당 중앙당이나 위원장의 지령이 떨어진 사업의 경우 담당 간부는 자신의 직을 걸고 성과를 내야 한다. 이때 자신의 사업성과를 도와주는 한국 투자자가 있다면 생명의 은인으로 여기게 될 것이다.

모든 비즈니스의 핵심은 결국은 당면한 문제를 해결할 수 있는 솔루션을 제시하는 것이다. 상대방이 고민하는 지점, 가려운 부분을 딱 찍어서 사업으로 긁어주면 이윤 확보는 따놓은 당상이다. 그다음부터는 그쪽에서 먼저 돈이 되는 사업을 제안한다. 한국의 투자자들이 관심을 가져야 할 분야는 대외적으로 공표되는 북한의 공식적 발표가 아니라 이처럼 밖으로 대놓고 말하지 못하는 북한 지도층의 비공식적인 아킬레스건이다.

물론 이러한 비공식 정보를 입수하기 위해서는 북한 고위층과 연결되는 북한이나 중국의 현지 사업 파트너의 존재가 반드시 필요하다. 북한의 노동당 내부시책이나 지침에 관심을 가지고 사업 아이템을 찾는 노력을 하다 보면 의외로 큰 기회가 올 수 있다는 점을 항상 명심해야 한다.

PART 4

사회주의 국가
투자 사례에서 배우다

필립스 등 글로벌 기업의
중국투자 성공기

**글로벌 기업의 중국 진출은 저렴한 인건비를 활용한
생산기지 건설에서 시작한다**

글로벌 기업들의 중국 투자는 생산기지 건설을 위한 1차 중국시
장 진출과 중국 내수시장 공략을 위한 2차 중국시장 진출로 크게
구분할 수 있다. 생산기지 건설을 위한 글로벌 기업의 1차 중국시
장 진출은 1990년대부터 시작되었다. 이때 진출한 글로벌 기업들
은 중국의 개혁 개방에 따른 연 8퍼센트의 고도성장의 과실을 같
이 향유하며 막대한 이윤을 누렸다.

글로벌 기업들은 1980년대 자국 내의 인건비 상승으로 인하여
제품 원가 상승 압박을 타개할 방안을 고민하고 있었다. 그때 글
로벌 기업들이 원가 절감을 위해 취한 전략은 본국에 있는 생산기
지를 인건비가 저렴한 중국으로 이전하는 것이었다. 중국기업들

에 OEM방식의 주문자 위탁생산방식을 채택하여 본사는 디자인과 전략에 집중하고 단순생산은 중국의 하청업체에 맡겨 인건비를 대폭 절감함으로써 경쟁력을 갖추고 세계시장을 장악할 수 있었다.

필립스는 1985년에 사회주의 국가인 중국에 외국인 기업으로는 처음으로 투자를 결정하고 필립스 유한책임회사를 설립하여 중국시장에 뛰어들었다.

다국적 기업인 폭스바겐, 코카콜라, 인텔은 1990년대 생산기지를 중국에 설립하면서 중국 진출을 시작했다. 이들 글로벌 기업은 1996년부터 2005년까지 중국경제의 급성장의 영향으로 중국법인에서 그룹 전체 매출액의 약 30~40퍼센트를 얻었다. 이는 그룹 전체의 성장에 큰 도움이 되었다.

코카콜라는 중국측 파트너인 종량 그룹과 합작계약을 통해 우호적인 파트너십을 유지했고 이를 바탕으로 현지화 전략을 채택하여 성과를 내는 데 성공했다.

폭스바겐은 중국의 저임금을 활용하여 처음에는 중국의 노동력을 통한 인건비 절감으로 이익을 보다가 현지화 전략에 따라 중국의 부품업체를 발굴하는 방식으로 중국 현지에 부품업체와 부품공급의 공급사슬망을 구축하여 혁신에 성공했고 중국사업부에서 창출한 매출액이 전 그룹 매출액의 약 35퍼센트를 얻는 성과를 거뒀다.

글로벌 기업들의 2차 중국시장 진출은 중국의 중산층 성장으로 실질구매력이 있는 12억 소비자의 내수시장을 공략하기 위한 목적에서 2000년대에 시작되었다.

생산거점에서 내수시장 공략을 위한 현지화 전략으로

휴렛팩커드는 2008월 10월 중국 충칭에 제2의 대규모 내수용 생산기지 설립에 착공했고 2009월 2월 폭스바겐은 쓰촨성 청두를 내륙 진출의 교두부로 설정하고 생산설비에 24억 유로를 투자한다고 발표했다. 까르푸도 2009월 2월 28개의 매장을 중국에 추가로 개설하며 적극적으로 중국 내수시장 공략에 나섰다. 글로벌 기업들이 중국의 개혁 개방 초기에 중국 시장에 진입한 이유는 값싼 인건비를 활용한 글로벌 생산기지 건설에 있었다. 초기에 진입한 1차 중국 진출 글로벌 기업들은 높은 성장률을 올리며 대부분 중국의 고도성장의 열매를 같이 나눌 수 있었다.

그러나 중국의 개혁 개방이 어느 정도 진행되고 중국시장이 성장한 2000년대에 2차로 중국시장에 진출한 글로벌 기업들의 경영실적은 초기에 진출한 글로벌 기업들에 비해 상대적으로 초라하다. 이는 중국 정부가 개혁 개방이 진행됨에 따라 외자기업에 대한 우대정책을 점차 축소한 데다 중국 로컬 기업이 시간이 지남에 따라 부상하고 노동자 권익신장에 따라 인건비가 글로벌 수준으로 상승하는 등 경영환경이 점점 불리해졌기 때문이다.

이처럼 글로벌 기업들이 중국 시장에 진입한 시기에 따라 투자 수익률에 커다란 차이를 보였다는 점을 우리는 주목해야 한다. 개혁 개방 초창기에는 해외기업들에 대해 다양한 유무형의 정부혜택이 주어지고 값싼 인건비를 활용할 수 있다. 하지만 개혁 개방이 어느 정도 진행되어 시장이 성숙되기 시작하면 그때는 각종 정부혜택도 사라지고 인건비도 상승하며 새로운 규제가 시작되므로 이윤율이 떨어지기 마련이다.

따라서 대북투자를 고민하는 한국의 기업인이나 기업들은 글로벌 기업들의 중국 투자의 사례를 교훈으로 삼아 리스크가 크더라도 북한의 개혁 개방 초창기에 진입해야만 북한의 고도성장의 열매를 같이 공유하고 수확할 수 있다.

글로벌 기업의
베트남 진출 성공 사례

**글로벌 기업들이 저성장, 고임금의 중국시장에 대한 대안으로
베트남 시장의 미래가치를 주목하다**

글로벌 기업들의 베트남 시장 진출은 1994년 미국의 베트남 제재가 해제되면서 본격화되었다. 코카콜라, 3M, P&G 등의 다국적 기업들이 베트남의 저임금을 활용한 우회수출기지로 베트남을 주목하여 투자를 시작했고 2001년부터는 나이키, Target 등 글로벌 의류, 신발업체가 OEM 방식으로 수주를 목적으로 베트남에 진출했다. 그리고 2007년 베트남이 세계무역지기구에 가입하면서 베트남 개방이 본궤도에 오르자 인텔 등 디지털 첨단기술 기업들이 대규모 투자에 뛰어들었다.

2007년 이후 글로벌 기업의 베트남에 대한 투자가 증가한 것은 베트남의 세계무역기구 가입의 영향도 있지만, 중국시장이 점점

저성장, 고임금, 고비용 구조로 변하며 시장의 매력이 감소하자 그 대안으로 베트남 시장이 주목을 받게 된 영향도 컸다. 2013년 9월 노키아를 인수한 마이크로소프트가 기존 중국의 생산설비를 축소하고 베트남으로 생산시설 이전을 추진하고 있는 것도 이러한 흐름에서 이해할 수 있다. 한국의 대기업인 삼성전자, LG 등도 2000년 중반부터 본격적으로 전기전자제품의 생산기지로 베트남을 활용하기 위해 대규모 현지공장을 설립하는 등 투자를 시작했다.

글로벌 기업들의 베트남 시장 진출 초창기에는 베트남의 저임금을 활용하는 현지 생산공장을 설립하는 게 목적이었다. 나중에는 베트남의 대미수출 증가에 따라 향후 베트남을 대미수출의 전진기지로 활용하려는 전략이었다. 그러다가 베트남의 개혁 개방이 본격적으로 이뤄지고 고성장을 유지하자 베트남의 내수시장을 타깃으로 시장 판로를 개척하게 되었다.

중국과 마찬가지로 베트남도 개혁 개방 초기에 투자에 참여한 글로벌 기업들의 평균 투자수익률과 이윤 회수율이 높았다는 점을 주목해야 할 필요가 있다. 시장이 어느 정도 성숙단계에 이르면 초과이윤은 소멸하고 수익률은 평균으로 수렴하는 것이 경제학의 불변의 진리다.

사회주의 국가의 개혁 개방 초기에 투자해야
폭발적 성장세를 타고 고수익 창출이 가능하다

베트남의 개혁 개방정책이 시행될 초기에 베트남에 진출한 글로벌 기업들은 전 세계의 어떤 시장들보다 높은 고수익을 향유할 수 있었다.

P&G의 베트남 법인은 설립 후 계속하여 두 자리 숫자의 성장을 지속했고, 베트남 진출 10년 만에 매출액이 약 15배 이상 증가했다. 베트남 법인은 전 세계 P&G 계열사 중에서 가장 빠르게 성장하고 있고 베트남은 전체 P&G 그룹의 성장을 주도하는 가장 강력한 성장시장으로 평가받고 있다. 한국의 LS전선도 베트남 법인을 설립한 지 20년 만에 매출이 250배 이상 증가했고 베트남의 전력 케이블 시장의 현지점유율이 현재 약 30퍼센트를 육박하고 있다.

베트남 시장 진출에 성공한 글로벌 기업들의 공통점은 베트남의 개혁 개방 초기에 일찍 과감하게 투자를 결정했다는 것이고 적극적으로 현지화 전략을 채택했다는 점이다. 향후 한국기업들이 대북투자를 결정할 때 위 글로벌 기업의 베트남 진출 성공요인을 참조하면 도움이 될 것이다.

대북투자나 북한시장 진출도 북한이 개혁 개방정책을 실시하는 초기에 과감하고 선제적으로 투자해야 하며, 북한 주민들의 문화, 사고방식, 관행 등을 존중하여 현지화를 적극 추진하여야 할 것이다. 대북투자와 베트남 투자는 개발도상국인 사회주의 국가이고 자본주의가 발전하지 않은 미성숙 시장에 대한 투자라는 점에서 공통점이 많다.

따라서 북한투자나 비즈니스를 염두에 두고 있는 한국 기업인이나 외국인 투자자는 글로벌 기업의 베트남 투자 성공과 실패 사례에서 많은 시사점을 찾을 수 있을 것이다.

현대그룹의 대북사업의
성과와 교훈

현대그룹의 7대 대북사업 독점권은
향후 현대그룹의 재도약의 발판

현대그룹은 2000년 8월 22일 북한과 '경제협력사업권에 관한 합의서'를 작성했다. 북한의 전력, 통신, 철도, 통천 비행장, 댐, 금강산 수자원 이용, 명승지(백두산, 묘향산, 칠보산) 관광 등 북한 내 대형 사회간접자본의 독점사업권을 취득하는 대가로 5억 달러를 지급한 것이다. 일명 '7대 대북사업 독점권'인데 현대그룹이 당시 대북사업의 노른자위를 입도선매한 것이다.

현대그룹은 개성공단 개발사업권을 확보해 1단계 개성공단 공사로 100만 평 부지조성공사를 진행했고, 1단계 개성공단에는 총 124개 업체가 입주하고 북측 근로자 5만 4,000여 명이 근무했으며 2015년 12월 누적생산액 32억 달러를 기록했다. 또 2008

년 금강산 관광이 중단되기 전까지 현대아산을 통해 금강산 관광객 195만 명과 개성 관광객 11만 명을 유치했다. 또 2002년부터 2008년까지 경의선 및 동해선 철도 연결공사의 북측 구간에 대해 건설자재와 건설장비를 공급하는 건설 인프라 공사에도 참여했다. 당시 현대그룹의 대북사업의 실적과 성과는 사업 초기임에도 불구하고 상당한 영업이익을 본 것으로 드러났다.

북한의 개혁 개방이 진전되면 대북사업으로 가장 큰 혜택이 기대되는 기업은 현대그룹이다. 현대그룹의 대북사업을 전담하는 현대아산이 비상장기업이므로 현대아산의 1대주주이자 유일한 상장기업인 현대엘리베이터는 대북제재 완화 시 주가상승이 가장 기대되는 대표적 대북투자 수혜주에 해당된다.

현대그룹의 7대 대북사업의 독점권은 향후 북한의 개혁 개방이 본격화되고 대북제재가 풀리면 북한 정부와 재협상 문제가 발생할 가능성이 남아 있지만 명분과 체면을 중시하는 북한으로서는 현대그룹의 독점사업권을 전면적으로 부인하기는 어려울 것이다.

현대그룹은 대북제재 완화 시 가장 선두에 서서 대북사업을 추진할 수 있는 이점을 가지고 있다. 정주영 회장과 정몽헌 회장이 생전에 당시로서는 상당히 위험한 대북 리스크를 감수했기 때문에 유리한 조건으로 대북 사업 독점권을 획득할 수 있었다고 본다.

현대그룹은 독점사업을 체결할 당시에 비해 현대자동차그룹과 현대중공업이 계열분리되어 사세가 위축되었지만 대북사업 독점권을 잘 활용하여 현재 현대그룹의 주력 업종과 시너지를 낼 수 있는 분야에 집중하면 새로운 도약의 기회를 가질 수 있다. 현대그룹은 현재 자체적으로 내부에 대북투자 TF를 구성하여 대북사업을 준비 중인 것으로 알고 있는데, 북한과의 재협상 과정에서 협상력을 높이기 위해서는 현대그룹뿐만 아니라 현대자동차 그룹과 현대중공업 그룹까지 포함한 범현대그룹의 TF를 꾸리는 방안도 검토할 필요가 있다.

현대그룹이 다시 이전의 사세와 재계위상을 회복하고 부활할 수 있느냐는 어렵게 맞이한 이 대북 비즈니스의 기회를 얼마나 잘 활용하느냐에 전적으로 달려 있다고 해도 과언이 아니다.

현대그룹은 직접 참여할 사업 분야와 주관사로 나설 사업 분야를 구분하는 등의 선택과 집중이 필요하다

현대그룹은 현금흐름이 좋은 관광특구 개발에는 직접 단독으로 참여를 해서 수익을 내고, 대규모 투자가 요구되는 통신, 철도, 도로 등의 사업에는 공기업과 타 대기업을 포함하는 컨소시엄의 구성을 주도하는 주관사로서 독점사업권의 사용수익권을 다른 대기업에 주고 로열티를 받는 지주회사 사업모델을 채택하면 안정적인 고수익 창출이 가능하다.

현대그룹은 대북사업 진출로 인해 대북송금 특검과 정몽헌 회장의 죽음 등 큰 부침과 굴곡을 겪었지만 향후 북한이 개혁 개방 정책을 추진하고 대북제재가 해제되어 북한 비즈니스가 본궤도에 오를 때에는 가장 성공적인 대북투자 기업으로 기록될 것이고 한국의 어떤 기업보다도 강력한 성장동력을 얻게 될 것이다.

태광실업(태광비나)의
베트남 투자 성공 스토리

베트남에서 애플은 몰라도
태광실업은 안다

'1조 5,588억 원, 70퍼센트, 70,000여 명'

위 숫자들은 태광실업이 베트남에서 거둔 경영실적을 압축적으로 보여주는 수치다. 첫 번째 숫자는 태광실업이 2016년 12월 기준으로 베트남 시장에서 거둔 연매출이고 두 번째 숫자는 태광실업의 전체 매출 중 베트남 법인이 차지하는 비중이며, 마지막 숫자는 태광실업이 현지에서 창출한 베트남 고용인원이다.

태광실업은 베트남에서는 삼성전자나 미국의 애플보다 유명해서 베트남의 국민기업으로 불린다. 박연차 회장은 대우그룹의 김우중 회장 이후 베트남에서 가장 유명한 한국인이다. 태광실업이 2016년 10월에 베트남 현지 신발공장인 태광비나의 제3공장 기공식을 개최했을 때 당시 응우엔 쑤언푹 베트남 총리를 포함하여 베트남의 장차관 등 정관계 인사들이 대거 출동하여 공장 준공을 축하했다. 태광실업의 베트남에서의 위상이 얼마나 대단한지를 단적으로 보여주는 장면이다.

그렇지만 태광실업의 베트남 사업이 출범 초기부터 순조로웠던 것은 아니었다. 태광실업은 1994년 동나이성 비엔호아시 산업구역에 태광비나를 설립하면서 베트남 개혁 개방 이후 한국기업으로는 처음으로 베트남에 진출했다. 설립 초기에는 베트남의 열악한 인프라로 인해 공장 가동도 제대로 되지 않았다. 전기가 부족하여 한국에서 발전기를 가져가서 전력문제를 해결하기도 했고 식수가 없어서 농업용수를 파이프로 연결하여 해결했다고도 한다.

무엇보다 큰 문제는 개혁 개방 초기인지라 베트남 사람들이 여전히 사회주의 사고방식에 젖어 있어 돈만 받고 적당히 일한다는 것이었다. 공장 준공 예정일이 다가왔지만 베트남 노동자들은 천하태평이었다. 이대로 가다가는 베트남에서 제대로 사업을 시작하기도 전에 공장 문을 닫아야 하는 상황이 발생할지도 몰랐다.

고심 끝에 박연차 회장이 결단을 내렸다. 베트남의 현지 노동자들을 모두 불러 모은 뒤 박 회장은 현지 노동자들에게 만약 약정 공기 내에 공사를 끝내면 인센티브로 5만 달러를 주겠다는 파격적 제안을 했다. 인부당 한 달 월급이 약 40달러였던 시절에 5만 달러는 어마어마한 금액이었다. 베트남 현지 인부들의 눈빛이 달라졌고 그날부터 공사는 야근을 마다 않는 노동자들의 노력으로 순풍에 돛 단 듯이 진행되었다고 한다.

태광실업의 성공은 위험을 감수한 과감한 투자의 결실이다

태광실업이 베트남 진출을 결심한 1994년은 박 회장에게는 여러 모로 어려운 시기였다. 국내 신발산업은 비싼 인건비로 인하여 경쟁력을 잃고 저가의 중국산 신발의 융단폭격식 수입에 침몰되기 직전이었다. 박연차 회장은 사회주의 국가 베트남의 개혁 개방 초기에 과감하게 투자를 결심하고 대규모 투자를 단행했다. 박 회장의 과감한 결정으로 태광실업은 국내 신발산업의 불황을 극복하고 현재는 연 매출 1조 3,500억 원의 탄탄한 글로벌 기업으로 변신할 수 있었다. 만약 당시 태광실업이 다른 한국기업들처럼 사회주의 국가의 투자 리스크를 겁냈다면 오늘날 베트남의 국민기업 태광은 존재하지 않을 것이다.

베트남 개혁 개방 이후 최초로 진출한 해외 1호 기업이라는 타이틀은 태광이 베트남에서 여러 번 사업상 어려움을 겪을 때마다 이를 타파할 수 있는 소중한 자산이 되었다. 베트남 공장을 가동한 지 약 1년 6개월 만에 흑자로 전환했고 3년 만에 투자원금을 전액 회수하는 기염을 토했다. 해외투자에서 소위 대박을 친 것이다.

북한이 본격적인 개혁 개방정책을 펼치는 경우 대북투자를 고려

중인 한국기업은 태광실업처럼 초기에 과감한 투자를 하는 게 좋다. 북한은 베트남에 비해 언어나 문화상의 동질감이 있으므로 사업이 훨씬 유리하다. 초기의 북한투자 리스크와 불편을 감수한다면 그 리스크만큼이나 큰 이윤이 기다리고 있다는 것을 잊지 말자.

베트남 하노이에서 약 100여 개의 K마트를 운영하고 있는 성공한 한인 기업인이자 베트남 한인회 회장인 고상구 회장도 베트남에서 비슷한 과정을 거쳐 성공한 케이스다. 처음 고상구 회장은 베트남에서 식품 유통사업을 하면서 베트남 정부의 까다로운 허가와 규제 때문에 벽에 부딪혔다. 베트남 정부에서 한국으로부터 수입하는 식품이나 상품별로 각각 수입허가를 요구한 것이다. 그 바람에 고 회장은 수입허가를 받기 위해 근 3년 동안 베트남 공무원들과 매일 부대끼며 힘든 싸움을 해야만 했다.

불확실한 베트남 정부의 인허가 방침과 예측불가의 베트남 규정 때문에 투자한 모든 돈을 날릴 위기도 있었지만 이 모든 위험을 감수하고 버틴 결과 현재는 베트남에서 손꼽히는 성공한 사업가로 자리 잡았고 현지 베트남인 약 1,000여 명을 고용하는 중견기업으로 성공했다. 고 회장의 성공 이면에는 베트남 개혁 개방 초기에 과감하게 사회주의 국가 베트남에 투자하여 한 우물만 파면서 리스크에 도전한 도전정신이 숨어 있다. 진정한 큰 성공은 항상 리스크를 먹고 자란다.

대표적 개성공단 입주기업
로만손의 성공과 실패

로만손은 개성공단의 싼 인건비로
성장의 기반을 잡았다

로만손은 2005년 개성공단 시범단지에 입주한 기업 중 대표적인 남북경협 성공기업으로 손꼽힌다. 당시 로만손은 개성공단 시범단지 내의 대지 약 2,600평에 총 61억 원을 투자해 연면적 2,855평의 공장을 운영하고 있었다. 시계 부품을 생산하는 협력업체 직원 등 총 1,500여 명을 입주시켰고 시계 생산량은 한 달에 3만~4만개 수준이었다.

당시 개성공단에서 제조된 제품의 품질 생산성은 국내 대비 약 70~80퍼센트에 불과했지만 서울 근로자 1명의 인건비로 북한의 개성 근로자 20명을 고용할 수 있어 생산성은 국내보다 무려 15배나 높았다. 북한 노동자의 1인당 평균 월급은 61달러(최저임금 57.5

달러)로 한화로 6만 원도 채 안 되어 인건비의 가격 경쟁력은 대단한 메리트였다. 한때 로만손의 개성공단 내 생산량은 로만손의 전체공장 물량의 약 70퍼센트에 육박했고 연간 100만~120만 개를 생산했다.

박근혜 정부의 2016년 2월 10일 개성공단 폐쇄 조치가 나오기 전까지 로만손은 생산원가 절감으로 큰 이윤을 올렸다. 저렴한 공장부지와 인건비는 물론 서울에서 개성공단까지 운송거리도 짧아 물류비도 절감할 수 있었고 노동자와의 의사소통도 원활해 한국 공장 생산원가의 25퍼센트 정도를 절감할 수 있었다. 로만손은 개성공단 입주기업 중에서 가장 규모가 큰 공장을 가지고 있어 생산원가 절감으로 성공한 대표적 남북경협 수혜기업으로 뽑혔다.

처음 개성공단 입주를 결정한 로만손의 김기문 당시 이사는 한 언론사 인터뷰에서 개성공단 입주의 최대 이점으로 가격요인을 들었다. 개성공단의 인건비가 한국 공장의 20분의 1 수준에 불과하다는 것이었다. 또 운송거리가 짧기 때문에 중국이나 동남아에 비해 납기일 면에서 경쟁력이 있으며 언어가 통하기 때문에 향후 고부가가치의 감성 제품 생산까지 발전할 가능성이 높다는 것도 이점이라고 했다.

갑작스런 남북 간 정국경색으로 인한
공단 폐쇄와 로만손의 사업 중단

그런 로만손도 남북 간 정세변화로 개성공단이 폐쇄되자 직격탄을 맞았다. 로만손은 이를 계기로 기존의 시계 부문을 대폭 축소하고 쥬얼리, 화장품, 패션 부문에 집중 투자하는 등 사업 다각화로 그 위기를 극복했다.

개성공단 입주기업협의회 회장인 신한용 회장은 로만손이야말로 개성공단 입주기업의 성공요인과 위험요인을 가장 적나라하게 보여준 사례라고 말한다. 정치적 리스크만 없으면 원가 경쟁력으로 대북투자 기업이 단기간에 크게 성공할 수 있음을, 동시에 외부적인 정치환경 변화가 사업을 한순간에 좌초시킬 수 있음을 로만손은 여실히 보여주었다.

향후 한국기업들이 다시 북한투자나 북한 비즈니스를 할 때 로만손 사태는 훌륭한 반면교사의 사례다. 로만손의 부침을 교훈으로 삼아 정치적 리스크를 어떻게 헷징하고 관리해야 하는지를 깊이 고민해야 한다.

문제는 정치적 여건과 사업상의 조건을 분리하는 법적·제도적 장치를 완비하는 것이 관건이다. 향후 대북제재가 완화되고 대북투자가 본격화되면, 이 부분은 한국과 북한, 미국 등 이해관계 당사국 간의 협정으로 투자와 사업의 지속성이 보장되는 제도적 장치를 완비해야 할 것이다.

태창의 금강산 샘물사업
투자 실패 사례

충분한 현지조사 부족 등 성급한 투자가
태창의 대북사업을 재앙으로 몰고 가다

메리야스를 생산하던 중견 속옷 의류업체 태창은 대우에 이어 한
국기업으로서는 두 번째로 북한투자를 감행했다. 태창은 1996년
4월 대북사업에 진출하여 1997년 580만 달러 규모의 금강산 샘물
사업에 대해 정부의 사업승인을 받았다. 당시 금강산 샘물사업을
추진한 태창의 이주영 사장은 민족의 영산 금강산에서 샘물을 개
발한다는 자부심에 패기만만하게 사업을 시작했다. 그런데 사업
을 시작하자마자 전혀 예상치 못한 난관에 부딪히게 되었다.

금강산 샘물공장이 위치한 지역은 북한의 함경도 온정리였는
데 그곳 금강산 일대에는 공장을 운영할 만한 전력이 전혀 공급
되지 않았던 것이다. 금강산 온정리에서 샘물을 퍼내어 원산항까

지 운반해야 하는데 기존의 철도노선은 노후화로 사용할 수 없었다. 태창은 어쩔 수 없이 전기공급을 위해 약 8킬로미터의 전기선을 자비로 부설해야 했다. 또한 금강산 온정리에서 원산항까지 약 108킬로미터의 철도노선을 복원하고 보수하는 데 추가로 600만 달러를 지출할 수밖에 없었다. 이러한 대규모 초기 투자와 우여곡절을 극복하고 2000년 6월부터 드디어 금강산에서 샘물을 생산하여 한국으로 반출할 수 있게 되었다.

한국의 대형 백화점, 할인마트 등에 물건을 납품하고 본격적인 마케팅을 시작하려는 찰나 북한 당국이 갑자기 태창에 딴지를 걸어왔다. 북측 합작 파트너가 계약 당시 약정한 물값보다 무려 30배나 높게 가격을 인상하겠다고 일방적으로 통보한 것이다. 이유는 한국에서 지하수로 만든 생수들이 통상 그만큼의 높은 가격을 받으니 자신들도 비슷한 가격을 받아야겠다는 것이었다. 태창은 초기 고정투자비, 마케팅비나 물류비 등 제반 비용 때문에 어렵다고 설득했지만 북측은 결국 샘물 공급을 일방적으로 중단해버렸다. 태창 관계자는 "북한 사람들은 자본주의가 어떻게 작용하는지 모르고 자신들의 방식만 고집한다"며 북한의 일방적 조치에 대한 서운한 감정을 숨기지 않았다.

북한의 진짜 리스크는 자본주의
마인드 결여와 신뢰의 부재

태장의 사례를 북한투자의 리스크를 적나라하게 보여준다. 북한의 합작 파트너사들은 계약서에 명시된 내용도 무시하고 일방적으로 가격을 인상하는 등 수시로 계약관련 사항을 바꾼다. 그러나 이래서는 한국기업들이 북한측 사업 파트너를 신뢰할 수 없고 사업을 계속하기 어렵다. 합의하에 어렵게 작성한 계약서 조항도 휴지조각처럼 무시하고 언제든지 사업상의 약정을 파기하는 사람들과 누가 같이 사업을 할 수 있겠는가?

북한의 저렴한 인건비, 언어, 지리적 근접성 등의 장점들이 아무리 좋아도 노동당 당 간부들이나 관료들의 규제, 턱없이 부족한 사회간접자본시설 그리고 수익성 개념의 부재와 같은 자본주의 마인드의 결여는 북한의 이런 모든 장점을 무색하게 만드는 아킬레스건이고 중대한 투자 리스크에 해당된다. 북한에서 사업을 시작할 때에는 이러한 리스크를 충분히 염두에 두고 이를 해결할 수 있는 방안도 사전에 마련해야 한다.

한국기업 중 첫 번째로 북한에 투자한 대우도 대북사업에서 예상치 못한 쓴맛을 본 경우다. 김영삼 정부시절 남북 간 최초의 합작 사업으로 설립된 대우 남포 공장은 500만 달러의 투자로 1996년 완공된 뒤 상당 물량의 의류나 신발을 생산해왔다. 그러나 당시 남북한 정부 간에 관계가 나쁘지 않았을 때에도 위 공장의 가동률은 30퍼센트 정도에 불과했다. 공장의 사업 확장 관계로 남북

양측 간 이견이 돌출된 후 북측 파트너가 대우의 기술관리 요원의 입국을 거부한 것이 주된 이유였다.

북한의 저렴한 인건비, 지리적 이점, 새로운 시장에 대한 호기심으로 사회주의 국가의 투자 리스크에 대한 검토나 이에 대한 대비책을 마련하지 않고 무턱대고 장밋빛 환상에 빠져 대북사업에 뛰어들었다가는 낭패를 보기 쉽다. 따라서 대북재제가 해제될 경우 향후 북한 비즈니스는 예상 가능한 수익 규모나 수익률 못지않게 어떻게 하면 사업 리스크를 관리할 수 있는지를 중심에 두고 투자 여부를 검토해야 한다.

중국기업의 북한투자
실패 사례

대북투자 시 사회기반시설 구비, 전력 사정, 공식환율 적용 여부 등을 체크해야 한다

중국 상무부가 2017년 1월에 발간한 〈대외투자합작 안내서〉의 북한편을 보면 북한에 투자하거나 사업할 때 유의할 사항을 자세히 소개하고 있다. 즉 북한에 투자할 때 관련 투자법령과 규정을 숙지해야 하고 현지 설비 유무와 정비 용이성, 사회기반시설, 운임 등 운송 관련 정보, 전력사정 등을 충분히 조사해야 한다고 권고한다.

안내서는 특히 북한과 무역거래를 할 때에는 시장상황을 고려하고 좋은 현지 중개인을 찾아야 한다는 점을 강조한다. 계약을 체결할 때 대금지급과 환율 항목을 분명히 해야 할 필요가 있는데, 특히 북한은 공식환율과 시장환율과의 차이가 심해 계약서에서 적용

환율을 분명히 정해두지 않으면 나중에 예상치 못한 손해를 입을 수 있다며, 반드시 공식환율만 적용하라고 충고하고 있다.

현재 북한에 가장 투자를 많이 하는 나라는 중국이다. 중국의 대북투자는 70퍼센트가 광산자원에 집중되어 있으며 그중 철광과 동광이 주를 이루고 있다. 중국 경제연구원의 보고에 따르면 헤룽장(黑龙江), 지린(吉林), 랴오닝(辽宁) 등 동북지역의 중국기업들은 당초 대북무역에서 생필품을 주로 다루었지만 후에 에너지 부문에 진출했다. 중국기업들이 투자한 제조업 부문으로는 건축자재, 식품, 의료, 사료, 운수, 경공업 분야 등이다.

중국기업의 입장에서도 대북투자는 예측하기 어려운 요소가 많다고 한다. 북한에 투자하는 중국의 많은 기업들은 북한의 잦은 정책 변동 때문에 파산에 이르기도 한 것으로 보고된다. 북한의 행정체계가 매우 혼란스러워 어떤 단계의 담당자는 동의하나 다음 단계의 담당자는 반대하는 상황이 빈번히 발생하므로 사업 인허가나 사업 가능성에 대한 예측이 곤란하다는 어려움을 토로하기도 한다.

예측 불가능한 정세변화나
변동성 때문에 사업이 무산되기도 한다

블룸버그 통신에 따르면 2009년 저장완샹그룹(浙江万向集团)이 북한의 혜산청년동광에 투자를 했고 초기의 어려움을 극복하고 힘

들게 생산 수준을 회복하자 북한측에서 갑자기 광산 소유권을 회수해버렸다고 한다. 결국 어떤 손해배상도 받지 못하고 철수할 수밖에 없었다.

또 다른 사례로 2005년 지린성 출신의 통화철강그룹유한회사(通化钢铁集团有限公司)가 아시아 최대의 철강 부존량이 있다고 알려진 북한 무산철광 개발에 70억 위안을 투자하기로 계약을 체결하기로 했다. 그런데 체결 직전인 2005년 11월 북한측이 세계 언론의 집중되는 관심이 부담된다며 일방적으로 협상을 중지하는 바람에 협상 자체가 무산되었다.

실패 사례도 있지만 현재까지 북한투자에 성공한 대부분의 기업은 중국기업이며 그중 동북지역에 위치한 중국기업이 다수다. 이들 기업들은 한결같이 북한투자에 성공하기 위해서는 북한의 제도와 문화를 존중해야 한다고 강조한다.

중국 단동시의 수출입 회사의 왕모 부총경리는 북한과 같은 사회주의 국가에서는 정권 교체 후에 대외경제무역에 대한 입장을 예측하기가 어렵고, 계약 위반과 환전 제한 등의 돌발상황은 언제나 발생할 수 있다고 했다.

중국 동북지역의 가장 큰 민영회사인 요정서양집단(辽宁西洋集团)이 이전에 북한투자에 실패한 것도 북한의 정치적 위험성과 변동성을 과소평가했기 때문이라고 밝힌 바 있다. 이처럼 북한과 혈맹인 데다 북한에서 가장 우대받는 중국기업들조차도 북한의 예측 불가능한 정세변화나 변동성 때문에 사업이 무산되기도 하고 부도의 위험에 직면하기도 한다.

　따라서 한국기업들로서는 더더욱 북한에 투자하거나 비즈니스를 할 경우 중국기업들이 겪은 시행착오를 반면교사로 삼아 관계법령, 기반시설, 전력, 환율 등 세부사항을 일일이 점검하고 투자자 보호 방안을 강구하는 노력을 하여야 한다. 수익성이나 사업성 분석 못지않게 리스크 요인 분석과 그 헷징 방안 마련이 투자의 핵심이라고 할 수 있다.

사회주의 국가에 대한 투자의
기회요소와 위험요소

**투자로 인한 거대한 미래현금흐름이
최대의 기회요소다**

외국기업들이 사회주의 국가의 개혁 개방 초기에 투자하는 경우 투자의 기회요소는 대부분의 사회주의 국가들이 개혁 초기에는 절대적 공급 부족 상태에 있다는 것과 기존의 사회기반시설, 인프라가 노후하거나 제대로 구축이 안 된 상태이므로 투자수요가 무궁무진하다는 것이다.

기업에서 사용하는 대표적 투자 의사결정 방법 중 하나인 NPV(Net Present Value)방법을 사용하는 경우 사회주의 국가는 인허가, 노무관리, 과실 송금, 인프라 등 불확실성 요소가 크므로 위험 프리미엄을 반영하여 할인율을 높게 잡는다. 그럼에도 사회주의 국가의 개혁 개방 초기에는 투자로 인해 회수되는 미래현금흐름이

워낙 크기 때문에 투자처로서 대단히 매력적으로 평가된다.

북한의 경우 대부분의 도로, 철도, 항만, 발전소 등이 1970년대 건설되어 노후화되었고 정상적으로 가동이 힘든 상황이다. 거기다가 식료품, 의류, 연탄, 잡화 등의 생필품도 절대적으로 공급이 부족한 상태다.

한국기업은 공급능력이 있으나 내수시장이 작아서 해외시장에서 판로를 찾을 수밖에 없는데 북한이 개방되면 반나절 생활권에 약 2,600만 명 규모의 새로운 내수시장이 생기는 셈이다. 이 또한 북한투자의 강력한 기회요소로 작용할 것이다.

한편 외국기업들이 사회주의 국가에 투자할 경우 그 투자의 위험요소로는 정치체제의 불안정성, 재산권 보호 및 송금 보장 등 투자금 회수의 불확실성, 금융시스템의 미비 등을 들 수 있다.

사회주의 국가가 자본주의 국가와 달리 개인의 재산권 보장에 관한 법제가 부족하고 정치적 이유로 투자를 일방적으로 파기하는 사례가 많아 투자 외적인 정치적 요인에 의하여 사업의 승패가 좌우되기 쉽다.

금융시스템이 미비되어 있어 외국인이 투자를 할 때 대출 등 금융지원이 어렵다는 것도 사회주의 국가에 투자할 때 치러야 하는 대표적 기회비용이다.

투자자 보호를 위한 법적·제도적 장치 미비가
사회주의 국가 투자 시 최대의 위험요소다

북한투자와 북한 비즈니스의 위험요소는 우리가 익히 아는 것처럼 정치적 불안정성과 투자자 보호를 위한 법적 제도적 장치가 미비하다는 것이다.

북한은 국제사회로부터 완전하고 돌이킬 수 없는 비핵화 요구를 받고도 아직까지 이를 구체적으로 이행하고 있지 않아 언제든지 북미관계가 파탄이 나는 돌변상황이 발생할 수 있다. 이러한 국제정세의 변화가 한국에도 그대로 영향을 미치면 지금까지 진행되던 대북투자나 대북 비즈니스가 중단되는 비상사태가 발생할 수도 있다.

결국 대북 비즈니스는 한국과 북한이 양해한다고 해결되는 문제가 아니라 미국과 유엔 등 국제사회의 공조와 양해 속에서만 진척이 가능하다는 것이 최대의 위협요소인 셈이다.

그래서 대북투자의 선결조건은 북미관계 정상화와 미국, 유엔의 대북제재의 해제가 될 것이다. 이러한 평화적인 기조 위에서 북한이 세계은행, IMF 등 국제금융기구에 가입하여 금융지원과 공적 자금을 융자받을 수 있다면 대북투자는 안정기에 들어 설 것이다. 외국의 민간자본이나 글로벌 투자은행, 외국의 기관투자자는 국제금융기구의 금융지원이나 공적 자금 지원을 정상국가의 바로미터로 보고 있기 때문이다.

현재 한국기업이나 외국기업이 북한에 투자를 결정할 때 가장 큰 위험요소는 미국과 유엔의 대북제재다. 북한으로서는 정상국가로서 개혁 개방의 대장정에 나서기 위해서는 어떤 방식으로든 대북제재의 걸림돌을 해결하는 것이 급선무다.

PART 5

어떻게 북한투자
리스크를 줄일 것인가

중국, 러시아의 기업과
합작회사를 만들어라

북한투자 활성화의 전제조건은
정치적 리스크 관리다

"또 말아먹을 일 있어요?"

개성공단에 입주한 적이 있는 중소 의류업체 김 사장에게 남북관계가 개선되면 다시 입주할 생각이 있냐고 묻자 바로 날아온 답변이다. 김 사장은 아직도 개성공단에서 전격적으로 철수하던 당시의 장면을 잊지 못한다고 했다. 날벼락처럼 철수 통보를 받고 알토란 같은 기계장비들을 그대로 두고 나올 때 지난 30년간 사업으로 쌓아올린 모든 것이 무너지는 아득한 느낌이었다고. 개성공업지구에 입주한 대부분의 기업인들이 아직도 당시의 트라우마를 지우지 못하고 있다.

북한투자가 활성화되기 위한 제1의 전제조건은 남북관계, 북미관계의 변동에 따른 정치적 리스크 관리다. 그렇지만 기업인들이 대외적인 정치환경의 변화를 통제할 수는 없는 노릇이다. 그렇다면 차선으로 정치적 리스크를 최대한 줄이는 방법을 찾아야 한다. 그 방안 중 가장 현실적인 것이 북한과 오랜 혈맹인 중국, 러시아의 기업과 합작회사를 만들어서 북한 사업에 진출하는 것이다.

북한은 고난의 행군과 미국, 유엔의 대북 경제제재로 궁핍하던 시기에 군사혈맹인 중국과 러시아의 경제적 원조를 받아 위기를 넘겼다. 그래서인지 중국기업과 러시아기업 중에는 10년 이상 북한과 사업을 하고 투자를 해온 기업들이 의외로 많다. 이들과 유망한 사업 아이템에 관해 합작회사를 설립하고 중국인, 러시아인들을 대외적 대표자로 앉히면 북한과의 사업을 훨씬 부드럽게 이끌어갈 수 있다. 한국기업은 재무와 인사 등 실질적인 경영권을 장악하고, 대외적으로는 중국인, 러시아인 대표이사를 내세워 북한과의 거래나 대외업무를 맡기면 된다.

북한은 외국인 투자자들에게 과실송금을 잘 허용하지 않는다. 그래서 북한의 이동통신시장에 투자했던 이집트 통신회사 오라스콤도 결국은 과실송금 문제를 해결하지 못해 사업철수를 고민 중에 있는 것이다. 그에 반하여 북한은 동맹국인 중국, 러시아 회사들에는 과실송금에도 상당히 관대한 편이다. 중국의 조선족 사업가는 평양 중심부에 대형 백화점을 지은 후 그 수익금을 위안화로 받아가서 사업 초기에 원금을 전부 회수하고 상당한 부를 축적했다고 전해진다.

이왕이면 중국의 조선족
기업가와 합작을 하라

중국의 조선족 기업가들을 회원으로 두고 있는 조선족 기업가협회에는 북한과 오랜 사업경험이 있는 조선족 출신 사업가가 많다.

조선족 출신인 전규상 천우건설 회장은 1997년부터 나선 경제특구에서 임페리얼 카지노 호텔을 건설하는 등 북한에서 건설개발 사업을 지속적으로 해오고 있다. 전규상 회장은 북한 노동자들이 머리가 좋고 학습능력이 뛰어나다며 북한이 사업하는 데 아주 좋은 여건을 가지고 있다고 평가한다. 이들 조선족 기업인들은 오랜 기간 북한투자를 해오면서 겪은 시행착오를 통해 값비싼 수업료를 이미 지불한 사람들이다.

또한 북한 고위층과 친분관계가 있고 한국과 북한을 모두 자유롭게 왕래할 수 있어 한국기업의 사업 파트너로서는 최적이다. 현재 북한의 외국인 투자법은 여전히 규정이 불명확하고 투자자의 권리보호 규정이 미흡하다.

따라서 기존에 북한과 거래가 있는 중국기업이나 러시아기업과 합작을 통해 간접적으로 북한에 투자하는 방법이 현재로서는 리스크를 줄일 수 있는 확실한 방안이다. 중국회사나 러시아 회사 중에서도 순수한 중국인, 러시아인이 운영하는 회사보다는 조선족이나 고려인이 운영하는 회사와 공동사업을 하는 것이 낫다. 아무래도 언어나 문화적인 면에서 사업을 같이 하기가 수월하기 때문이다.

중국회사와 합작을 하는 경우 합작회사는 북한 국경과 인접한 중국의 장춘, 단둥이 좋고 러시아 회사와 합작을 하는 경우 합작회사 본사는 북한 국경 근처의 러시아의 하산이나 자루비노가 적당하다. 합작공장의 생산직은 현지 중국, 러시아 직원들을 채용하고 한국에서 파견된 임원이 이들을 관리·감독하면 회사운영에는 문제가 없다. 아직도 북한의 당 간부들은 한국기업과 직접 거래를 하거나 투자를 받는 것을 부담스러워한다.

한국인 투자자가 사업의 전면에 나서는 것은 득보다 실이 크다. 처음에는 중국, 러시아기업과의 합작법인의 형태로 중국인 대표나 러시아 대표를 전면에 내세워 표면적으로는 중국기업이나 러시아기업으로 포장해서 사업을 하는 것이 혹시 발생할지도 모를 대외적 정세변화에 영향을 받지 않고 사업을 지속할 수 있는 비결이다. 그 과정에서 착실하게 북한과 신뢰관계를 구축하면 한국기업이 언젠가는 단독으로 북한에 투자할 수 있는 국면전환의 순간이 올 것이다.

신뢰할 수 있는 현지 중개인이나
조선족 파트너를 찾아라

북한의 돈주들을 현지 중개인이나 파트너로
삼을 때에는 그 배경을 확인해야 한다

북한이 개혁 개방정책을 추진하더라도 나진·선봉 경제특구, 황금평·위화도 경제특구, 개성공업지구 등 특정 경제특구에 한정하여 외국인 투자를 허용할 것이므로 여전히 한국기업을 포함한 외국기업이 북한에 자유로이 투자를 하는 데 애로가 있다.

사회주의 국가나 이머징마켓에서 사업이나 투자를 하는 경우 제일 중요한 것은 현지의 신뢰할 수 있는 중개인이나 사업 파트너를 찾는 것이다. 북한에는 이미 장마당을 통해 자본주의 생리나 시장경제의 원리를 체득하고 자본가로 성장한 돈주들이 많이 있다. 또한 중국 조선족 중에도 오랜 기간 북한과의 무역이나 사업을 통해 북한 내부 사정에도 해박하고 북한 고위층 당 간부와 네트워크를 구축한 사업가가 많다.

한국기업이 북한과 사업을 하거나 북한에 투자를 하려고 한다면 이러한 돈주들이나 중국인 조선족 사업가들 중에서 사업목표를 이해하고 사업 성향이 비슷한 사람을 소개받는 것이 좋은 방법이다. 북한 현지 중개인이나 조선족 사업 파트너를 구할 때에는 기본적으로 5년 이상 같은 업종을 영위한 사업가 중에서 대상을 구하는 것이 신뢰성을 담보할 수 있어 좋다.

북한 노동자들이나 지도 기관원들이 여전히 한국 기업인들과 직접 접촉하고 대화하기를 꺼려하는 경향이 있으므로 현지 중개인이나 파트너가 있으면 북한과 사업을 할 때 좀 더 부드럽게 커뮤니케이션을 할 수 있다.

북한의 돈주들을 북한 중개인이나 사업 파트너로 삼으려면 그들의 배경이 되는 권력기관의 실체가 무엇인지를 분명하게 파악해야 한다. 북한 정부의 무역회사를 파트너로 하는 장마당 사업가인지, 지방의 무역회사를 파트너로 하는 장마당 사업가인지, 아니면 군대회사의 장마당 사업가인지 그 이면에 숨겨져 있는 뒷배, 즉 북한 당국의 기관이나 당 간부가 누구인지를 알아야 한다.

또한 해당 사업에 실질적으로 자금을 대는 또 다른 '실세 돈주'가 누구인지, 그 실세 돈주가 어떤 성향을 가지고 있는지를 알아야만 현지 사업 파트너의 실체를 제대로 파악할 수 있게 된다. 무엇보다도 돈주와 무역허가권을 가지고 있는 정부기관 사이에서 매개체 역할을 하는 중간사업가의 실체와 역할을 제대로 파악하는 것이 신뢰할 수 있는 북한의 현지 중개인이나 조선족 사업가를 찾아내는 현실적 방안이다.

리스크를 줄이는 방법은 역량이 검증된 현지 중개인과 공동사업을 하는 것이다

한국의 중소기업이 북한의 기업과 무역을 하거나 북한에 투자를 하는 경우 현지 파트너 사업가의 주된 타깃 시장이 무엇인지, 개인적 성향과 능력은 어떠한지, 현지 파트너와 연결되는 북한의 정부기관과 권력기관이 무엇인지, 이들 현지 파트너와 정부기관의 결합방식이 어떠한지 등을 정확하게 파악해야 한다.

한국기업이 대북투자 시 중국의 조선족 사업가 중에서 현지 파트너를 물색할 때에는 그 기업의 매출 규모, 사업을 영위한 기간, 북한과의 거래 관련 트랙 레코드, 주위 사람들의 평판 등을 면밀하게 점검해야 한다. 그리고 조선족 사업가와 연결되는 북한의 권력기관이나 고위층이 누구인지도 반드시 체크할 필요가 있다. 북한의 비즈니스는 중국보다도 훨씬 더 관시가 중요한 측면이 있기 때문이다.

조선족 사업가 중에는 사기꾼도 많고 북한의 핵심 권력층과 직접 연결되는 대단한 인맥을 가진 사람도 있어 그 실태가 천태만상이다. 그래서 조선족 사업가를 현지 중개인이나 파트너로 선별할 경우 곧바로 큰 거래나 투자를 하지 말고 약 1년 정도 작은 거래로 신용과 사업능력을 검증하는 시간을 가질 필요가 있다.

북한투자의 리스크를 줄이는 가장 확실한 방법 중 하나가 이처럼 검증된 역량 있는 북한 현지 중개인이나 현지 사업 파트너를 잘 물색하고 공동사업을 하는 것이다. 앞으로 대북제재가 해제되고 대북사업이 활성화되면 이러한 현지 파트너를 연결하고 찾아주는 헤드헌팅 컨설팅 사업도 유망한 틈새 대북사업이 될 것으로 보인다.

러시아 하산시, 중국 단둥시, 훈춘시에 합작회사를 설립하라

**중국, 러시아 등 북한 혈맹국가의 기업들과
합작하여 정치적 리스크를 감소시키는 방안**

인천공항에서 블라디보스토크 공항까지 2시간 30분을 비행한 후
블라디보스토크에서 기차로 약 3시간을 달리면 북한 국경에서 가
장 인접한 러시아의 하산시를 만날 수 있다.

　최근 '나진-하산 프로젝트'가 재추진될 가능성이 높아짐에 따라
하산시가 다시 주목받고 있다. 대통령 직속 북방경제협력위원회
의 송영길 위원장을 포함한 일행은 최근 2018년 7월 13일 1박 2일
일정으로 나선지역에서 열린 '남북러 국제 세미나'에 참석해 북한
의 나진항 등을 둘러봤다. 나진-하산 프로젝트가 중단된 지 3년여
만에 재추진될지 여부가 주목되는 이유다.

　'나진-하산 프로젝트'는 러시아산 유연탄을 러시아 하산과 북

한 나진항을 잇는 54킬로미터 구간의 철로로 운송한 뒤 나진항에서 화물선에 옮겨 실어 국내 항구로 가져오는 남·북·러의 복합물류 사업이다. 2014년 11월, 2015년 4~5월과 11월 등 3차례에 걸쳐 시범운송이 진행됐으며, 포스코, 현대상선, 코레일 등 국내 대기업 3사가 프로젝트를 위한 컨소시엄을 구성했다. 아울러 한국동서발전과 한국중부발전 등이 이 시범운송에 참여한 바 있다.

그러나 2016년 북한의 4차 핵실험과 장거리 로켓 발사에 따라 그해 3월 '외국 선박이 북한에 기항한 뒤 180일 이내에 국내에 입항하는 것을 전면 불허'하는 해운 제재가 발동되면서 나진-하산 프로젝트도 사실상 중단됐다.

나선-하산 프로젝트가 재추진된다면 한국, 북한, 러시아가 물류로 연결되는 획기적인 변화가 일어난다. 나진항은 러시아, 유럽, 한국을 연결하는 교통의 거점이자 물류중심지가 될 수 있고 나진항을 중심으로 북한경제가 외국자본을 받아들이고 개혁 개방을

| 나진-하산 프로젝트 |

촉진시키는 역할을 할 수 있다.

북한 국경에 인접한 러시아 하산시, 중국 단둥시, 훈춘시를 합작기업의 생산기지로 한다

북한이 개혁 개방정책을 실시하더라도 한국기업이나 외국기업이 북한 영토 내에 공장을 짓고 입주하는 것은 여전히 정세 변화에 취약한 위험이 내포되어 있다. 그래서 그 대안으로 한국기업이 북한과 국경을 접하고 있는 러시아 하산시나 중국 단둥시, 훈춘시에 러시아나 중국과의 합작회사를 설립하고 생산기지로 활용하는 방법을 고려해볼 수 있다.

러시아 하산시나 중국 단둥시, 훈춘시는 모두 북한 국경과 가장 인접한 지역이라서 북한이 개혁 개방의 길로 나설 경우 중국, 러시아와 한국을 연결하는 북방삼각지로서 물류중심도시가 될 가능성이 있다. 이러한 물류중심지에 한국기업들이 중국, 러시아기업과 합작회사를 설립하여 생산공장을 짓는다면 북한 영토 안에서 투자기업을 운영하면서 부담하게 되는 리스크를 대폭 줄일 수 있는 장점이 있다.

러시아 하산시나 중국 단둥시, 훈춘시는 북한과 접경지역이라 북한 노동자도 많이 상주하고 있어 북한 노동력을 활용하기도 편하며 철도 등 물류도 발달되어 있어서 한국기업들이 리스크를 줄이고 대북사업을 시작하기에 최적의 장소다.

현지 합작기업 설립을 통한
우회투자전략

북한 인접 국가 도시에
합작기업 설립하기

유엔과 미국의 대북제재가 해제되면 한국기업이나 개인이 북한에 투자할 수 있는 방법은 남북경협사업의 일환으로 개성공단에 투자하는 것이다. 그런데 이미 한국기업들은 대외정세 변화로 개성공단이 폐쇄되는 경험을 한 바 있어 보다 안전하고 지속 가능한 투자 방안을 찾고 있다.

이를 위해 북한에 직접투자를 하는 것이 아니라 북한 국경과 인접한 중국의 단둥시, 훈춘시나 러시아의 하산시에서 한중 합작기업이나 한러 합작기업을 설립하여 우회적으로 북한에 투자하는 방안을 검토할 수 있다. 한중 또는 한러 합작기업의 경우 북미관계나 남북관계의 악화에 관계없이 사업을 지속할 수 있는 장점이 있다.

우회투자를 위해서는 중국이나 러시아에서 법인설립을 해야 하므로 중국법이나 러시아법이 요구하는 회사설립절차를 거쳐야 하고 한중 합작기업이나 한러 합작기업은 북한의 입장에서 외국인 투자기업이므로 북한의 외국인 투자관계법령이 요구하는 기업창설, 기업등록, 영업허가 절차를 거쳐야 한다.

외국인이 중국에 투자 진출하는 형태는 외상독자기업, 중외합자경영기업, 중외합작경영기업이 있는데, 이윤분배, 경영관리방식 등에 있어 한국기업의 자율과 융통성이 많이 보장되는 합작경영기업 형태가 북한투자를 위한 우회수단으로 적절하다.

중국 현지에서 한중 합작회사를 설립하는 절차

중국에서 한중 합작경영기업을 설립하기 위해서는 1단계로 설립신청절차를 거쳐야 한다. 즉 외국인 투자기업 설립신청서, 사업타당성 보고서, 합작계약서, 임대차계약서, 자산증명서(은행잔고증명서, 출자자금증명서), 한국 투자자의 사업자등록증명서 등의 준비서류를 갖추어 기업 소재 지역의 성급 또는 부성급 도시의 상무위원회 또는 상무청에 투자허가신청을 하여야 한다.

투자기업 설립허가가 되면 다음 단계로 기업 소재 성급 또는 부성급 도시의 공상행정관리국에 설립등기와 영업허가를 신청하여야 하는데 신청시에 외국인 투자기업 설립허가서, 투자자의 사업자등록 증명서, 외국인 투자기업 신청 등기표, 기업명칭 예비허가 통지서, 정관 등을 첨부하여야 한다.

그 이후의 주요한 실무적인 단계로 외환등기, 은행계좌 개설, 세무등기, 세관등기 등을 완료하면 중국에서의 법인설립절차가 완성된다. 외환등기는 기업소재 지역의 성급 또는 부성급 도시의 외환관리국에 외국인 투자기업 설립허가서, 영업허가증 등을 첨부하여 신청하면 되고, 중국에서 은행계좌를 개설하려면 계좌개설신청서를 작성하여 영업허가증, 기업번호 증서, 세무등기증 등을 첨부하여야 한다. 세무등기는 기업소재 지역의 현(縣)급 이상의 도시의 세무서에 외국인 투자기업 설립허가서, 영업허가증, 외국인 투자기업 세무등기표 등을 구비하여 신청하면 된다. 세관등기는 기업소재 지역의 성급 또는 부성급 도시의 해관에 영업허가증, 은행계좌증명서, 세무등기증서를 구비하여 신청하면 된다.

다음으로 한중 합작회사에서 북한에 투자를 하기 위해서는 북한 투자법령이 요구하는 외국인기업 창설절차를 거쳐야 하는데, 북한측의 사업 파트너가 계약서, 경제기술타산서, 한중 합작회사의 신용확인문건을 첨부하여 국가계획기관, 중앙재정지도기관에 보내어 기업창설과 관련한 합의를 받은 후에 기업창설신청문건을 중앙투자관리기관에 제출해야 한다.

중앙투자관리기관은 기업창설신청문건을 접수한 날로부터 30일 이내에 신청문건을 검토심의하고 승인 또는 부결의 통지를 하게 된다. 한중 합작회사는 기업창설승인을 받은 다음 90일 안으로 중앙투자관리기관에 기업등록신청문건을 제출하여 기업 등록을 한다.

기업등록신청문건에는 기업 명칭, 기업 형식, 기업의 주소지, 법인대표, 총투자액과 등록자본, 경영활동범위, 존속기간 등을 기재하고 해당 거래은행의 돈자리 개설확인문건, 해당기관의 공인등록확인문건, 총투자액의 30퍼센트 이상을 출자한 정형을 확인한 해당 검증기관의 검증문건을 첨부하여야 한다. 중앙투자관리기관은 기업등록신청문건을 확인한 후 기업을 등록하고 기업등록증을 발급한다. 한중 합작기업은 기업등록증을 발급받으면 30일 이내에 기업소재지의 도(직할시) 인민위원회에 기업을 등록한 다음 주소등록증을 발급받아야 한다. 기업이 등록되면 한중 합작기업은 20일 이내에 세무등록과 세관등록까지 마쳐야 기업창설 및 등록절차가 마무리된다.

기업창설 및 등록절차가 완료되었다면 마지막으로 한중 합작기업은 외국인 투자기업으로서 영업허가를 받아야 하는데, 중앙투자관리기관에 영업허가신청을 해야 한다. 중앙투자관리기관은 영업허가신청문건을 접수받은 날로부터 15일 이내에 영업허가증을 발급하거나 부결하도록 되어 있다. 이 영업허가까지 마치면 비로소 외국인 투자기업은 북한에서 독자적으로 영업활동과 경제활동을 할 수 있다.

유엔 등 국제기구와 공동사업을
위한 프로젝트를 기획하라

대북투자 시 공적 개발원조를 받을 수 있도록
국제기구와 공동사업을 추진해야 한다

공적 개발원조(Official Development Assistance : ODA)는 선진국의 정부, 공공기관이 주로 개발도상국의 경제발전을 목적으로 공여하는 증여 및 양허성 차관을 말한다. ODA의 지원대상과 규모를 결정하는 기구는 OECD 산하의 개발원조위원회(Development Assistance Committee : DAC)인데, 공적개발원조 공여국을 대표하는 협의체로, 3년마다 원조를 지원받을 수혜국의 리스트를 발표하고 있다.

북한이 북미관계를 개선하고 대북제재가 해제된다면 1차적으로 고려해볼 수 있는 것이 국제적인 공적 자금원조라고 할 수 있다. 한국이 북한의 경제개발 및 원조를 위해 한반도의 이해관계국인 미국, 일본, 중국, 러시아를 끌어들여 다자간 ODA를 북한에 제공하는 프로젝트를 기획하면 한국의 재정적 부담을 줄이면서 북한의 개혁 개방을 위한 마중물 역할을 할 수 있을 것이다. 특히 북한이 미국으로부터 ODA를 통해 자금을 지원받는다면 그 금액의 다과에 관계없이 북미 관계가 정상화되었다는 것을 대외적으로 선포하는 것과 같아서 그 상징적 의미가 남다르다.

참고로 북한은 2002년 일본과 대일청구권 배상과 관련하여 당시 약 100억 달러 배상금 지급에 관하여 합의한 선례가 있는데, 북한이 개혁 개방정책을 시행할 경우 일본으로부터 위 대일청구권 배상금을 ODA 형태로 지원받아 적극적으로 개혁 개방의 자금으로 활용할 필요가 있다.

다음으로 한국과 한국기업이 북한투자 리스크를 줄이는 방안은 한국이나 한국기업이 주도적으로 유엔이나 세계은행(WB), 아시아개발은행(ADB), 아시아인프라투자은행(AIIB) 등 다자개발은행에 공동의 북한투자나 북한개발사업을 제안하는 것이다.

한국의 에너지 기업이나 교통물류기업이 세계은행이나 아시아개발은행에 북한의 에너지 개발이나 교통인프라 구축사업을 제안하는 방식은 세계은행 등의 다자개발은행을 대북사업의 발주자로 끌어들임으로써 사업의 지속가능성과 안정성을 높이므로 북한투자의 리스크를 확실히 줄일 수 있다.

공적 개발원조는 북한의 정치 격변 속에서
대북사업의 지속성을 담보할 수 있는 안전판

북방 삼각지 초국경사업은 북한 접경지역 이해당사자국인 중국, 러시아를 사업의 주체에 포함시켜 사업이나 투자의 안정성과 지속성을 보장하는 안전판이 될 수 있다.

북한, 한국, 러시아, 중국 간의 유라시아 횡단철도 연결이나 북한, 한국, 러시아 간의 가스관 연결 프로젝트도 성사되는 경우 참여 국가들 모두에게 경제적으로 이득이 될 뿐 아니라 이로 인한 전방 연관효과와 후방연관 효과가 어마어마하다. 북한의 오랜 동맹국인 중국, 러시아의 기업들이 공동으로 참여하는 프로젝트를 진행하면 설사 사업 추진 중에 국제정세가 변화하더라도 사업의 계속성이 어느 정도 담보가 가능할 것이다.

사회주의 국가 중에서 이러한 공적 개발원조를 잘 활용하여 개혁 개방에 성공한 사례로는 베트남이 있다. 베트남은 도이머이 정책 시행 후인 1993년부터 2014년까지 약 20년간 세계 각국으로부터 총 736억 달러의 ODA를 공여받았다. 위 자금으로 교통, 전력, 도시 인프라 구축, 의료보건 등의 개선사업에 사용한 결과 베트남의 경제발전에 크게 도움을 받았다.

ODA 자금이 성공적으로 집행된 대표적 사례로 베트남의 타이빈 화력발전소와 송전선 건설사업, 하롱베이가 있는 하롱시 하수도시설 정비사업과 동나이성 공업용수 공급용 상수도 시설확장 프로젝트 등을 들 수 있다. 지난 5년간 베트남 정부예산의 ODA

214

의존도가 평균 약 47퍼센트에 달한다는 통계에서 보듯이 베트남은 ODA를 적극적으로 활용하여 개혁 개방정책을 성공시킨 대표적 나라로 분류된다.

북한도 개혁 개방정책을 추진할 때 베트남의 사례를 참조하여 ODA 자금을 적극적으로 활용할 필요가 있고 한국기업들도 대북투자를 계획하면서 국제기구의 ODA 자금을 지원받을 수 있도록 개발사업이나 프로젝트를 기획하고 디자인할 필요가 있다.

국제금융기구의 금융지원을
레버리지로 안전판 구축하기

북한이 IMF 가맹국이 되는 것이 모든
국제금융기구 가입의 전제조건이다

베트남은 1986년 야심차게 '도이머이'라는 개혁 개방 조치를 시행했다. 그러나 초창기에는 기대와 달리 외국인 기업들이 베트남 투자에 미온적이어서 투자유치에 애로를 겪었다. 그러다가 베트남이 국제통화기금(IMF), 세계은행에 가입하고 이들 국제금융기구로부터 공적 금융지원을 받은 것을 계기로 다국적 기업들과 글로벌 투자은행들이 베트남 투자를 본격적으로 개시했고 그때부터 베트남 개혁 개방정책은 본궤도에 오르게 된다.

이처럼 사회주의 국가가 개혁 개방정책을 시행함에 있어 그 성공의 변곡점은 국제금융기구의 가입과 기관들로부터 공적 금융지원을 받는 것이다.

북한이 세계은행, 국제통화기금, 국제부흥개발은행(IBRD), 아시아개발은행, 아시아인프라투자은행 등의 국제금융기구에 가입하는 것은 북한이 국제회계기준을 채택하고 회계투명성 등 국제적 기준의 금융회계 시스템을 도입한다는 의미다. 그렇기 때문에 이는 북한이 자본주의 시스템에 편입된다는 중요한 시그널이다.

북한이 국제금융기구들의 회원국으로 가입하기 위한 첫 관문이자 길목은 국제통화기금이다. 국제통화기금에 가입하지 않으면 세계은행, 아시아개발은행, 국제부흥개발은행 등 다자개발은행에 가입이 어렵다. 세계은행과 아시아개발은행, 아시아인프라투자은행은 모두가 국제통화기금 가맹국을 가입 대상국 요건으로 규정하고 있기 때문이다.

국제통화기금 가맹국이 되기 위해서는 쿼터 산정이 필요하며 이를 위해 가입 신청국은 자국의 신뢰할 수 있는 경제·사회의 기초통계를 제출해야 한다. 가입신청을 하면 국제통화기금 대표단이 신청국가에 나가서 현지 조사를 하고 내부 절차가 진행되는데, 통상 1~2년가량의 기간이 걸린다. 국제통화기금에 가입하면 회원국으로서 환율제도 운용 등의 의무도 준수해야 한다.

IMF 가입 전에는 다자공여 신탁기금을 활용해서 북한에 투자하라

북한이 국제통화기금에 가입하기까지는 시간이 소요될 것으로 예상되므로 현실적으로 북한이 국제금융기구에 가입하기 전 단계에서는 신탁기금(Trust Fund)을 활용한 투자방식이 유력하다. 이와 관련하여 은성수 한국수출입은행 투자은행 2018년 7월 기자간담회에서 북한 초기 개발금융과 관련해 국제사회가 국제금융기구 가입 전에 신탁기금을 지원한 팔레스타인 사례를 참조할 필요가 있다고 말한 바 있다.

또 다른 방식으로는 다국가 펀드를 조성하여 북한투자에 나서는 방안이 있다. 김동연 전 부총리 겸 기획재정부 장관은 2018년 6월 일본에서 열린 국제콘퍼런스에서 "향후 북한에 대해 한국, 일본, 중국 등 주변국과 국제사회가 다국가간 펀드를 조성해 북한을 지원하는 것이 이론적으로 가능하다"고 말했다. 그는 "이라크 재건 펀드가 좋은 예가 될 수 있을 것"이라며 "북미 간의 대화가 좋은 시나리오로 갔을 때 IMF, ADB, WB 등 국제기구가 협력해 북한에 대해 투자를 할 수 있을 것"이라고 덧붙였다.

이처럼 신탁기금을 설립하는 방안은 한국, 일본, 중국 등이 주도적으로 자금을 출연하여 신탁기금을 조성하고 이를 근거로 세계은행, 아시아개발은행, 아시아인프라투자은행 등으로부터 북한 사업에 필요한 자금을 지원받는 방식이다. 이 방법은 국제금융기구 가입 없이도 세계은행 등으로부터 자금을 지원받을 수 있어 현실적으로 대규모 대북투자 자금을 조달할 수 있다는 장점이 있다.

이라크재건펀드는 2003년 국제사회가 전후 이라크 경제 재건을 위해 세계은행과 유엔 주도로 만든 이라크 재건신탁기금(IRFFI)

인데, 우리나라를 포함한 25개국이 18억 5,000만 달러를 지원했다. 우리 정부는 2018년에도 이라크 재건을 위해 2,145만 달러를 지원한 바 있다. 정부는 2016년까지 이라크에 공적 개발원조로 4억 7,207만 달러, 인도적 지원으로 2,893만 달러를 각각 지원했다.

만약 북한 지원을 위한 다국가 펀드가 구성된다면, 한국이 상당 부분을 분담할 가능성이 크다. 앞서 1994년 북미 간 제네바 합의로 시작된 한반도 에너지개발기구(KEDO)의 대북경수로 지원 때는 한국이 70퍼센트, 일본이 22퍼센트 등 한일 양국이 대부분의 비용을 분담한 바 있다.

북한투자의 리스크를 줄이기 위한 방안으로 국제금융기구의 금융지원을 받는 방안이 가장 효과가 높으나 북한이 현실적으로 국제금융기구의 회원국으로 받아 들여지기까지는 상당한 시간이 소요될 것으로 보인다. 따라서 단기적으로는 다자공여신탁기금을 활용하거나 다자간 펀드를 조성하여 북한에 투자를 유도하고 이러한 북한투자에 한국기업들이 공동으로 참여하는 방안이 북한투자의 리스크를 헷징하는 좋은 대안이라고 본다.

서방투자자, 글로벌 투자은행 시각에서
본 리스크 헷징 방안

파생상품을 동원해
리스크를 헷징해야 한다

1차 북미 정상회담이 개최되고 북미 간 화해 분위기가 조성되면서 외국의 기관투자자들 사이에 북한 채권에 대한 관심이 커지고 있다. 북한 채권은 상환가능성이 없어서 현재가치는 거의 제로지만 북한이 개혁 개방정책으로 경제발전을 이루면 그 가치가 큰 폭으로 상승할 수도 있기 때문이다.

북한은 1970년대 서방의 여러 은행으로부터 개발자금을 빌렸다가 1984년 3월 디폴트를 선언한 바 있다. 이때 프랑스의 글로벌 금융그룹인 BNP 파리바가 북한의 불량채권을 사들였다. 그중에서 약 4억 달러를 유동화하여 북한채권을 발행했는데, 이른바 'NK Debt corp'라는 채권이다. 이 채권이 만약 상환된다면 액면

가로 돌려받더라도 수익률이 약 1,600퍼센트에 달한다. 이런 기대감에서 2010년 만기였던 북한채권은 2020년 3월로 기한이 연장되었다.

북한채권에 투자하는 또 다른 수단으로 글로벌자산운용사인 플랭클린 템플턴사가 발행한 펀드인 FEMDO(Franklin Emergency Market Debt Opportunities)가 있다. 북한채권을 포함하여 신흥국의 디폴트 채권을 모아 만든 펀드다.

외국의 헷지펀드, 사모펀드를 포함한 글로벌 투자은행들은 투자결정 시 리스크를 제일 두려워한다. 만약 리스크가 관리 가능하다면 적극적으로 파생상품을 동원한 리스크 헷징을 한 후에 어떻게든 투자를 감행하는 것이 글로벌 투자은행들의 속성이다. 글로벌 투자은행들은 현재 상황에서는 북한 채권이나 북한투자에 대하여는 리스크 관리가 어렵다고 보고 있는 것 같다.

북한의 정치외교적 환경변화를 헷징하는 파생상품이 출시되면 북한투자의 리스크를 관리하는 방편이 되어 글로벌 투자은행들이 북한투자를 늘리는 계기가 될 수 있다. 글로벌 투자은행의 적극적인 대북투자 유치를 위해서는 북한이 국제사회에 분명한 핵포기와 비핵화 액션을 보여주어야 한다. 또 미국과 국교정상화를 추진하고 국제통화기금을 포함한 국제금융기구에 가입하려는 노력이 필요하다.

그렇다면 글로벌 투자은행들은 북한투자에 대하여 어떤 생각을 가지고 있을까? 북미관계가 개선되고 종전선언이 있고 대북제재가 해제된다면 어떤 방식으로 투자하려 할까?

정부나 국책은행이 1차 주요투자자로서 참여하는 것이 글로벌 투자은행의 투자유치를 위한 전제조건이다

골드만 삭스를 포함한 글로벌 투자은행의 투자담당자들은 북한 투자 시 북한 펀드를 구성하되 반드시 미국, 일본, 한국의 정부나 국책은행이 1차적으로 지분참여를 하는 것을 조건으로 다수의 민간 글로벌 투자은행이 일부씩 나누어 투자하는 지분투자 방식을 선호한다. 이처럼 정부나 국책은행이 주요 투자자로서 리스크를 1차적으로 걸러주고 나머지 지분투자에 관해 민간 투자은행이 전략적 투자자나 재무적 투자자로 참여하는 방식이 리스크를 줄이고 위험을 분배하는 효과적인 투자구조라고 평가하는 것이다.

따라서 북한이 개혁 개방 과정에서 글로벌 투자은행의 민간 직접투자를 유치하려면 북한 정부의 신용만으로는 부족하므로 한국 정부나 한국의 국책은행을 펀딩에 참여시키는 남북한 공동 펀딩의 구조를 짜야 한다. 이 과정에서 북한 정부는 한국의 국책은행에 투자유치 후 수익분배 시 인센티브를 부여하는 방식으로 한국 정부나 국책은행들에 동기부여를 할 수 있는 방안을 제시할 필요가 있다.

서방의 기관투자자들이나 글로벌 투자은행들이 북한투자에 나설 때가 진정으로 북한의 투자 리스크가 관리될 수 있다는 시그널이며 이것으로 전 세계 금융시장에 알려지게 될 것이다.

　북한이 개혁 개방 조치를 통해 정상국가로 나아가기 위해서는 철도, 도로 등 물리적 인프라 구축도 중요하지만 그에 못지않게 금융시스템이라는 금융 인프라 구축도 긴요하다. 글로벌 투자은행들이 대북한 직접투자에 뛰어들기 위해서는 북한에 채권시장과 주식시장 등의 금융시장이 조성되어야 하기 때문이다.

국제공증, 국제보험 및
계약 입회를 통한 리스크 분산

북한과의 투자계약서 작성 시
반드시 국제공증을 거쳐야 한다

북한은 같은 사회주의 혈맹국가인 중국기업이나 러시아기업과
체결한 계약에는 적잖이 신경을 쓴다. 또 북한은 사회주의 국가로
서 여전히 동양의 유교적 체면문화가 강하게 남아 있고 신용이나
평판을 중시한다. 이러한 점을 잘 활용하면 북한과의 계약 리스크
를 다양한 방식으로 줄일 수 있다.

첫째, 북한과 거래나 투자 관련 계약서를 작성할 때 반드시 중
국이나 러시아에 있는 국제공증사무소를 통해 계약서에 국제공
증을 받는 것이 좋다. 국제공증이란 다른 나라 간의 거래나 계약
을 체결할 때 계약서 내용의 진정성립에 관하여 인가받은 국제공
증인이 확인하고 보증하는 제도를 말한다.

한국기업이 북한에 투자를 하면서 북한과 혈맹인 중국, 러시아에 소재한 유수한 국제공증사무소에 국제공증을 의뢰해서 투자계약서나 약정서에 공증을 받아두면 법적인 효력뿐만 아니라 동맹국가의 유명 공증사무소에 의한 간접적인 계약 준수 압박 때문에 북한측이 계약을 쉽게 파기하지 못하는 부담을 지울 수 있다.

둘째, 북한에 투자하거나 대북 비즈니스를 하는 경우 반드시 보험에 가입해야 한다. 보험에 가입하면 투자로 인한 손해발생 시 투자금의 일부라도 돌려받을 수 있어 일정부분 리스크를 헷징할 수 있다. 개성공업지구에 입주한 한국기업들은 만일의 사태에 대비하여 경제협력사업보험(경협보험)과 교역보험에 가입했다.

경협보험과 교역보험은 지난 2004년 남북 경협합의서 발효 후 민간경협 활성화와 대북거래의 안정성 제고를 위해 도입된 제도다. 북한 교역 및 경협사업 추진 과정에서 계약 당사자의 귀책사유 없는 비상위험으로 인한 사유나 북측 계약상대방의 신용위험으로 인한 사유로 손실이 발생하는 경우 한국측 기업의 손실을 보장하기 위해 남북협력기금에서 손실의 일부를 보조하는 방식으로 운영된다.

경협보험은 한국기업이 북한 지역에 투자한 상황에서 북한 당국의 강제수용, 송금제한, 당국 간 합의 파기 등으로 영업 불능이나 사업 중단에 빠질 경우 그 손실을 보상받을 수 있어 개성공단 입주기업으로서는 대단히 유용한 제도다.

문제는 기존 경협보험이 북한의 갑작스런 위험으로 인한 투자

손실만 보상한다는 것과 보험계약 한도가 낮다는 것이다. 개성공단 시설을 중단했다가 재가동할 경우 기업들은 받은 보험금을 다시 반환해야 하며, 보험계약한도가 기업당 70억 원으로 한정되어 있어 사고발생 시 받을 수 있는 보험금액이 낮아 실질적인 손실보상에는 턱없이 부족하다.

대북투자 시 해외투자보험 가입으로
투자 리스크를 분산하는 방안은 필수다

개성공단기업협회는 2016년 개성공단 폐쇄 조치 후 1년여 동안 입은 총손실액을 1조 5,000억 원으로 추산했다. 협회는 이 중에서 가동중단으로 인한 영업손실이 총손실액의 21퍼센트인 3,147억 원에 달한다고 밝혔다.

지난 2016년 개성공단 폐쇄 후 공단 내 입주했던 104개 기업에 지급된 보험금은 총 2,945억 원이었다. 한 기업당 28억 3,000만 원 수준이었다. 경협보험에 가입한 기업 110개 중 약 10개 사는 손실 규모가 보험금 지급한도를 초과한 것으로 나타났다.

향후 북한이 한국기업의 투자를 적극적으로 유치하기 위해서는 남북 공동설립의 합영보험회사를 설립하고, 해외의 글로벌 재보험사의 대북경협시장 참여를 유도하는 등 근본적인 해결책이 절실하다고 본다.

이러한 경협보험의 한계 때문에 대안으로 글로벌 보험사가 제공하는 '해외투자 보험상품'에 관심을 가질 필요가 있다. 해외투자 보험상품은 기업이 외국에 투자할 때 발생하는 예상치 못한 손해에 대하여 보험금을 지급하는 상품인데, 다양한 유형의 손해를 커버하는 상품들이 출시되어 있다. 국내에도 해외투자보험제도가 있는데, 국내기업이 해외에 투자했을 경우 뜻하지 않은 사고로 말미암아 입을지도 모를 피해를 보상하기 위해 마련된 보험이다.

해외투자보험이 보상하는 위험은 첫째, 주식 또는 채권의 원리금에 대한 권리가 외국정부에 의해 박탈당한 경우 둘째, 전쟁·내란·정변 등에 의해 해외투자기업이 손해를 입음으로써 사업이 불능상태에 빠졌을 경우 셋째, 부동산에 대한 권리가 침해되어 사업용으로 사용이 불가능할 경우 등이다. 해외투자보험상품은 한국수출보험공사에서 취급하고 있는데, 대북투자기업들도 적극 활용할 필요가 있다. 국내뿐만 아니라 해외유수 보험사들도 현재 해외투자보험상품을 제공하고 있는데 대표적으로 AIG 손해보험의 해외투자보험상품을 들 수 있다.

현재로서는 북한투자 리스크를 담보하는 해외보험사의 해외투자보험상품은 없다. 이는 아직까지 북한 체제의 불투명성과 국제사회의 대북제재로 인하여 북한투자의 정치적 리스크를 보험요율로 평가하거나 측정하기가 어렵기 때문이다. 그러나 대북제재가 해제되고 북한이 기초 사회경제적 통계자료를 투명하게 공개하는 시점에는 북한투자의 리스크를 보험요율로 반영하는 해외투자보험상품이 개발될 수 있을 것이다.

또한 인적인 담보로 활용되는 계약입회나 보증이 북한과의 계약에서는 중요한 이행의 안전판이 될 수 있다. 체면과 신의를 중시하는 사회주의 국가인 북한에서는 노동당의 고위직이나 정부기관의 직원이 계약에 입회하거나 보증을 서는 경우 어떤 법적 구속력보다도 강한 효력이 있다.

이처럼 계약서에 국제공증을 받거나 경협보험, 해외투자보험에 가입하는 방법 또는 북한 노동당이나 정부부처 간부들의 계약입회를 요청하여 법적으로 구속을 가하거나 심리적, 간접적으로 이행을 압박하는 방안 등 다양한 리스크 분산 방안을 활용할 필요가 있다. 결국 대북투자는 얼마나 리스크를 분산하거나 줄일 수 있느냐에 사업의 승패가 달려 있기 때문이다.

북한에서의 투자 및
회사설립절차

한국기업은 남북교류협력법과 북남경제협력법이
요구하는 사항을 동시에 준수해야 한다

현행 북한법은 한국기업의 북한투자에 관한 일반법으로 북남경제협력법을 가지고 있고, 특별법으로 금강산 국제관광특구법, 개성공업지구법 등을 가지고 있다.

한국기업 이외의 외국인 기업이 북한에 투자하는 경우에는 북한의 외국인투자법, 합영법, 합작법, 외국인기업법 등이 적용되는데 한국기업의 투자와 한국기업을 제외한 외국인의 투자를 다루는 위 두 법령 체계는 완전히 별개로 해석된다.

현재 한국기업이 단독으로 북한에 투자할 수 있는 지역은 금강산 국제관광특구와 개성공업지구로 한정되어 있다. 만약 나진·선봉 경제특구에 투자를 원하는 한국기업이 있다면 중국기업 등 외국기업과 합작회사나 합영회사를 설립하여 외국인투자법의 적용을 받아야 한다.

한국기업이 북한에 투자하거나 남북경협사업을 추진하려고 하는 경우 1단계로 한국법에 의한 추진절차를 거쳐야 하고 2단계로 북한법이 규정하는 절차를 준수해야 한다.

대북투자의 한국 내 절차를 규정하고 있는 한국법에는 남북교류협력법이 있다. 대북투자나 남북경협을 추진하고자 하는 기업인이나 투자자는 통일부에 북한 주민 접촉신고를 하고 북한측 사업 상대방으로부터 초청장을 받은 후 통일부에 북한방문에 대한 승인신청을 해서 승인을 받아야 한다.

그 후 북한 현지답사를 통해 북측 사업 상대방과 사업계획을 협의하고 사업계약서를 작성한 후 한국의 남북교류협력시스템을 통해 사전에 협력사업 승인을 받아야 한다. 대북투자를 추진하는 한국기업인은 통일부의 협력사업 승인을 받기 위해 협력사업승인신청서, 사업계획서, 협력사업 상대자에 대한 소개서, 협력사업 대상자와의 협의서, 북한의 권한 있는 기관의 확인서 등을 제출해야 한다. 이 과정에서 통일부로부터 물자반출반입에 관한 승인을 받아야 하고 수송장비 운행이 필요한 경우 차량 등 운항승인까지도 받아야 한다.

한국을 제외한 외국기업들은 외국인투자법, 외국인기업법 적용을 받는다

다음의 2단계로 북한법이 요구하는 관련 절차를 거쳐야 하는데, 대북투자 관련 북한의 투자기본법인 북남경제협력법에 따라 남북 당사자가 협력신청서를 중앙민족경제협력지도기관에 제출하여 북한 당국의 북남경제협력승인을 받아야 한다. 그 후에 추가적으로 북한 내에서 외국인 투자기업등록법, 합영법, 합작법 등 관련 법령에 따라 북한에서의 기업설립절차에 관한 규정을 준수해야 한다.

그다음에 다시 한국에서 한국의 지정거래 외국환은행장에게 대북투자 신고를 마쳐야 한다. 신고를 위해서는 대북투자신고서, 통일부장관의 협력사업 승인서, 투자에 관한 최종합의서, 자금조달 및 운용계획을 포함한 사업계획서 등의 서류가 필요하다.

북남경제협력법에는 북남경제협력승인, 반출입승인, 노력(노동자)채용, 관세, 검사·검역 등에 관한 상세한 규정이 있는 데 반해, 기업설립에 관한 구체적 규정은 없어 한국기업은 계약에 의거하여 다양한 형태의 기업을 설립할 수 있다.

개성공업지구의 2단계 확장공사가 완료된다면 2차로 개성공단에 입주하려는 한국기업들은 개성공업지구법에 따른 기업설립절차를 따라야 한다.

이에 반해 외국인이 북한에서 설립할 수 있는 회사는 합영기업, 합작기업, 외국인기업으로 제한된다. 합영기업은 외국인 투자자가 북한기업과 공동으로 경영하는 기업이며, 합작기업은 외국인 투자자가 투자만 하고 생산과 경영은 북한측이 담당하는 기업형태를 말한다. 한편 외국인기업은 외국인 투자자가 기업운영에 필요한 모든 자본을 투자하고 경영도 독자적으로 하는 독립기업을 말한다.

　외국인 투자자가 북한에서 합영기업을 설립하려면 합영을 하려는 북한의 기관, 기업과 합영계약을 체결하고 중앙경제협조관리기관에 기업의 규약, 계약서 사본, 경제기술타산서 등을 첨부한 합영기업 창설신청서를 제출해야 한다.

　한국기업이나 외국인 투자자가 북한에 투자한 경우 투자자 보호를 위한 북한법 규정으로 외국인 투자법 제19조에 "국가는 외국투자가와 외국인 투자은행의 재산을 국유화하거나 거두어들이지 않는다. 사회공공의 리익과 관련하여 부득이하게 거두어들이려 할 경우에는 사전에 통지하여 법적 절차를 거쳐 그 가치를 충분히 보상해준다"고 규정하고 있다. 또 동법 제20조는 "외국투자가가 기업운영 또는 은행업무에서 얻은 합법적 리윤과 기타소득, 기업 또는 은행을 청산하고 남은 자금은 제한 없이 우리나라 영역 밖으로 송금할 수 있다"고 규정하여 외국인 투자자의 과실송금을 허용하고 있다.

　이처럼 북한의 외국인 투자법, 라선경제무역지대법 등에는 외국인 투자 보호를 위해 국유화 제한, 투자금 회수보장 등의 투자자 보호조항이 있으나 북한 법령의 규범력이 그렇게 강하지 않아서 북한법만 믿고 사업을 하면 큰 낭패를 보기 쉽다. 다양한 방식의 투자 리스크 분산 방안이 필요한 이유가 여기에 있다.

개성공단 입주 시
투자 리스크 해소 방안

**한국과 북한 당국 모두 정치와 분리하여 개성공단
유지를 의무화하는 개정법률을 의결해야 한다**

개성공업지구는 원래 착공 10년 이내에 3단계에 걸쳐 약 2,000만 평 부지에 2,000개의 기업을 입주시켜 북한 근로자 35만 명을 고용할 수 있는 국제자유경제지대로 설계되었다. 2013년 이명박 정부의 5·24 조치로 개성공단이 폐쇄되기 이전인 2012년 말을 기준으로 개성공단은 약 100만 평의 공장부지에 123개의 한국기업이 입주했고 북한의 근로자 약 53,000여 명과 한국 근로자 약 780명의 고용을 창출하는 성과를 올렸다.

2차 북미정상 회담으로 종전선언과 대북제재 완화 조치가 나오면 중단된 개성공단이 재가동될 것이고 원래 계획대로 개성공단 2단계, 3단계 확장공사가 착공될 수 있을 것이다. 개성공단에 입주했던 한국기업인들은 공통으로 통행, 통관, 통신의 3통 문제와 북한 근로자 인원의 부족 및 기숙사 건립 문제, 북한 당국의 노무인사 관리로 인한 경영자율권 침해 등을 문제점 및 개선과제로 지적하고 있다.

따라서 이 문제는 개성공단이 재가동되어 기존 입주기업이 다시 개성공단에 복귀하는 경우에도, 2차 개성공단에 분양을 받아 입주하는 한국기업의 입장에서도 해결되어야 할 초미의 관심사다.

개성공단이 지속적인 가동과 성장을 하기 위해서는 한국과 북한 당국이 개성공단 운영이 남북의 경제협력을 위한 순수한 경제 영역인 점을 인정하고 정치외교 영역과 분리시키는 제도적 장치가 필요하다. 구체적으로 북한은 북남경제협력법에, 한국은 남북관계발전법에 남북한이 정치나 대외적 정세 변화에 불구하고 개성공단을 폐쇄하지 않고 유지한다는 의무조항을 신설하고 이를 북한의 최고인민회의와 한국의 국회에서 개정 법률안으로 비준받는 등 입법화하여 남북한 양 정부에 법적·정치적으로 구속을 가할 필요가 있다.

기존 1차 개성공단 입주기업은 투자금 10억 원 미만의 영세한 의류·섬유 기업이 대다수였고 단순 임가공업이 주종이었다. 향후 2차 개성공단에는 대기업과 중견기업 등 기술력도 있고 매출액 규모도 되는 우량기업을 선별하여 입주시킴으로써 북한 당국이나 한국 당국이 자의적 폐쇄 조치를 하지 못하도록 정치적·경제적 부담을 지울 필요가 있다.

또한 대북제재 완화로 개성공단이 재가동될 경우 한국 정부가 주도적으로 북한 당국과 협의를 하여 한국기업이 개성공단에서 채용하는 북한 근로자에 대하여 전혀 인사·노무관리를 하지 못하는 현재의 잘못된 실태는 개선해야 한다고 본다.

주요 생산설비와 기계장비류는 미국계나 중국계 금융리스회사로부터 리스하여 설치해야 한다

그리고 2차 개성공단 입주기업은 북한의 개성공단에 생산설비나 기계장비 등을 구입할 때 직접 법인 명의와 자기자본으로 구입한 설비를 북한에 가져가서 설치하는 것보다 필요한 생산설비나 장비를 리스하여 사용하는 것이 리스크 관리측면에서 좋다.

미국계나 중국계 운용리스사로부터 생산설비와 주요 기계장비를 운용리스 형식으로 구입하여 사용하면 향후 정치적 리스크 등의 위험이 발생하더라도 리스 자산에 대한 유지관리책임이 법적으로 리스사에게 있으므로 투자자 입장에서는 리스크의 일정 부분을 리스사에 부담시킬 수 있다. 또 리스 설비는 현실적으로 리스 물건 수령증서 교부 후 보험에 의하여 부보(部保)되므로 보험에 의하여 손해가 상당 부분 커버되는 이점도 있다.

북한에서의 투자나 사업은 대북제재가 완전 해제되고 남북관계와 북미관계가 안정화된다고 하더라도 불측의 돌발변수가 생길 가능성이 높다. 따라서 대북투자 기업이나 사업가들에게 고정

투자원금의 가장 높은 비율을 차지하는 생산설비나 기계장비류에 대하여는 운용리스를 통해 시설을 공급하고 설치하는 것이 향후 발생할 수 있는 다양한 위험과 손해를 분산시키고 줄일 수 있는 방안이라고 본다.

PART 6

북한투자를 위한
네트워크 구축과
투자 지역 선정하기

중국보다 더
중요한 관시

북한 비즈니스,
사람이 가장 강력한 보험이다

관시가 없으면 중국에서 사업을 포기하라는 말이 있다. 사실 관시는 원래 중국에서 만들어진 고유개념이다. 미국과 같은 공식적 관계가 중심이 되는 자본주의 사회에서는 찾아보기 힘든 개념이다.

그런데 관시는 중국에만 있는 것이 아니다. 북한이 중국보다 훨씬 더 관시가 심하다. 북한투자에 성공한 중국기업인들은 대부분 이러한 관시를 잘 활용한 사람들이다. 관시는 메마른 공식적인 관계가 아니라 상호부조의 개인적인 인간관계다. 북한과 비즈니스를 시작하려는 한국 기업인들은 이러한 북한 관시의 특수성을 잘 알고 있어야 한다.

한국에서도 사업에 성공하기 위해는 학연, 지연, 혈연을 잘 활용해야 한다는 건 주지의 사실이다. 그렇다면 북한의 관시와 한국의 학연, 지연은 어떻게 다를까.

사회주의 국가의 관시처럼 북한의 관시도 결국은 감독기구에 있는 간부들과의 오래된 인간관계를 말한다. 그리고 이 인간관계 구축에는 공적인 유대관계와 인간적인 신뢰에 더하여 금전적인 상납이 필수적이라는 것이 공공연한 비밀이다.

이처럼 북한의 관시는 단순히 우연히 만들어지는 관계가 아니라 단계별로 한 층씩 쌓아 올리는 3층 석탑과도 같은 복잡한 구조물이다. 1차로 감독기구의 간부들과 업무적으로 공적인 유대관계를 맺은 다음, 2차로 식사와 술자리를 통해 인간적 신뢰를 형성하고, 마지막 단계로 상대방이 아쉬운 시기에 선물이나 금전으로 지원을 함으로써 관시의 탑은 완성된다.

OECD 뇌물 방지 협약과 미국의 외국공무원 뇌물 방지법은 자국기업이 외국의 공무원들에게 뇌물을 주는 경우 처벌하는 규정이 있지만 이 규정들이 북한에 바로 적용될 것 같지는 않다.

북한 관시는 사업적 상호이익 추구에 더해
업무 외적으로 인간적 신뢰를 구축하는 것이 핵심이다

무엇보다 북한은 사회주의 국가의 특성과 유교문화의 잔재를 그대로 가지고 있는 폐쇄적 사회다. 이 점을 감안하면 북한의 관시는 특히 체면을 중시한다는 특성이 있다. 따라서 북한의 현지 사업 파트너들이나 감독기구의 고위층 간부들과 원만한 관계를 유지하려면 이러한 체면 중시의 문화를 이해하고 그들의 위신을 세워주는 것이 중요하다. 북한과 합작사업이나 합영사업을 시작할 때 가급적 북한의 사업 파트너가 노동당에 성과를 보고하기 좋은 방향으로 사업방향을 정하고 그들이 원하는 내용으로 사업을 추진하는 것이 좋다. 북한의 관시는 사적인 부분과 공적인 영역이 뒤섞여 있으므로 이러한 공적인 영역을 중시해서 사업 파트너의 위신을 세워주는 것이다.

관시는 상호간의 'Give and Take'이고 양측의 신뢰를 바탕으로 가족이나 형제 같은 끈끈한 동질의식이 전제된다. 2018년 개봉한 영화 〈공작〉에서 흑금성이 중국 베이징에서 북한의 외화벌이를 책임지고 있는 북한대외경제위원회 리명운 처장과 만나서 거래협상을 하고 같이 술을 마시고 가짜 롤렉스 시계를 선물로 주는 모습은 북한에서 관시를 맺어가는 과정을 적나라하게 보여준다. 리명운 처장이 흑금성과 어느 정도 친분이 쌓이자 북한에서 발굴된 귀한 고려청자라며 이 고려청자를 한국에 은밀히 팔아달라는 부탁을 하는데, 관시는 이처럼 약간은 불법적·편법적인 이익교환의 측면이 있다.

북한 중앙민족경제지도기관이나 노동당, 보위부 등의 담당자들과 관시를 맺기 위해서는 공적인 업무에서도 적극적 협조를 해야 하고 동시에 인간적 신뢰를 쌓기 위해 자주 저녁식사도 같이 하고 유명 한국제품을 선물하는 등 업무 외적인 관계형성에도 노력해야 한다.

　관시의 정점은 북한 현지 사업 파트너나 감독기구 고위직 사람들의 가족들과 친분을 쌓는 것이다. 명절이나 사업승인 등 이벤트가 있을 때 북한측 감독기구 관계자들의 가족들에게 선물을 주고 성대한 저녁식사에 초대하면서 인간적 유대를 쌓는 것이 가장 효과적인 북한 관시 형성방법이다.

　본격적인 대북투자나 북한 비즈니스를 할 때 이렇게 관시로 맺어진 북한 당국자를 계약에 입회시킬 수 있다면 향후 발생할지도 모르는 다양한 북한투자 리스크를 줄일 수 있고 투자재산 보호와 자금 회수에도 더 많은 도움을 받을 수 있다.

북한 고위층과
관계 트는 법

북한 비즈니스에 필요한
북한의 파워 엘리트

북한 노동당도 최근에 세대교체가 많이 이루어졌다. 김일성과 함께 만주에서 항일 빨치산 투쟁을 하던 1세대들은 은퇴하고 그 2세대, 3세대가 노동당과 국가인민회의의 주축으로 부상하고 있다. 이들은 아버지 세대보다 이념 면에서 보다 유연하고 장마당 등의 시장경제를 접한 경험이 있어 상당히 실용적이다. 또한 북한의 노동당, 최고인민회의, 지역 노동당위원회, 군을 장악하고 있어서 남북경협이나 외국인의 대북투자에 관한 주요사항을 결정하는 실질적 의사결정권자들이라 할 수 있다.

김대중 정부, 노무현 정부 이후 남북 간의 교류가 소원해지면서 한국의 대북채널은 대부분 끊어졌고, 한국인들이 북한 고위층들과 공적으로나 사적으로 관계를 맺고 네트워크를 구축하는 것이 대단히 어려워졌다.

현재로서는 대북 업무를 담당하던 국정원의 요원들도 기존의 대북 콘택트 포인트를 상실한 상태이므로 북한과의 접촉점을 가지고 있는 한국의 인사는 거의 없다고 보는 것이 정확하다.

결국 북한의 오랜 동맹인 중국의 친북 인사들 중에서 북한 노동당 간부들과 오랜 교류를 지속해온 인사를 지렛대로 활용하여 새로이 관계 구축에 나설 수밖에 없다.

다행히 중국의 정보부 인사들이나 조선족 출신 중국인 사업가 중에는 다양한 북한의 고위 인맥과 채널을 가지고 있는 사람들이 있다. 이들 중국측 인사들을 통해 중국 내에서 남북한과 중국이 함께할 수 있는 문화, 체육 등의 비정치적 행사를 기획하고 그 행사를 매개로 인간적 교류와 신뢰 구축을 하는 방안이 효과적이다.

정치적 목적으로 북한 고위층과 관계를 맺는 경우와 사업이나 투자목적으로 북한 고위층과 네트워크를 구축하는 경우는 엄연히 그 접근방법이 달라야 한다.

정치적 목적이라면 김정은 위원장, 김여정 부부장 등의 백두혈통이나 항일 빨치산 가족 등 소위 백두산 줄기 신분으로 불리는 사람들인 노동당 조직지도부, 선전선동부의 고위간부들이나 최고인민회의 대의원들을 대상으로 관계 형성을 시도해야 한다. 그러기 위해서는 한국의 공식적인 대북 관련기구들인 남북연락사무소나 대통령직속 북방경제협력위원회, 통일부 산하기구, 개성공단협의회 등을 통해 공적인 모임이나 회합을 통해 친분과 신뢰를 구축하는 것이 가장 확실하다.

사업이나 투자목적인 경우는
북한의 고위 군부와 통하라

대북사업이나 대북투자가 목적이라면 노동당이나 최고인민회의의 고위간부들보다는 투자 희망지역의 지역 군사령관과 같은 군부의 지도층과 교류하는 것이 좋다. 노동당 등 북한의 민간 간부들을 통하는 경우, 노동당의 복잡한 지도체계와 중첩적인 행정기관의 간섭을 받아야 하고 보위부, 검찰, 보안성 등 다양한 기관들의 눈치를 살펴야 한다. 이에 반해 군부의 경우는 의사결정 과정이 단순해서 군 사령관 등 수뇌부와 친밀한 관계를 형성하면 사업진행 과정에 있어서 일사천리로 사업이 진행되는 경우가 많다.

나진·선봉지구의 경우 보위부 부장, 나진·선봉 군사령관, 함경북도 당위원장이 핵심 고위직으로 대북투자에 관한 주요한 의사결정을 내린다. 나진·선봉지구에 투자를 원할 경우 나진·선봉지구를 관할하는 군 단장과 연결되는 인맥을 확보하여 신뢰관계와 친분을 쌓아두면 사업하기에 확실한 보험에 가입한 것이나 마찬가지다.

북한은 오랜 선군정치의 영향으로 군부에 권력이 집중되었고, 여전히 군부가 권력의 중심이다 보니 북한에서 사업을 하는 경우

항상 군부와 관계를 유지하면서 사업의 명분을 군부대 지원이나 군 관할지역의 생활여건 개선, 경제발전 등 군부가 해당 사업을 지원하고 참여할 수 있는 대외적 명분을 만들어주면 도움이 된다. 이 명분을 매개로 군부를 끌어들이고 군부의 지원을 확보한다면 대북사업은 생각 외로 탄탄대로에 올라설 수 있다.

탈북 엘리트를
통한 관계망 형성

탈북 엘리트는 대북투자를 준비하는
한국기업의 비밀 병기다

《3층 서기실의 암호》를 출간한 태영호 전 주영 북한공사를 포함하여 이제는 다양한 계급과 직종의 탈북민들이 증가하고 있고 출신성분도 천차만별이다. 이전에는 탈북민이라고 하면 북한 사회의 범죄자들이거나 체제에 반항한 변절자들이라는 인식이 강했던 것도 사실이다.

그러나 탈북민들의 사연을 들어보면 우연한 기회에 북한 당국의 오해로 인하여 불가피하게 탈북할 수밖에 없었던 사람도 의외로 많다. 또 김일성종합대학이나 김책공업대학을 졸업하고 북한에서 고위 당 간부를 지낸 북한 엘리트들도 부득이한 사유로 탈북한 사례가 증가하고 있다. 그들은 여전히 북한에 가족이나 친인척을 남겨두고 있어 중국을 통해 연락을 주고받고 있는 것으로 보인다. 얼마 전 탈북 엘리트들의 연구모임인 북방연구회 회원들과 같이 식사를 한 적이 있었는데 이 모임의 회장도 정기적으로 중국을 방문하여 북한에 남아 있는 지인들과 연락을 계속하고 있었다.

북한의 노동당은 중앙당, 도당 위원회, 시군 위원회와 같이 피라미드식으로 조직되어 있다. 탈북 엘리트들은 여전히 이들 조직에 친한 인맥이 남아 있다. 또한 조선족들과도 깊은 인연을 유지하고 있는 경우가 많아 대북사업의 현지 파트너나 현지 중개인으로 적합한 조선족을 소개해줄 수 있다. 북한의 고위직 간부들은 탈북 후 국정원 산하 국가안보전략연구원의 자문위원으로 활동하는 경우가 많으므로 국가안보전략연구원의 세미나에서 이들을 만나 북한투자에 관한 자문을 구할 수 있다.

탈북 엘리트를 대북투자회사의 임원이나 고문으로 임명해서 대북사업에 활용하면 북한의 사업환경을 파악하거나 필요한 사업인맥을 소개받는 데 도움이 될 것으로 본다.

탈북 엘리트의 관시와
네트워크 활용하기

탈북한 북한 엘리트들은 대개 국정원의 국가안보전략연구원의 자문위원으로 활동하거나 국책연구소 또는 민간연구소인 통일연구원, 세종연구소 등의 객원연구원, 한국산업은행이나 수출입은행의 북한 관련 연구위원, 하나원의 북한·통일 문제 관련 강사 등으로 활동하면서 생활하고 있다.

이들은 향후 북한이 본격적 개혁 개방정책에 나서면 한국이 적극적으로 활용해야 할 귀중한 자산이다. 그런데 현재 이들을 제대로 수용하거나 활용을 하지 못하고 있어 안타깝다. 현재까지는 국정원 산하기구에서 이들을 활용하고 있으나 향후 대북투자를 원하는 기업측에서 적극적으로 채용하여 대북 비즈니스의 첨병으로 활용할 것을 제안한다.

대북 비즈니스는 이질적인 북한의 사회, 문화, 경제제도와 관습 등을 이해하고 북한의 다양한 투자 리스크를 관리하면서 추진되어야 하는데, 이러한 대북리스크에 가장 대응을 잘할 수 있는 사람은 아무래도 북한에서 고위직으로 살다가 한국으로 탈북한 사람들이다. 이들은 한국기업인들과는 달리 훨씬 편하게 관시와 네트워크를 활용하여 대북사업 확장에 기여할 수 있다.

이들을 대북투자회사나 남북경협 기업의 임원이나 고문으로 임용하여 북한 비즈니스를 전담하게 하면 한국 투자자들이 해결할 수 없는 북한 현지의 다양한 분쟁이나 애로사항을 의의로 손쉽게 해결할 수 있을 것이다.

중앙민족경제지도기관의
간부들은 어떤 사람들인가

**북한 체제의 핵심권력층은
항일 빨치산 투쟁을 한 가문의 후손이다**

북한은 사회주의 체제를 표방하고 있지만 그 본질은 사실상 세습 왕조국가라고 보는 것이 정확하다. 김정은 위원장의 권력이 조부 김일성과 부친 김정일로부터 세습된 백두혈통에서 오듯이 북한의 현 파워 엘리트들도 대부분이 세습된 계급이다.

　김일성과 함께 만주에서 항일 무장투쟁을 하던 빨치산 가문이 북한 정권 수립과 동시에 김일성과 함께 권력을 장악했고 그 권력이 그대로 자신들의 아들, 손자 세대까지 세습되고 있는 것이다. 현재 북한의 권력 2인자인 최룡해만 하더라도 김일성과 함께 보천보 전투에서 생사고락을 같이한 빨치산 1세대인 최현의 아들이다.

　북한 권력의 핵심은 노동당이고 노동당의 양대 핵심부서는 조직지도부와 선전선동부다. 조직지도부는 북한의 모든 핵심 권력 기관을 통제 및 관리감독하고 선전선동부는 북한 정권의 정통성을 국내외에 선전하고 홍보하는 역할을 담당한다. 이 양대 핵심부서에는 항일 빨치산 가문들의 자손들이 요직을 장악하며 북한 정권을 뒷받침하고 있다.

이처럼 북한의 파워 엘리트는 크게 세 가지 계통에서 충원되고 있다. 첫째가 소위 '백두산 줄기'라고 불리는 계급인데, 항일 빨치산 가문의 후손들로 대부분이 세습된 신분과 계급이다. 둘째가 '낙동강 줄기'로 불리는 계급인데, 6·25 전쟁 참전자의 가족들이다. 마지막은 북한의 최고 명문대인 김일성종합대학을 졸업한 사람들인데, 김일성종합대학에 입학하기 위해서는 항일 빨치산 가족이나 6·25 전쟁 참전자 가족과 같이 출신성분이 우수해야 한다. 결국 선대 할아버지나 아버지가 항일 빨치산 투쟁을 했거나 6·25 전쟁에 참전했어야만 북한에서 고위 출신성분으로 살아갈 수 있는 셈이다.

이들 북한의 파워 엘리트들은 한국에서 말하는 금수저보다 더 성골인 다이아몬드 수저인지도 모르겠다. 북한에서는 개인의 노력이나 성취로 계급(계층)상승을 이루기가 한국보다 어렵다. 할아버지, 아버지의 출신성분에 의해 자식들의 사회적 신분이 사실상 결정되어 있는 사회라고 할 수 있다. 실제로 노동당과 최고인민회의를 포함하여 북한의 모든 권력기구에는 이러한 세습된 항일 빨치산 세대의 자손들이 배치되어 있다.

중앙민족경제지도기관의 고위직은
세습된 파워 엘리트 그룹에서 충원된다

당연히 중앙민족경제지도기관의 간부들도 북한의 대부분의 파워 엘리트처럼 할아버지, 아버지로부터 사회적 출신성분을 세습받은 항일 빨치산 가문들의 자손들로 구성되어 있다. 북한에서는 정치계급과 경제계급의 분화가 이뤄지지 않은 상태이므로 이들은 경제적 관점보다 당의 정치적 노선을 중시하며 이를 충실하게 따르며 당의 정책에 순응하는 사람들이다.

따라서 한국 기업인들이 북한과 비즈니스를 하거나 대북 경협사업을 하는 경우에 자주 만나게 되는 대북경협 관련 북한 감독기관 간부들의 출신성분이 이처럼 북한의 파워 엘리트 중에서 충원된다는 점을 기억할 필요가 있다.

이들은 자신의 출신성분에 대해 자부심이 강하고 노동당에 대한 충성심도 누구보다 뜨거운 사람들이다. 한국 기업인들은 이들과 업무 관련 회의를 하든가 사석에서 식사를 하는 경우에 백두혈통이나 북한 정권의 세습, 항일 빨치산 운동의 정통성 등과 같이 예민한 정치적 이슈는 대화의 금기사항임을 명심하고 피해야 한다.

오히려 이들 북한 경제지도기관의 임직원들이 출신성분이 우수한 정통 항일 빨치산 계급인 점을 감안하여 이들과 조선의 항일투쟁사에 관한 한국의 연구성과나 역사박물관 등을 주제로 대화를 시도하면 보다 쉽게 친밀해질 수도 있다.

각국의 정보당국 고위직을 통하면
북한 고위층과 연결된다

국정원의 대북파트 퇴직자를
대북투자기업의 고문이나 임원으로 활용하자

2018년에 개봉한 영화 〈공작〉은 전설적 대북공작원인 박채서(암호명 흑금성)에 관한 대북공작 이야기를 다루었다. 흑금성 사건은 1997년 12월 대선을 앞두고 당시 김대중 후보를 낙선시키기 위해 당시 안기부가 주도한 이른바 북풍 공작 중 하나다. 당시 안기부는 주식회사 아자커뮤니케이션에 위장취업시킨 박채서를 통해 대북사업과 관련한 다양한 공작을 시도한 것으로 알려졌다.

흑금성은 대북사업과 관련한 공작을 하면서 북한의 많은 고위직과 친분을 유지했던 것으로 알려졌다. 흑금성은 당시 북한의 2인자였던 장성택과도 긴밀한 관계를 유지했고 장성택의 부탁으로 한국의 주요 정치인과 접촉하며 밀사 역할을 하기도 했다.

보수 정권 10년 동안 한국과 북한의 공식적인 창구가 폐쇄되고 교류가 단절되는 바람에 한국에서 북한의 고위층과 연결되는 네트워크는 국정원의 대북파트 담당자들밖에 남아 있지 않다. 따라서 이들을 활용하여 비즈니스 측면에서 대북투자를 진행하는 것은 나름대로 의미 있는 유효한 접근법이다.

국정원의 대북파트의 공식 직원으로 근무한 국정원 퇴직자나 북한 업무와 중국 업무를 담당했던 전직 국정원 블랙요원들은 여전히 다양한 방식으로 북한 채널을 유지하고 있는 것으로 파악된다. 이들을 대북투자기업의 법인장으로 영입하거나 한국기업이 중국과 합작기업을 설립하여 대북사업을 추진할 경우 현지 법인의 이사 등 임원으로 고용하여 대외협력, 홍보 등의 업무를 담당하게 하는 방법도 북한과 사업을 원만하게 추진하는 좋은 방안의 하나로 보인다.

중국 공산당 간부들이나 정보부 요원들도 북한 인맥의 보고다

또한 중국 공산당이나 중국의 정보부, 보위부 담당자들 중에도 오랜 기간 북한 업무를 지속하면서 끈끈한 관계를 유지하고 있는 요원이 많다.

중국 동북 3성 중 하나인 요녕성 출신의 조선족 중국인민정치협상회의(정협)의 의원인 김 모 의원은 조선족 출신이면서 북한과 국경을 접한 요녕성에서 오랜 기간 공산당 간부로 활동한 인연으로 북한을 수십 차례 방문했고 북한의 노동당 간부들과 인맥이 두텁다.

김 모 의원은 최근 남북관계와 북미관계가 개선됨에 따라 한국의 대기업으로부터 북한 접촉을 위한 회사의 고문역이나 자문역을 맡아 달라는 요청을 많이 받고 있다고 털어놓았다.

이처럼 중국의 동북 3성의 공산당 간부들 중에는 꾸준히 북한과 업무관계를 맺고 다양한 형태의 협력사업을 진행한 경험이 있는 사람이 많다. 대북투자를 원하는 기업들은 이런 사람들을 회사의 경영고문이나 경영자문으로 영입하여 대북창구로 활용하면서 대북경협의 물꼬를 트는 방안을 고려할 필요가 있다.

NGO, 조선족 기업인들을
대북창구로 삼아라

**대북지원사업을 계속해온 NGO의 공신력을
활용하여 전략적 제휴 사업을 기획하라**

한국에서 남북관계의 호전이나 정국경색에 관계없이 가장 적극적으로 대북지원을 해온 단체는 기독교 단체들이다. 대한예수교장로회 통합총회는 2003년 평양신학교 신축을 지원했으며 전국 성도들의 후원으로 2008년 평양에 봉수교회를 완공했다. 기독교 대한감리회는 평양신학원 재개원과 대북 물자지원을 실시해왔고, 대한예수교장로회 합동총회와 고신총회도 북한에 빵 공장과 국수공장을 세워 북한 취약계층을 도왔다.

대북협력민간단체협의회(북민협), 우리민족서로돕기운동본부 등 대북지원사업을 하는 민간단체 협의체도 꾸준히 북한 주민들에게 밀가루 등 생필품을 공급해왔다.

그 밖에도 한국대학생선교회, 유진벨재단, 굿네이버스, 월드비전, 국제기아대책기구 등 대북지원 NGO들은 의약품 지원, 병원과 학교 건설, 육아원과 탁아소 지원 등을 통해 꾸준히 인도적 대북지원 사업을 수행해왔다.

2016년 9월 평안남도에 큰 수해가 났을 때 월드비전은 수재민 구호를 위해 1차로 밀가루 500톤, 2차로 밀가루 3,000톤을 육로를 통해 평안남도 안주시와 개천시 주민들에게 전달한 사실이 있다.

이들 NGO단체의 책임자들은 오랜 기간 대북지원을 하면서 나름대로 북한을 대하는 노하우나 북한측 파트너와 유대관계를 형성한 것으로 보인다.

북한 당국도 정치적 색채가 옅은 이러한 NGO의 대북지원은 환영하는 분위기다. 향후 본격적인 북한투자가 진행될 경우 한국기업들은 이러한 NGO와 전략적 제휴를 맺고 이들 단체와 연계하여 사업을 하면 이들의 공신력을 활용할 수 있을 것이다.

북한과 지속적으로 사업을 해온
검증된 조선족 기업인을 대북창구로 활용하라

한편 중국 조선족들은 중국인이라는 신분 때문에 북한에 자유롭게 출입하면서 무역이나 사업을 하고 있는 사람이 많다. 이들 중에는 평양에 대형백화점 건설사업을 성공적으로 시행한 후 현재 운영 중이거나 나선경제특구에 카지노호텔을 운영하는 사람도 있다.

1997년부터 나선경제특구의 임페리얼 카지노호텔 등 부동산 시행사업을 해온 조선족 기업인 길림천우건설의 전규상 회장도 이들 중 한 명이다. 전규상 회장은 최근 남북관계, 북미관계가 호전됨에 따라 "포스코도 찾아오고, 북한도 어느 지역은 한국, 어느 지역은 중국으로 돼 있고, 이제는 투자를 법적으로 보장하게 될 것이라고 공언하고 있다"고 바뀐 분위기를 전했다.

전규상 회장에 의하면 조선족 기업인들은 북한과 사업을 하면서 많은 수업료를 치른 경험이 있어 남북 경협의 가교 역할을 할 수 있다고 했다. 그리고 한국기업에 북한과 비즈니스를 하려면 조선족기업가협회를 잘 활용해달라고 당부한다.

중국 조선족 기업가협회의 표성룡 회장도 "현재 투자 후 2년 안에 투자금을 모두 회수할 수 있는 시장은 북한밖에 없다"면서 "이미 한국기업과 북한측 역시 경협에 대해 관심을 두고 있고, 중국 역시 북한을 주시하고 있다"고 덧붙였다.

중국의 조선족 사업가로 구성된 조선족기업가협회에는 수천 명의 조선족 기업가들이 소속되어 있고 중국 33개 지역에 분회가 있다. 이들은 한국과 북한 양 지역을 자유롭게 왕래할 수 있고 언어가 통하므로 한국기업들이 북한과 사업을 할 때 현지 중개인이나 사업 파트너로 활용한다면 대북투자기업의 전략적 자산이 될 수 있다. 이들 중에는 북한과 20년 이상 지속적으로 사업을 한 사람도 많아 북한 고위 당국자들과 인맥이 형성되어 있는 경우가 많다.

한국기업들이 직접 북한 고위층과 관계를 형성하기에는 시간이 많이 걸릴 것이고 북측도 부담스러워하는 면이 있으므로 조선족 기업인들을 대북 네트워크의 창구로 활용하면 한국기업들이 대북 사업을 전개할 때 많은 도움을 받을 수 있을 것이다.

기존의 대북 관련
정부 산하기구를 활용하라

통일부 및 그 산하기구의
북한 사업정보를 활용하라

남북관계는 김대중 정부와 노무현 정부 시절에 가장 우호적 상태였다가 이명박 정부, 박근혜 정부에 들어서면서 관계가 급격히 경색되었다. 당연히 민간교류나 남북한 정부 당국 간의 교류도 눈에 띄게 줄어들었다. 대북관계처럼 정권의 이념적 색채에 따라 요동치며 급변하는 경우도 드물다.

그럼에도 불구하고 정부 부처 내의 대북지원 산하기구들은 남북관계의 부침에도 불구하고 계속 활동하여 북한과 관계를 유지해왔다. 대표적인 대북지원 관련 정부의 산하기구가 통일부 산하의 '남북교류협력지원협회'다. 남북교류협력지원협회는 노무현 정부 시절인 2006년 6월경 남북한 당국이 '남북 경공업 및 지하자원개발 협력사업'에 관한 이행기구를 남북한이 각각 지정하기로 합의함에 따라 한국의 이행기구로 설립되었다.

경공업의 원자재 제공과 지하자원 개발에는 실무적, 기술적 검토와 상호협력이 필수적이었고 정부는 2007년 2월 위 업무를 위탁수행할 비영리전담기구로 통일부 산하에 남북교류협력지원협회를 설치했다.

남북교류협력지원협회는 노무현 정부시절 경협자금으로 6,000만 달러를 북한에 지원했고 그 대가로 북한의 지하자원 등에 대하여 위 금액에 상응하는 권리를 확보했다. 현재 협회는 북한의 단천지구 내의 지하자원 개발에 관한 여러 가지 권리를 확보하고 있는 것으로 보인다.

노무현 정부 당시 2005년 7월 12일 '남북경제협력추진위원회 제10차 합의'에 의해 남북은 쌍방이 가지고 있는 자원, 자본, 기술 등 경제요소를 결합한 새로운 방식의 경제협력사업을 추진해나가기로 했다.

이후 2006년 6월 6일 남측은 북측에 의복, 신발, 비누 등의 경공업 원자재를 제공하고 북측은 그 대가로 지하자원 개발협력 추진에 따라 지하자원 생산물, 지하자원개발권, 생산물 처분권 등으로 상환하기로 하는 '남북 경공업 및 지하자원개발 협력에 관한 합의'를 체결했다.

지하자원 개발은
남북교류협력지원협회를 활용하자

그중에서 특히 주목할 부분은 협회가 2007년 5월 4일 '남북 경공업 및 지하자원개발 협력 실무협의'에 따라 2007년 7월~12월에 북한 함경남도 단천지역의 검덕광산(아연), 대흥광산(마그네사이트), 룡산광산(마그네사이트)에 대한 현지 공동조사를 실시했고 한국광물자원공사를 주관사업자로 하여 사업타당성 평가를 한 결과 상당한 경제성이 있는 것으로 평가되었다는 점이다.

검덕 아연광산은 매장량이 총 2억 7,000만 톤, 연 생산량이 300만 톤 규모이고 대흥 마그네사이트 광산의 경우 매장량이 8억 8,000만 톤, 연 생산량은 100만 톤 규모로 파악되고 있다.

단천지역 광산은 인근 허천강 유역에 4개 수력발전소가 있어 전력수급이 나쁘지 않고 철도가 단천 시내에서 무학역까지 약 90킬로미터를 운행하고 있으며 약 40킬로미터 떨어진 김책시에 항만이 있어 인프라 시설도 상대적으로 양호한 편이다.

얼마 전 저녁식사 자리에서 만난 남북교류협력지원협회의 이승환 회장은 향후 남북관계가 개선되고 대북제재가 완화될 경우 협회는 한국의 민간기업을 상대로 단천지역 광산 투자유치를 위한 설명회를 개최할 예정이라고 했다.

북한의 자원개발에 관심이 있는 기업의 경우 남북교류협력지원협회를 통하는 경우 훨씬 효율적으로 투자에 참여할 수 있을 것으로 보인다. 협회는 단천지역의 광산 이외에 흑연광산 등 공개하지 않은 광산에 관한 개발권 등도 보유하고 있어 자원개발에 투자하려는 업체들에게는 든든한 우군이 될 것으로 보인다.

세계적 투자자인 짐 로저스가 일부 지분을 투자하기도 한 그래핀이란 신소재 기업인 '스탠다드그래핀'의 이정훈 대표는 북한의 흑연 광산 개발에 관심이 많다고 했다. 흑연은 탄소들이 벌집 모양의 육각형 그물처럼 배열된 평면들이 층층이 쌓인 구조인데 위하나의 층을 그래핀(graphene)이라고 한다. 그래핀은 구리보다 100배 이상 전기가 잘 통하고, 반도체로 주로 쓰이는 실리콘보다 100배 이상 전자의 이동성이 빠르며 강철보다 200배 이상 강해 꿈의신소재라고 불린다.

이정훈 대표는 북한의 흑연광산에서 채굴한 흑연으로 그래핀을 만드는 공장을 설립하는 것이 꿈이라고 한다. 그는 흑연광산 개발에 투자하거나 북한의 흑연을 공급받을 때 남북교류협력지원협회의 조언을 받을 계획이다. 그의 꿈이 성사되어 한국의 첨단 소재기술과 북한의 자원이 결합한 세계적 기업이 나오기를 기대한다.

북한의 경제특구 중 최적의
투자지역 선정

**경제특구별로 입지조건, 성장 가능성을
고려해서 투자지역을 선정해야 한다**

현재 북한에는 중앙정부가 설치·운영하는 5대 경제특구와 지방정부가 설치·운영하는 19대 경제개발구가 있다. 북한은 개혁 개방 정책을 펼치더라도 폐쇄적인 체제는 유지되도록 전 국토를 전면적으로 개방하지 않고 특정 경제특구를 중심으로 제한적으로 개방할 것으로 예상된다. 그러므로 북한이 운영하는 경제특구의 현황과 장단점을 분석하는 것은 투자의 기본조건이다.

북한의 경제특구는 1991년 나선경제무역지대가 경제특구로 지정된 것을 기점으로 2002년에 개성공업지구, 금강산관광특구, 신의주경제특구가 지정되었고, 2010년에 황금평·위화도 경제지대가 경제특구로 지정되어 관리되고 있다.

나선경제특구는 러시아와 중국의 국경과 접하고 있는 함경북도 나진시, 선봉군에 지정된 특구로 2010년 중국이 투자에 참여하면서 현재 가장 활성화된 특구다.

현재 나선경제특구에는 나진항, 선봉항, 청진항이 자유무역항으로 지정되어 동북아의 국제물류중심지와 관광거점으로 개발될 계획이다. 나선경제특구에는 중국과 러시아가 개발에 참여하여 사용하는 전용 부두가 있고, 전체 외국투자기업의 약 90퍼센트를 차지하는 중국기업이 발전을 주도하고 있다.

신의주경제특구는 북한이 홍콩을 모델로 특별행정구로 설립한 경제특구인데 외교와 국방을 제외한 입법권, 행정권, 사법권의 자치권을 50년간 보장한 자치행정구라는 특징이 있다. 신의주경제특구는 중국과 국경을 접하고 있어 초기부터 중국기업들과 중국인들이 개발사업을 추진해왔고 2015년 중국 랴오닝성 정부와 북한 대외경제성이 신의주특구를 공동개발하기로 하고 총 4,000억 달러의 투자를 유치한 상태다. 황금평·위화도 경제특구는 2010년 북한과 중국이 공동개발하기로 하고 정보산업, 관광문화산업, 현대시설농업, 경공업 등 4대 산업단지를 조성할 계획으로 조성되었다.

금강산 국제관광지구는 금강산지구, 총석정으로 유명한 통천지구, 갈마해안과 마식령 스키장이 유명한 원산지구 등으로 이루어져 있다. 수려한 천연 자연경관과 사계절 레저와 위락활동을 즐길 수 있는 장점이 있어 북한의 대표적 관광특화 경제특구로 개발되었다.

개성공업지구는 2002년 공식착공한 후 1단계 개발만 완료된 상태에서 박근혜 정부 시절인 2016년 2월 공단이 전격 폐쇄되어 현재 가동이 중단된 상태다. 향후 대북관계가 개선되면 재가동과 동시에 계획한 대로 2단계 확장 사업, 3단계 확장 사업이 진행될 것으로 예상된다.

개성공업지구나 나선경제특구가
최적의 대북투자 사업지

위 5개 경제특구 중에서 중국기업의 독점도, 사업입지, 인프라 구축 등을 종합적으로 고려할 때 가장 매력적인 특구는 나선경제특구라고 할 것이다. 나선경제특구는 북한, 러시아, 중국의 국경이 접하는 북방 삼각지에 위치하고 있고 동북아 물류의 중심지이며, 현재 도로포장, 항만 구축, 전력망 구비 등 인프라 설비도 가장 확충이 잘 되어 있다.

현재 신의주경제특구는 중국자본이 상당 부분 장악한 상태이고 중국기업들이 상당한 규모의 투자를 진행한 상태여서 한국기업이 추가 진출하여 경쟁력을 갖출 여지가 없다. 개성공업지구는 지리적으로 한국에서 가깝고 한국기업들에 독점 이용권이 부여된 것이 장점이나 중국, 러시아와 단절되어 네트워크 효과를 누리기 어렵다는 문제가 있다.

중국, 러시아 시장과 연결되는 것을 염두에 둔다면 한국기업들이 향후 대북투자를 개시할 때에는 개성공단 못지않게 나선경제특구에 관심을 가지고 투자에 나서야 한다.

2018년 9월 18일 대한변협에서 주최한 통일법제포럼에서 '북한경제개발 실태와 전망'이란 제목으로 강연을 한 한국산업은행 남북경협연구단 선임연구위원인 김영희 박사에게 강연이 끝난 후 향후 대북투자 시 최적의 경제특구가 어디라고 보는지 질의했다. 김 박사는 지리적 근접성 측면에서 개성공업지구가 여전히 한국기업에 가장 매력적인 경제특구라고 본다는 답변을 내놓았다.

이처럼 전문가들마다 최적의 투자지로서 북한의 경제특구에 대한 평가는 다르지만 대체적으로 개성공업지구나 나선경제특구가 최적의 후보지로 압축되는 추세다.

따라서 한국기업들은 향후 북한이 개혁 개방정책을 실시하고 대북제재가 해제되면 개성공단 2차 분양 시 입주기업으로 들어가든지 아니면 나선경제특구나 나선경제특구에 인접한 러시아 하산시나 중국 훈춘시에서 중국·러시아기업과 합작회사 형태로 북한에 투자하는 방식을 검토할 필요가 있다.

재보험과 제3국 상사중재제도로
리스크 헷징하기

재보험은 북한투자 리스크를 효율적으로
분산하는 보험의 보험이다

재보험이란 원 보험회사가 자신이 인수한 보험사고의 책임을 다른 보험회사에게 전가하는 것으로, 전자를 원수보험회사, 후자를 재보험회사라고 한다. 재보험은 혼자서 부담하기 어려운 큰 액수의 계약을 했을 경우와 위험 분산이 불충분한 경우에 원래 보험회사가 지는 위험을 다시 분산시키기 위한 보험제도다.

원수 보험회사는 재보험회사에게 위험을 전가할 수 있으므로 재보험은 위험을 종적으로 분산하는 보험기법이다. 자본주의 발달과정에서 위험이 큰 해상무역 등에 재보험이 가능해짐으로써 투자위험을 분산하여 상업자본가와 보험업이 성장할 수 있는 발판을 마련했다.

남북경협과 대북투자는 북미관계 등 국제정세의 변화에 따라 사업 지속 여부가 요동치므로 무엇보다도 사업 리스크가 큰 비즈니스다. 따라서 이처럼 리스크가 높고 위험분산이 불확실한 사업에 있어 보험과 재보험 가입은 필수다. 현재 남북협력기금에서 남북경협에 참여하는 기업을 위해 경협보험을 운영하고 있으나 이는 국가가 운영하는 공적 보험이고 보험계약한도가 낮다는 한계가 존재한다. 향후 북한의 개혁 개방정책이 추진되고 대북제재가 해제되면 북한투자와 남북경협으로 인한 손실을 보험사고로 인수하는 민간보험회사의 보험상품이 출시되어야 할 것으로 본다.

북한투자 관련 민간보험이 도입되면 이 민간보험사의 위험인수를 재인수하는 재보험제도가 도입되고 관련 재보험상품이 출시될 필요가 있다. 대북투자와 북한 비즈니스 관련 보험에 대한 재보험제도가 도입된다면 원 보험회사들도 북한투자 위험을 일정 부분 재보험사에 전가하여 재분배할 수 있으므로 북한투자 관련 보험이 활성화될 것이다. 당연한 결과로 북한에 투자하는 기업인이나 남북경협 기업들은 만약의 사태로 투자손실이 발생하더라도 보다 많은 피해보상을 받을 수 있어 대북투자 활성화에 크게 기여할 수 있다.

물론 북한투자와 관련하여 이러한 민간보험이나 재보험이 활성화되기 위해서는 필수적인 전제조건이 있다. 그것은 재보험사가 개별적인 북한투자건의 리스크를 평가해 수재보험으로 인수할 수 있을 정도로 가격책정능력이 필요하고 인수 가능한 자본력이 요구된다.

그런데 현실적으로 아직까지는 북한경제의 투명성 부족이나 국제공인회계기준의 미도입 등으로 인하여 북한투자건의 개별 리스크에 대한 객관적 가격책정이 어렵다는 한계가 있어 재보험 제도의 활용에는 상당한 시간이 걸릴 것으로 예측된다.

북한과 같이 사법제도가 제대로 정비되지 않은 사회주의 국가 에서는 대북투자자와 북한기업 간에 분쟁이 발생하더라도 투자 자들 입장에서는 권리구제나 투자 보호를 받을 수 있는 법적 구제 수단이 미약하며 투자를 꺼릴 수밖에 없다.

제3국 상사중재제도를 적극 활용하면 북한투자 리스크를 낮출 수 있다

현재 개성공업지구법에는 분쟁 해결과 관련하여 당사자 간 협의 로 해결되지 않을 경우 남북이 합의한 상사분쟁 해결절차 또는 중 재 및 재판절차로 해결한다는 규정이 있으나(동법 제46조), 북한에 사법제도가 유명무실하여 재판절차에 의존하는 것은 무의미하다 고 본다.

한편 '남북사이의 상사분쟁해결절차에 관한 합의서'에 의하면 남북 이 각각 위원장 1인, 위원 4명을 추천하여 남북상사중재위원회를 구성하도록 하고 있으나 실제로 분쟁 발생 시에는 대립당사자인 남 북 간의 위원들 간에 합의가 될지 알 수 없다. 또 결정이 나더라도 이해관계자인 한국기업과 북한 당국이 승복할지도 의문이다. 따라서 대북투자 기업이나 남북경협기업이 북한에서 사업을 하다가 재산권을 침해받거나 분쟁이 발생할 경우 이를 실질적으로 해결할 수 있는 방안은 객관성과 공정성을 담보할 수 있게 한국과 북한 외의 제3국의 상사중재원을 관할로 지정하는 것이다.

북한의 혈맹인 중국이나 싱가포르 또는 홍콩의 상사중재원을 분쟁 해결의 관할로 계약에 약정해두면 대북투자기업들이 북한과의 분쟁을 수습할 수 있는 길이 열린다. 아시아에서 국제 상사중재제도가 잘 발달된 선진국으로 홍콩, 싱가포르, 일본 등이 있는데 이들 제3국의 상사중재원을 분쟁 해결의 관할로 지정해서 활용하면 북한으로서도 국제 상사중재원의 결정을 무시하기가 부담스러워 결국 수용할 가능성이 크다고 본다.

2018년 9월경 법무부와 대한변협이 공동주최한 '제7기 통일과 법률 아카데미' 강좌에서 특강을 한 개성공단기업인협회의 신한용 회장도 강의 말미에 "향후 개성공단이 재가동된다면 같은 피해를 입지 않기 위해서는 상사중재제도의 활성화가 중요한 수단이다"라고 역설했다.

한국기업으로서는 대북투자는 여전히 예측이 불가능하고 리스크가 높다. 그럼에도 이러한 민간보험, 재보험제도가 도입되고 제3국 상사중재제도를 활용하면 이전보다는 예측 가능하고 리스크를 헷징할 수 있는 비즈니스 환경에서 대북사업을 추진할 수 있을 것이다.

부록

북한의 권력기구도와 파워엘리트 분석
(2018년 1월 기준, 통일부 자료 참조)

　북한의 권력기관은 크게 당정(黨政)으로 나뉘는데, 당은 조선노동당 조직을 말하고 정은 국무위원회 조직과 최고인민회의 조직을 말한다.

　조선노동당의 위원장은 김정은이고 조선노동당 아래에 당중앙위원회가 있고 당중앙위원회 산하에 당중앙군사위원회, 정치국, 정무국, 검열위원회, 당중앙검사위원회가 있다.

　조선노동당은 다시 직할시, 특별시, 도 단위로 당위원회를 두고 있는데, 평양시, 나선시, 남포시, 강원도, 양강도, 자강도, 평안북도, 평안남도, 황해북도, 황해남도, 함경북도, 함경남도에 각 시당위원회 또는 도당위원회가 있다.

　당중앙군사위원회 위원장은 김정은이고, 정치국의 상무위원 5인은 김정은, 김영남, 최룡해, 박봉주, 황병서이며, 15인의 위원이 있다. 정무국의 당위원장도 김정은이고 그 아래에 당중앙위 부위원장로 최룡해, 박광호, 리수용을 포함하여 11인이 있다.

국무위원회는 이전의 국방위원회가 명칭을 변경한 것으로 김정은이 위원장이고 부위원장으로 황병서, 박봉주, 최룡해 3인이

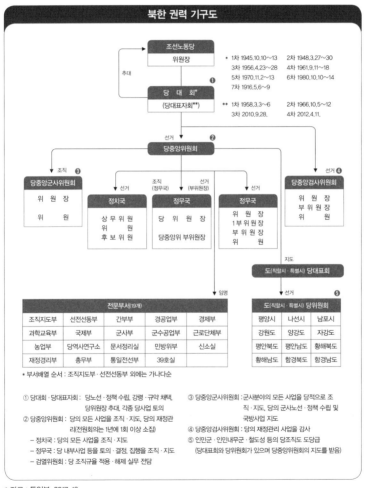

북한 권력 기구도

* 1차 1945.10.10~13　　2차 1948.3.27~30
　3차 1956.4.23~28　　4차 1961.9.11~18
　5차 1970.11.2~13　　6차 1980.10.10~14
　7차 1916.5.6~9

** 1차 1958.3.3~6　　2차 1966.10.5~12
　3차 2010.9.28.　　4차 2012.4.11.

조선노동당 / 위원장 ❶
당 대 회* (당대표자회**)
당중앙위원회 ❷
당중앙군사위원회 ❸ / 위 원 장 / 위 원
정치국 / 상 무 위 원 / 위 원 / 후 보 위 원
정무국 / 당 위 원 장 / 당중앙위 부위원장
정무국 / 위 원 장 / 1부위원장 / 부 위 원 장 / 위 원
당중앙검사위원회 ❹ / 위 원 장 / 부 위 원 장 / 위 원
도(직할시·특별시) 당대표회
도(직할시·특별시) 당위원회 ❺
평양시 / 나선시 / 남포시 / 강원도 / 양강도 / 자강도 / 평안북도 / 평안남도 / 황해북도 / 황해남도 / 함경북도 / 함경남도

전문부서(19개)				
조직지도부	선전선동부	간부부	경공업부	경제부
과학교육부	국제부	군사부	군수공업부	근로단체부
농업부	당역사연구소	문서정리실	민방위부	신소실
재정경리부	총무부	통일전선부	39호실	

* 부서배열 순서 : 조직지도부·선전선동부 외에는 가나다순

① 당대회·당대표자회 : 당노선·정책 수립, 강령·규약 채택, 당위원장 추대, 각종 당사업 토의
② 당중앙위원회 : 당의 모든 사업을 조직·지도, 당의 재정관리(전원회의는 1년에 1회 이상 소집)
　- 정치국 : 당의 모든 사업을 조직·지도
　- 정무국 : 당 내부사업 등을 토의·결정, 집행을 조직·지도
　- 검열위원회 : 당 조직규율 적용·해제 실무 전담
③ 당중앙군사위원회 : 군사분야의 모든 사업을 당적으로 조직·지도, 당의 군사노선·정책 수립 및 국방사업 지도
④ 당중앙검사위원회 : 당의 재정관리 사업을 감사
⑤ 인민군·인민내무군·철도성 등의 당조직도 도당급(당대표회와 당위원회가 있으며 당중앙위원회의 지도를 받음)

* 자료 : 통일부, 2017. 12.

있고 위원으로 김기남, 박영식, 리수용, 리만건, 김영철, 김원홍, 최부일, 리용호 등 8인이 있다.

국무위원회 직속으로 인민무력성, 국가보위성, 인민보안성이 있고 그 아래에 내각이 있다.

최고인민회의는 한국의 국회에 해당되는데, 의장이 최태복이고 부의장으로 안동춘, 리해정 2인이 있고 대의원이 687명이 있다. 최고인민회의의 실권은 최고인민위원회 상임위원회에 있는데 상임위원회 위원장이 김영남이고 부위원장으로 양형섭, 김영대가 있다.

북한의 조선노동당 조직과 국무위원회의 부위원장 3인(황병서, 박봉주, 최룡해)과 8인의 위원(김기남, 박영식, 리수용, 리만건, 김영철, 김원홍, 최부일, 리용호)은 중복되는 인물이 많은데, 중복된 직책을 많이 가질수록 북한에서 주요한 파워엘리트라고 보면 된다.

대북경협 절차와 필요서류

　남한기업이나 개인이 대북경협사업을 추진하기 위해서는 남북
교류시스템상의 다양한 신고를 하고 통일부 승인을 받아야 한다.

　구체적으로 대북투자를 원하는 기업이나 개인은 (1) 통일부에
북한주민 접촉신고를 하고 (2) 북한측과 사업협의를 한 후 북한측
의 초청장을 받아서 북한방문에 대해 통일부의 승인을 얻어야 하
며 (3) 북한을 방문하여 북측 사업파트너와 사업계획을 협의하고
사업계약서를 작성한 후 (4) 남북경협 사업에 관해 통일부의 승인
을 받은 후 (5) 물자 반출·반입에 대해 반·출입신청을 하여 통일부
의 반·출입승인을 받아야 하며 (6) 자동차 등 수송장비 운행을 위
해 철도·차량·선박 운항 승인을 받아야 한다.

■ 남북 교류협력에 관한 법률 시행규칙 [별지 제9호서식] 〈개정 2013. 6. 28〉

북한 주민 접촉 신고서

※ 바탕색이 어두운 난은 신청인이 적지 않습니다.   (앞쪽)

접수번호	접수일	처리기간 7일

① 접촉인 인적사항	성명 (한자 :)	주민등록번호
	주소·연락처 (전화번호 :)	
	소속 및 직위 (전화번호 :)	

② 접촉 대상자 인적사항	성명	나이	거주지	소속 및 직위	접촉인과의 관계

③ 접촉목적

④ 접촉경위(접촉알선 및 중개인 포함)

⑤ 접촉예정 일시 및 장소

⑥ 접촉방법

⑦ 접촉경험(최근 3년 이내)

「남북교류협력에 관한 법률」 제9조의2 제1항 및 같은 법 시행령 제16조 제1항에 따라 북한 주민과의 접촉을 신고합니다.

년   월   일

신고인   (서명 또는 인)

통일부장관   귀하

첨부서류	1. 북한 주민접촉 신고인 인적사항 2부 2. 그 밖에 통일부장관이 필요하다고 인정하는 서류 1부	수수료 없음

북한주민 접촉 결과보고서

① 접촉인 인적사항	성 명	(한자 :)		
	주민등록번호	(여권번호 :)		
	주소 · 연락처	(전화 :)		
	소속 및 직위	(전화 :)		

② 접촉 대상자 인적사항	성 명	나이	거 주 지	소속 및 직위	신고인과의 관계

③ 접 촉 목 적	
④ 접 촉 경 위 (접촉알선 및 중개인 포함)	
⑤ 접 촉 일 시 및 장 소	
⑥ 접 촉 방 법	

⑦ 접 촉 결 과 개 요 (활동 및 협의사항)

※ 세부내용은 별지에 작성함

⑧ 특 이 사 항

※ 세부내용은 별지에 작성함

「남북교류협력에 관한 법률」 제9조의2제4항 및 같은 법 시행령 제16조제5항에 따라 북한 주민접촉 결과보고서를 제출합니다.

년   월   일

보고인 :   (서명 또는 인)

통일부장관   귀하

북한 방문 승인신청서

※ 바탕색이 어두운 난은 신청인이 적지 않습니다. (앞쪽)

접수번호		접수일	처리기간 7일

① 방문자 인적 사항	성명 (한자 :)		주민등록번호
	주소 · 연락처 (전화번호 :)		
	소속 및 직위 (전화번호 :)		

② 방문 대상자 인적사항	성명	나이	거주지	소속 및 직위	방문자와의 관계

③ 방문목적

④ 방문경위(초청장, 방문알선 및 중개인포함)

⑤ 방문예정 지역 및 기간

⑥ 방문 및 귀환 예정경로

⑦ 방문계획 ※세부내용은 별지에 작성합니다.

⑧ 방문경험(최근 3년 이내)

「남북교류협력에 관한 법률」 제9조제1항 및 같은 법 시행령 제12조제1항에 따라 북한 방문승인을 신청합니다.

년 월 일

신청인 (서명 또는 인)

통일부장관 귀하

첨부서류	1. 방문승인 신청인 인적사항 1부 2. 북한 당국이나 단체 등의 초청의사를 확인할 수 있는 서류 1부 3. 방문증명서용 사진(발급신청일 전 3개월 이내에 촬영한 천연색 상반신 탈모사진으로서 가로 3.5센티미터·세로 4.5센티미터인 것을 말합니다) 1매 4. 그 밖에 통일부장관이 필요하다고 인정하는 서류 1부	수수료 없음

북한 방문 결과보고서

① 방문자 인적사항	성 명	(한 자 :)			
	주민등록번호	(여권번호 :)			
	주소 · 연락처	(전 화 :)			
	소속 및 직위	(전 화 :)			
② 방문 대상자 인적사항	성 명	나이	거 주 지	소속 및 직위	방문자와의 관계

③ 방 문 목 적	
④ 방 문 경 위 (초청장, 방문알선 및 중개인 포함)	
⑤ 방 문 지 역 및 기 간	
⑥ 방 문 경 로	

⑦ 방 북 결 과 개 요(활동 및 협의사항)
※ 세부내용은 별지에 작성함

⑧ 특 이 사 항
※ 세부내용은 별지에 작성함

「남북교류협력에 관한 법률」 제9조제4항 및 같은 법 시행령 제12조제6항에 따라 북한방문결과 보고서를 제출합니다.

년 월 일

보고인 : (서명 또는 인)

통일부장관 귀하

■ 남북 교류협력에 관한 법률 시행규칙 [별지 제29호서식] 〈개정 2013. 6. 28〉

협력사업 승인신청서

※ 바탕색이 어두운 난은 신청인이 적지 않습니다. (앞쪽)

접수번호		접수일	처리기간 20일

① 신청인	상호(법인명)		사업자등록번호
	주소		전화번호
	대표자 성명		주민등록번호
	주소		전화번호

② 상대자	상호(법인명)		소속
	주소		전화번호
	대표자 성명		생년월일

③ 사업 개요	사업명		
	사업목적		
	업종 및 취급품목		코드번호
	사업내용 및 규모		
	사업장소		
	사업기간		

「남북교류협력에 관한 법률」 제17조제1항 및 같은 법 시행령 제27조제1항에 따라 협력사업 승인을
신청합니다.

년 월 일

신청인 (서명 또는 인)

통일부장관 귀하

신청인 제출서류	1. 협력사업 승인 신청인 인적사항(신청인이 법인인 경우에는 정관 및 직전 회계연도의 　 대차대조표를 첨부합니다) 1부 2. 협력사업 계획서 1부 3. 북한측 상대자에 대한 소개서 및 협의서 각 1부 4. 북한측 상대자와 협력사업에 대하여 협의한 내용을 확인할 수 있는 서류 1부 5. 협력사업에 대한 북한 당국 또는 북한의 권한 있는 기관의 확인서 1부 6. 법 제17조제1항제4호의 요건을 증명하는 서류 1부 7. 협력사업의 북한 현지에서의 실현가능성 · 성공가능성 등에 대한 자체 조사 결과 1부 8. 북한 당국에 제출할 외국인 기업창설 신청서 1부 9. 그 밖에 통일부장관이 필요하다고 인정하는 서류 1부	수수료 없음
담당 공무원 확인사항	법인등기사항증명서(신청인이 법인인 경우에만 확인합니다)	

협력사업 신고서

※ 바탕색이 어두운 난은 신청인이 적지 않습니다.   (앞쪽)

접수번호		접수일	처리기간 20일

① 신청인	상호(법인명)		사업자등록번호	
	주소		전화번호	
	대표자 성명		주민등록번호	
	주소		전화번호	

② 상대자	상호(법인명)		소속	
	주소		전화번호	
	대표자 성명		생년월일	

③ 사업 개요	사업명			
	사업목적			
	업종 및 취급품목		코드번호	
	사업내용 및 규모			
	사업장소			
	사업기간			

「남북교류협력에 관한 법률」 제17조의2제1항 및 같은 법 시행령 제29조제2항에 따라 협력사업을 신고합니다.

년   월   일

신고인   (서명 또는 인)

통일부장관　　귀하

신고인 제출서류	1. 협력사업 신고인 인적사항(신고인이 법인인 경우에는 정관 및 직전 회계연도의 대차대조표를 첨부합니다) 1부 2. 매매계약서 또는 임대차계약서(협력사업을 하기 위하여 매매 또는 임차하는 경우만 첨부합니다) 1부 3. 협력사업계획서(협력사업의 업종이 「통계법」 제22조제2항에 따라 통계청장이 고시하는 한국표준산업분류에 따른 제조업인 경우만 첨부합니다) 1부 4. 그 밖에 통일부장관이 필요하다고 인정하는 서류 1부	수수료 없음
담당 공무원 확인사항	법인등기사항증명서(신청인이 법인인 경우에만 확인합니다)	

■ 남북 교류협력에 관한 법률 시행규칙 [별지 제14호서식] 〈개정 2013. 6. 28〉

반출 승인신청서

※ 바탕색이 어두운 난은 신청인이 적지 않습니다. (앞쪽)

접수번호		접수일		처리기간 7일

① 반출자	상호(성명)	
	주소	
	무역업 고유번호	전화번호

② 위탁자	상호(성명)	
	주소	
	사업자등록번호	전화번호

③ 반출목적	
④ 구매자	
⑤ 원산지	

⑥ 선적항		⑦ 도착항	

⑧ 거래형태	

⑨ 결제방법	[ ]신용장	[ ]추심어음	[ ]송금환	[ ]기타

⑩ 금액		⑪ 결제기간	

⑫ 가격조건	

⑬ HSK번호	⑭ 품명 및 규격	⑮ 단위 및 수량	⑯ 단가	⑰ 금액

⑱ 인유효기간	

「남북교류협력에 관한 법률」 제13조제1항 전단 및 같은 법 시행령 제25조제1항에 따라 물품 등의 반출 승인을 신청합니다.

년   월   일

신청인   (서명 또는 인)

통일부장관   귀하

첨부서류	뒤쪽 참조	수수료 없음

첨부서류	1. 반출 계획서 1부 2. 북한측 상대자와의 반출 계약을 증명하는 서류(중개인을 통한 계약인 경우 신청인과 중개인 간의 계약서 및 중개인과 북한측 상대자 간의 계약서를 포함합니다) 1부 3. 물품등의 취급 등에 관하여 관련 법령에 따라 발급받은 면허증, 허가증 또는 등록증 등의 사본 1부 4. 「대외무역법 시행령」 제21조제1항제1호에 따른 무역거래자별 고유번호를 확인할 수 있는 서류 1부 5. 그 밖에 통일부장관이 필요하다고 인정하는 서류 1부

작성방법

1. ⑬란은 「관세법」 제84조 및 같은 법 시행령 제98조에 따라 기획재정부장관이 고시하는 관세·통계통합품목분류표에 따른 품목번호를 적습니다.

2. ⑨란에는 해당하는 [ ] 안에 'V' 표시를 합니다.

처리절차

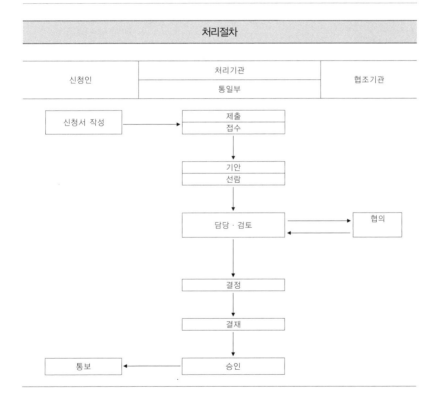

신청인	처리기관	협조기관
	통일부	

```
신청서 작성  →  제출
                접수
                 ↓
                기안
                선람
                 ↓
              담당 · 검토  ⇄  협의
                 ↓
                결정
                 ↓
                결재
                 ↓
    통보  ←  승인
```

■ 남북교류협력에 관한 법률 시행규칙 [별지 제17호서식] 〈개정 2015. 9. 7.〉

반출 계획서

구 분	내 역				비 고
물품 생산자 (원산지)					
반출품 사용처					
반출 예정일					
북한 주민접촉 신고 수리 내역	성 명		신고수리일시		* 북한 주민접촉 신고 수리자는 수리 내역 기재
	유효기간		신고수리번호		
	목 적				
연 락 처 (담당자)	성 명		전 화		
	FAX		이동전화		
	E—mail				
그 밖의 참고사항					

반출 결과 보고서

① 반출자 관련 사항	상호		무역업고유번호	
	주소		전화번호	
	대표자성명		주민등록번호	

반출품 상세내역

② 반출품	품명	상표	수량	사양 및 규격	제조사

거래정보

③ 북한내 사용회사	사용회사 소재지	사용회사 소속

④ 반출품 사용처 ※세부내용은 별지에 작성함.	⑤ 북한교역당사자

⑥ 중개상명	소재지

⑦ 수송경로	적재항	경유항	도착항	도착지(북한내)

⑧ 대금결제 현황	□ 현금	□ 물물교환	□ 송금환	□ 기타
	수령액 $	품명	수량	단가	발송인 (수령액 $)

특이사항

※세부내용은 별지에 작성함.

「남북교류협력에 관한 법률」 제15조제3항 및 같은 법 시행령 제26조제4항에 따라 물품등의 반출에 관한 사항을 보고합니다.

년   월   일

보고인 :   (서명 또는 인)

통일부장관   귀하

※ 첨부서류: 반출 결과보고와 관련하여 통일부장관이 필요하다고 인정하는 서류

수송장비운행 승인 신청서

※ 바탕색이 어두운 난은 신청인이 적지 않습니다.
※ ④란 및 ⑦란에는 해당되는 [ ]에 √표시를 합니다.

(앞쪽)

접수번호		접수일		처리기간 7일

① 신청인	상호(법인명)		사업자등록번호	
	주소		전화번호	
	대표자 성명		주민등록번호	
	주소		전화번호	

② 수송장비	종류 및 명칭	기종 (선박 종류, 차의 종류, 비행기 종류)	선박선적 및 총 톤수	승무원(승차) 정원	최대 적재량 (여객수)

③ 운항목적	
④ 운항용도	[ ]자가용 [ ]사업(화물운송) [ ]사업(여객운송) [ ]기타( )
⑤ 운항기간	
⑥ 운항노선	
⑦ 운항구분	[ ]정기 (월 회) [ ]부정기(회)

「남북교류협력에 관한 법률」 제20조제1항 및 같은 법 시행령 제33조제1항에 따라 수송장비 운행의 승인을 신청합니다.

년   월   일

신청인   (서명 또는 인)

통일부장관 귀하

첨부서류	뒤쪽 참조	수수료 없음

신청인 제출서류	1. 수송장비 운행계획서 1부 2. 관련 법령에 따라 발급받은 수송장비 운행 관련 면허증, 허가증 또는 등록증 사본 1부 3. 수송장비의 승무원 명부 1부 4. 북한에서 수송장비의 운행이 가능함을 증명하는 북한 당국 또는 북한의 권한 있는 기관의 　확인서 1부 5. 「자동차관리법」 제27조에 따라 발급받은 임시운행허가증 1부 6. 「자동차손해배상 보장법」 제9조에 따라 발급받은 의무보험 가입증명서 1부 7. 그 밖에 통일부장관이 필요하다고 인정하는 서류 1부 ※ 담당공무원은 수송장비의 종류 등을 고려하여 위 서류 중 일부를 제출하지 아니하게 할 수 　있습니다.	수수료 없음
담당 공무원 확인사항	1. 선박국적증서(「선박법」 제8조에 따른 선박국적증서를 말하며, 수송장비가 선박인 경우에만 　확인합니다) 2. 자동차등록증(「자동차관리법」 제8조에 따른 자동차등록증을 말하며, 수송장비가 자동차인 　경우만 확인합니다)	

행정정보 공동이용 동의서

　본인은 이 건 업무처리와 관련하여 담당 공무원이 「전자정부법」제36조에 따른 행정정보의 공동이용을 통하여 위의 담당 공무원 확인 사항을 확인하는 것에 동의합니다. 　* 신청인이 동의하지 아니하는 경우에는 직접 관련 서류를 제출하여야 합니다.

신청인　　　　　　　　　　　　　　　　　(서명 또는 인)

처리절차

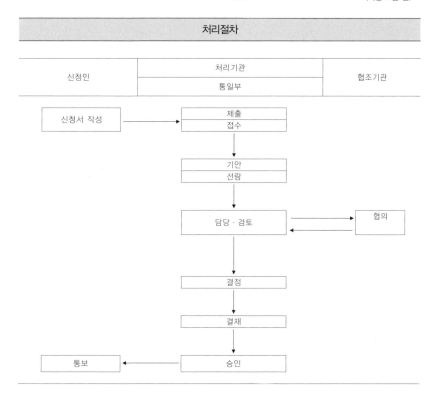

신청인	처리기관	협조기관
	통일부	

신청서 작성 → 제출 / 접수

↓

기안 / 선람

↓

담당 · 검토 → 협의

↓

결정

↓

결재

↓

통보 ← 승인

수송장비운행 결과 보고서

승인번호	상호(법인명)	수송장비 종류 및 명칭	운행기간	운행노선	적재량 (여객수)

「남북교류협력에 관한 법률」 제20조제2항 및 같은 법 시행령 제33조제5항에 따라 수송장비 운행 결과보고서를 제출합니다.

년   월   일

보고인 :   (서명 또는 인)

통일부장관   귀하

북한 투자 관련 한국의 주요 법령

한국 기업이나 개인이 북한에 투자를 하기 위해서는 한국의 투자관련 법령이 요구하는 절차를 따라야 한다. 한국 기업의 대북투자에 관한 기본 법령으로는 남북관계 발전에 관한 법률, 남북교류협력에 관한 법률, 남북협력기금법, 개성공업지구 지원에 관한 법률 등이 있고 위 법률에 정한 절차와 방법을 준수해야 한다.

한국기업이 대북경협사업을 하기 위해서는 남북교류협력법에서 정한 북한 방문 승인, 방문증명서 발급, 물품 등의 반출·반입의 승인, 협력사업 승인, 사업시행보고, 수송장비의 운행 승인 등의 절차를 남북교류협력시스템(http://www.tongtong.go.kr)을 통해 거쳐야 한다. 이외에 물품 등을 북한으로 반출하기 위해서 통관 절차도 밟아야 한다.

남북관계발전에 관한 법률
(약칭: 남북관계발전법)

[시행 2018. 9. 14.] [법률 제15431호, 2018. 3. 13. 일부 개정]

제1장 총칙

제1조(목적) 이 법은 「대한민국헌법」이 정한 평화적 통일을 구현하기 위하여 남한과 북한의 기본적인 관계와 남북관계의 발전에 관하여 필요한 사항을 규정함을 목적으로 한다.

제2조(기본원칙) ① 남북관계의 발전은 자주·평화·민주의 원칙에 입각하여 남북공동번영과 한반도의 평화통일을 추구하는 방향으로 추진되어야 한다.

② 남북관계의 발전은 국민적 합의를 바탕으로 투명과 신뢰의 원칙에 따라 추진되어야 하며, 남북관계는 정치적·파당적 목적을 위한 방편으로 이용되어서는 아니된다.

제3조(남한과 북한의 관계) ① 남한과 북한의 관계는 국가간의 관계가 아닌 통일을 지향하는 과정에서 잠정적으로 형성되는 특수관계이다.

② 남한과 북한간의 거래는 국가간의 거래가 아닌 민족내부의 거래로 본다.

제4조(정의) 이 법에서 사용하는 용어의 정의는 다음과 같다.

1. "남북회담대표"라 함은 특정한 목적을 위하여 정부를 대표하여 북한과의 교섭 또는 회담에 참석하거나 남북합의서에 서명 또는 가서명하는 권한을 가진 자를 말한다.

2. "대북특별사절"이라 함은 북한에서 행하여지는 주요 의식에 참석하거나 특정한 목적을 위하여 정부의 입장과 인식을 북한에 전하거나 이러한 행위와 관련하여 남북합의서에 서명 또는 가서명하는 권한을 가진 자를 말한다.

3. "남북합의서"라 함은 정부와 북한 당국간에 문서의 형식으로 체결된 모든 합의를 말한다.

제5조(다른 법률과의 관계) 이 법 중 남북회담대표, 대북특별사절 및 파견공무원에 관한 규정은 다른 법률에 우선하여 적용한다.

제2장 남북관계 발전과 정부의 책무

제6조(한반도 평화증진) ① 정부는 남북화해와 한반도의 평화를 증진시키기 위하여 노력한다.

② 정부는 한반도 긴장완화와 남한과 북한간 정치 · 군사적 신뢰구축을 위한 시책을 수립 · 시행한다.

제7조(남북경제공동체 구현) ① 정부는 민족경제의 균형적 발전을 통하여 남북경제공동체를 건설하도록 노력한다.

② 정부는 남북경제협력을 활성화하고 이를 위한 제도적 기반을 구축하는 등 남한과 북한 공동의 경제적 이익을 증진시키기 위한 시책을 수립 · 시행한다.

제8조(민족동질성 회복) ① 정부는 사회문화분야의 교류협력을 활성화함으로써 민족동질성을 회복하도록 노력한다.

② 정부는 지방자치단체 및 민간단체 등의 교류협력을 확대 · 발전시

켜 남한과 북한간 상호이해를 도모하고 민족의 전통문화 창달을 위한 시책을 수립·시행한다.

제9조(인도적문제 해결) ① 정부는 한반도 분단으로 인한 인도적 문제해결과 인권개선을 위하여 노력한다.

② 정부는 이산가족의 생사·주소확인, 서신교환 및 상봉을 활성화하고 장기적으로 자유로운 왕래와 접촉이 가능하도록 시책을 수립·시행한다.

제10조(북한에 대한 지원) ① 정부는 인도주의와 동포애 차원에서 필요한 경우 북한에 대한 지원을 할 수 있다.

② 정부는 북한에 대한 지원이 효율적이고 체계적이며 투명하게 이루어질 수 있도록 종합적인 시책을 수립·시행한다

제11조(국제사회에서의 협력증진) 정부는 국제기구나 국제회의 등을 통하여 국제사회에서 남북공동의 이익을 증진시킬 수 있도록 노력한다.

제12조(재정상의 책무) 정부는 이 법에 규정된 정부의 책무를 이행하기 위하여 필요한 재원을 안정적으로 확보하기 위하여 노력한다.

제12조의2(남북관계 발전에 관한 홍보 등) ① 정부는 남북관계 발전의 필요성에 관한 국민의 관심 확대를 위하여 다양한 홍보 방안을 마련하여 시행한다.

② 정부는 남북관계 발전에 대한 국민의 이해와 참여를 증진하기 위하여 남북관계 발전에 대한 국민참여 사업을 개발·시행한다.

③ 정부는 남북 간의 교류 및 관계 발전에 관한 실적을 관계 법령에서 정하는 바에 따라 다양한 방법으로 공개하여야 한다.

제13조(남북관계발전기본계획의 수립) ① 정부는 남북관계발전에관한기본계획(이하 "기본계획"이라 한다)을 5년마다 수립하여야 한다.

② 기본계획은 통일부장관이 남북관계발전위원회의 심의 및 국무회의의 심의를 거쳐 이를 확정한다. 다만, 예산이 수반되는 기본계획은

국회의 동의를 얻어야 한다.

③ 기본계획에는 다음 각 호의 사항이 포함되어야 한다.

1. 남북관계 발전의 기본방향

2. 한반도 평화증진에 관한 사항

3. 남한과 북한간 교류 · 협력에 관한 사항

4. 그 밖에 남북관계발전에 필요한 사항

④ 통일부장관은 관계중앙행정기관의 장과 협의를 거쳐 기본계획에 따른 연도별 시행계획을 수립하여야 한다.

⑤ 통일부장관은 기본계획 및 연도별 시행계획(이하 이항에서 "기본계획 등"이라 한다)을 수립하거나 대통령령으로 정하는 기본계획등의 주요 사항을 변경하는 경우 이를 다음 각 호의 구분에 따른 시기까지 국회에 보고하여야 한다. 〈개정 2018. 3. 13.〉

1. 기본계획등의 수립: 정기국회 개회 전까지

2. 기본계획등의 주요 사항 변경: 변경 후 30일 이내

제14조(남북관계발전위원회) ① 기본계획, 그 밖에 남북관계 발전을 위한 중요사항을 심의하기 위하여 통일부에 남북관계발전위원회(이하 "위원회"라 한다)를 둔다.

② 위원회는 위원장 1인을 포함하여 25인 이내의 위원으로 구성하며, 제3항제2호의 위원의 임기는 2년으로 한다.

③ 위원장은 통일부장관이 되고, 위원은 다음 각 호의 자가 된다. 다만, 제2호의 위원 중 7인은 국회의장이 추천하는 자로 한다.

1. 대통령령이 정하는 관계중앙행정기관의 차관급 공무원

2. 남북관계에 대한 전문지식 및 경험이 풍부한 자 중에서 위원장이 위촉하는 자

④ 위원회에 간사 1인을 두되, 간사는 통일부 소속 공무원 중에서 위원장이 지명하는 자가 된다.

⑤ 위원회의 구성·운영 등에 관하여 필요한 사항은 대통령령으로 정한다.

제3장 남북회담대표 등

제15조(남북회담대표의 임명 등) ① 북한과 중요사항에 관하여 교섭 또는 회담에 참석하거나 중요한 남북합의서에 서명 또는 가서명하는 남북회담대표의 경우에는 통일부장관이 관계기관의 장과 협의한 후 제청하고 국무총리를 거쳐 대통령이 임명한다.

② 통일부장관은 북한과의 교섭 또는 회담 참석, 남북합의서의 서명 또는 가서명에 있어 남북회담대표가 된다.

③ 제1항 및 제2항의 경우를 제외한 남북회담대표는 통일부장관이 임명한다.

④ 대북특별사절은 대통령이 임명한다.

⑤ 2인 이상의 남북회담대표 또는 대북특별사절을 임명할 경우에는 서열을 정하고 수석남북회담대표 또는 수석대북특별사절을 지정하여야 한다.

⑥ 그 밖에 남북회담대표 및 대북특별사절의 임명 등에 관하여 필요한 사항은 대통령령으로 정한다.

제16조(공무원의 파견) ① 정부는 남북관계의 발전을 위하여 필요한 경우 공무원을 일정기간 북한에 파견하여 근무하도록 할 수 있다.

② 공무원의 파견과 근무 등에 관하여 필요한 사항은 대통령령으로 정한다.

제17조(정부를 대표하는 행위금지) 이 법에 의하지 아니하고는 누구든지 정부를 대표하여 다음 각 호의 어느 하나에 해당하는 행위를 할 수 없다.

1. 북한과 교섭 또는 회담하는 행위

2. 북한의 주요 의식에 참석하는 행위

3. 북한에 정부의 입장과 인식을 전달하는 행위

4. 남북합의서에 서명 또는 가서명 하는 행위

제18조(지휘·감독 등) ① 통일부장관은 남북회담대표 및 파견공무원의 임무수행, 남북회담 운영에 관하여 필요한 지휘·감독을 한다.

② 남북회담대표 및 파견공무원의 임무수행, 남북회담 운영 등 그 밖에 필요한 사항은 대통령령으로 정한다.

제19조(공무원이 아닌 남북회담대표 등에 대한 예우) 정부는 공무원이 아닌 자를 남북회담대표 또는 대북특별사절로 임명한 때에는 대통령령에 의하여 예우를 하고 수당을 지급할 수 있다.

제20조(벌칙 적용에 있어서의 공무원 의제) 공무원이 아닌 자가 남북회담대표 또는 대북특별사절로 임명되어 이 법에 의한 직무를 수행하는 때에는 「형법」 제127조 및 제129조 내지 제132조의 적용에 있어서는 이를 공무원으로 본다.

제4장 남북합의서 체결

제21조(남북합의서의 체결·비준) ① 대통령은 남북합의서를 체결·비준하며, 통일부장관은 이와 관련된 대통령의 업무를 보좌한다.

② 대통령은 남북합의서를 비준하기에 앞서 국무회의의 심의를 거쳐야 한다.

③ 국회는 국가나 국민에게 중대한 재정적 부담을 지우는 남북합의서 또는 입법사항에 관한 남북합의서의 체결·비준에 대한 동의권을 가진다.

④ 대통령이 이미 체결·비준한 남북합의서의 이행에 관하여 단순한

기술적·절차적 사항만을 정하는 남북합의서는 남북회담대표 또는 대북특별사절의 서명만으로 발효시킬 수 있다.

제22조(남북합의서의 공포) 제21조의 규정에 의하여 국회의 동의 또는 국무회의의 심의를 거친 남북합의서는 「법령 등 공포에 관한 법률」의 규정에 따라 대통령이 공포한다.

제23조(남북합의서의 효력범위 등) ① 남북합의서는 남한과 북한사이에 한하여 적용한다.

② 대통령은 남북관계에 중대한 변화가 발생하거나 국가안전보장, 질서유지 또는 공공복리를 위하여 필요하다고 판단될 경우에는 기간을 정하여 남북합의서의 효력의 전부 또는 일부를 정지시킬 수 있다.

③ 대통령은 국회의 체결·비준 동의를 얻은 남북합의서에 대하여 제2항의 규정에 따라 그 효력을 정지시키고자 하는 때에는 국회의 동의를 얻어야 한다.

부칙 〈법률 제15431호, 2018. 3. 13. 〉
이 법은 공포 후 6개월이 경과한 날부터 시행한다.

남북교류협력에 관한 법률
(약칭: 남북교류협력법)

[시행 2014. 6. 12.] [법률 제12396호, 2014. 3. 11. 일부 개정]

제1조(목적) 이 법은 군사분계선 이남지역과 그 이북지역 간의 상호 교류와 협력을 촉진하기 위하여 필요한 사항을 규정함으로써 한반도의 평화와 통일에 이바지하는 것을 목적으로 한다.

제2조(정의) 이 법에서 사용하는 용어의 뜻은 다음과 같다.

1. "출입장소"란 군사분계선 이북지역(이하 "북한"이라 한다)으로 가거나 북한으로부터 들어올 수 있는 군사분계선 이남지역(이하 "남한"이라 한다)의 항구, 비행장, 그 밖의 장소로서 대통령령으로 정하는 곳을 말한다.

2. "교역"이란 남한과 북한 간의 물품, 대통령령으로 정하는 용역 및 전자적 형태의 무체물(이하 "물품등"이라 한다)의 반출·반입을 말한다.

3. "반출·반입"이란 매매, 교환, 임대차, 사용대차, 증여, 사용 등을 목적으로 하는 남한과 북한 간의 물품등의 이동(단순히 제3국을 거치는 물품등의 이동을 포함한다. 이하 같다)을 말한다.

4. "협력사업"이란 남한과 북한의 주민(법인·단체를 포함한다)이 공동으로 하는 문화, 관광, 보건의료, 체육, 학술, 경제 등에 관한 모든 활동을 말한다.

제3조(다른 법률과의 관계) 남한과 북한의 왕래·접촉·교역·협력사업 및 통신

역무(役務)의 제공 등 남한과 북한 간의 상호 교류와 협력(이하 "남북교류·협력"이라 한다)을 목적으로 하는 행위에 관하여는 이 법률의 목적 범위에서 다른 법률에 우선하여 이 법을 적용한다.

제4조(남북교류협력 추진협의회의 설치) 남북교류·협력에 관한 정책을 협의·조정하고, 중요 사항을 심의·의결하기 위하여 통일부에 남북교류협력 추진협의회(이하 "협의회"라 한다)를 둔다.

제5조(협의회의 구성) ① 협의회는 위원장 1명을 포함한 18명 이내의 위원으로 구성한다.

② 위원장은 통일부장관이 되며, 협의회의 업무를 총괄한다.

③ 위원은 다음 각 호의 어느 하나에 해당하는 사람 중에서 국무총리가 임명하거나 위촉한다. 이 경우 위원 중 3명 이상은 제2호에 해당하는 사람으로 한다.

1. 차관 또는 차관급 공무원

2. 남북교류·협력에 관한 전문지식과 경험을 갖춘 민간전문가

④ 위원장이 부득이한 사유로 직무를 수행할 수 없을 때에는 위원장이 미리 지정한 위원이 직무를 대행한다.

⑤ 제3항제1호에 해당하는 위원이 회의에 출석하지 못할 부득이한 사유가 있을 때에는 대통령령으로 정하는 바에 따라 그가 소속된 기관의 다른 공무원으로 하여금 회의에 대리출석하여 그의 권한을 대행하게 할 수 있다.

⑥ 협의회에는 위원장이 지명하는 간사 1명을 둔다.

제6조(협의회의 기능) 협의회는 다음 각 호의 사항을 심의·의결한다.

1. 남북교류·협력에 관한 정책의 협의·조정 및 기본원칙의 수립

2. 남북교류·협력에 관한 승인이나 그 취소 등에 관한 중요 사항의 협의·조정

3. 제14조에 따른 반출·반입 승인대상 물품등의 공고에 관한 사항

4. 협력사업에 대한 총괄·조정

5. 남북교류·협력 촉진을 위한 지원

6. 관계 부처 간의 협조가 필요한 남북교류·협력과 관련된 중요 사항

7. 그 밖에 위원장이 회의에 부치는 사항[전문개정 2009. 1. 30.]

제7조(협의회의 회의와 운영) ① 협의회의 회의는 위원장이 소집한다.

② 협의회의 회의는 재적위원 과반수의 출석과 출석위원 과반수의 찬성으로 의결한다.

③ 그 밖에 협의회의 운영에 필요한 사항은 대통령령으로 정한다.

제8조(실무위원회) ① 협의회에는 협의회에 상정할 의안(議案)을 준비하고, 협의회의 위임을 받은 사무를 처리할 실무위원회를 둔다.

② 실무위원회의 구성과 운영 등에 필요한 사항은 대통령령으로 정한다.

제9조(남북한 방문) ① 남한의 주민이 북한을 방문하거나 북한의 주민이 남한을 방문하려면 대통령령으로 정하는 바에 따라 통일부장관의 방문승인을 받아야 하며, 통일부장관이 발급한 증명서(이하 "방문증명서"라 한다)를 소지하여야 한다.

② 방문증명서는 유효기간을 정하여 북한방문증명서와 남한방문증명서로 나누어 발급하며, 다음 각 호와 같이 구분한다.

1. 한 차례만 사용할 수 있는 방문증명서

2. 유효기간이 끝날 때까지 여러 차례 사용할 수 있는 방문증명서(이하 "복수방문증명서"라 한다)

③ 복수방문증명서의 유효기간은 5년 이내로 하며, 5년의 범위에서 연장할 수 있다.

④ 통일부장관은 방문승인을 하는 경우 대통령령으로 정하는 범위에서 북한 또는 남한에 머무를 수 있는 방문기간(이하 "방문기간"이라 한다)을 부여하여야 하고, 남북교류·협력의 원활한 추진을 위하여 대통령령으로 정하는 바에 따라 북한방문결과보고서 제출 등 조건을 붙일

수 있다.

⑤ 방문승인을 받은 사람은 방문기간 내에 한 차례에 한하여 북한 또는 남한을 방문할 수 있다.

⑥ 복수방문증명서를 발급받은 사람 중 외국을 거치지 아니하고 북한 또는 남한을 직접 방문하는 사람 등 대통령령으로 정하는 사람은 제5항에도 불구하고 방문기간 내에 횟수에 제한없이 북한 또는 남한을 방문할 수 있다. 다만, 방문기간 내에라도 방문 목적이나 경로를 달리하여 방문할 경우에는 통일부장관의 방문승인을 별도로 받아야 한다.

⑦ 통일부장관은 제1항 및 제6항 단서에 따라 방문승인을 받은 사람이 다음 각 호의 어느 하나에 해당하는 경우에는 그 승인을 취소할 수 있다. 다만 제1호의 경우에는 그 승인을 취소하여야 한다.

1. 거짓이나 그 밖의 부정한 방법으로 방문승인을 받은 경우

2. 제4항에 따른 조건을 위반한 경우

3. 남북교류·협력을 해칠 명백한 우려가 있는 경우

4. 국가안전보장, 질서유지 또는 공공복리를 해칠 명백한 우려가 있는 경우

⑧ 다음 각 호의 어느 하나에 해당하는 사람(이하 "재외국민"이라 한다)이 외국에서 북한을 왕래할 때에는 통일부장관이나 재외공관(在外公館)의 장에게 신고하여야 한다. 다만, 외국을 거치지 아니하고 남한과 북한을 직접 왕래할 때에는 제1항에 따라 발급된 방문증명서를 소지하여야 한다.

1. 외국정부로부터 영주권을 취득하였거나 이에 준하는 장기체류허가를 받은 사람

2. 외국에 소재하는 외국법인 등에 취업하여 업무수행의 목적으로 북한을 방문하는 사람

⑨ 제8항에 따른 신고절차 등에 관하여 필요한 사항은 대통령령으로

정한다.

제9조의2(남북한 주민 접촉) ① 남한의 주민이 북한의 주민과 회합·통신, 그
밖의 방법으로 접촉하려면 통일부장관에게 미리 신고하여야 한다. 다
만, 대통령령으로 정하는 부득이한 사유에 해당하는 경우에는 접촉한
후에 신고할 수 있다.

② 방문증명서를 발급받은 사람이 그 방문 목적의 범위에서 당연히
인정되는 접촉을 하는 경우 등 대통령령으로 정하는 경우에 해당하면
제1항의 접촉신고를 한 것으로 본다.

③ 통일부장관은 제1항 본문에 따라 접촉에 관한 신고를 받은 때에는
남북교류·협력을 해칠 명백한 우려가 있거나 국가안전보장, 질서유지
또는 공공복리를 해칠 명백한 우려가 있는 경우에만 신고의 수리(受
理)를 거부할 수 있다.

④ 제1항 본문에 따른 접촉신고를 받은 통일부장관은 남북교류·협
력의 원활한 추진을 위하여 대통령령으로 정하는 바에 따라 북한 주
민접촉결과보고서 제출 등 조건을 붙이거나, 3년 이내의 유효기간을
정하여 수리할 수 있다. 다만, 대통령령으로 정하는 가족인 북한 주
민과의 접촉을 목적으로 하는 경우에는 5년 이내의 유효기간을 정할
수 있다.

⑤ 통일부장관은 필요하다고 인정할 경우 제4항에 따른 유효기간을 3
년의 범위에서 연장할 수 있다.

⑥ 제1항에 따른 신고의 절차 등에 관하여 필요한 사항은 대통령령으
로 정한다.

제10조(외국 거주 동포의 출입 보장) 외국 국적을 보유하지 아니하고 대한민국
의 여권(旅券)을 소지하지 아니한 외국 거주 동포가 남한을 왕래하려
면「여권법」제14조제1항에 따른 여행증명서를 소지하여야 한다.

제11조(남북한 방문에 대한 심사) 북한을 직접 방문하는 남한주민과 남한을 직

접 방문하는 북한 주민은 출입장소에서 대통령령으로 정하는 바에 따라 심사를 받아야 한다.

제12조(남북한 거래의 원칙) 남한과 북한 간의 거래는 국가 간의 거래가 아닌 민족내부의 거래로 본다.

제13조(반출·반입의 승인) ① 물품등을 반출하거나 반입하려는 자는 대통령령으로 정하는 바에 따라 그 물품등의 품목, 거래형태 및 대금결제 방법 등에 관하여 통일부장관의 승인을 받아야 한다. 승인을 받은 사항 중 대통령령으로 정하는 주요 내용을 변경할 때에도 또한 같다.

② 통일부장관은 제1항의 승인 또는 변경승인을 할 때에는 중요하다고 인정되는 사항은 미리 관계 행정기관의 장과 협의하여야 한다.

③ 통일부장관은 제1항에 따라 반출이나 반입을 승인하는 경우 남북교류·협력의 원활한 추진을 위하여 대통령령으로 정하는 바에 따라 반출·반입의 목적 등 조건을 붙이거나, 승인의 유효기간을 정할 수 있다.

④ 통일부장관은 제1항에 따라 반출이나 반입을 승인할 때에는 물품등의 품목, 거래형태 및 대금결제 방법 등에 관하여 일정한 범위를 정하여 포괄적으로 승인할 수 있다.

⑤ 통일부장관은 제1항에 따라 물품등의 반출이나 반입을 승인받은 자(이하 "교역당사자"라 한다)가 다음 각 호의 어느 하나에 해당하는 경우에는 그 승인을 취소할 수 있다. 다만, 제1호의 경우에는 그 승인을 취소하여야 한다.

1. 거짓이나 그 밖의 부정한 방법으로 반출이나 반입을 승인받은 경우
2. 제3항에 따른 조건을 위반한 경우
3. 제14조에 따라 공고된 사항을 위반한 경우
4. 제15조제1항에 따른 조정명령을 따르지 아니한 경우
5. 제15조제3항에 따른 보고를 하지 아니하거나 거짓으로 보고한 경우
6. 남북교류 · 협력을 해칠 명백한 우려가 있는 경우

7. 국가안전보장, 질서유지 또는 공공복리를 해칠 명백한 우려가 있는 경우

제14조(반출·반입 승인대상 물품등의 공고) 통일부장관은 물품등의 반출이나 반입에 관하여 협의회의 의결을 거쳐 다음 각 호의 사항을 미리 공고하여야 한다. 공고한 사항을 변경할 때에도 또한 같다.

1. 반출이나 반입에 관한 승인이 필요한 물품등 또는 금지 물품등의 구분

2. 반출이나 반입에 관한 승인이 필요한 물품등에 관한 제한 내용 및 승인 절차

제15조(교역에 관한 조정명령 등) ① 통일부장관은 다음 각 호의 어느 하나에 해당하는 경우에는 교역당사자에게 반출하거나 반입하는 물품등의 가격·수량·품질, 그 밖의 거래조건 등에 관하여 필요한 조정(調整)을 명할 수 있다. 다만, 중요하다고 인정되는 사항은 미리 관계 행정기관의 장과 협의하여야 한다.

1. 조약이나 일반적으로 승인된 국제법규 또는 「남북관계 발전에 관한 법률」에 따라 체결·발효된 남북합의서의 이행을 위하여 필요한 경우

2. 국제 평화 및 안전유지를 위한 국제적 합의에 이바지할 필요가 있는 경우

3. 이 법 또는 관련 법령을 위반한 경우

4. 반출 또는 반입 시 공정한 경쟁을 해칠 우려가 있는 경우

5. 신용을 손상하는 행위를 방지하기 위하여 필요한 경우

② 통일부장관은 제1항에 따라 조정을 명하는 경우에는 그 목적달성에 필요한 정도를 넘지 아니하도록 하여야 한다.

③ 통일부장관은 교역당사자에게 물품등의 반출·반입 실적 등 대통령령으로 정하는 교역에 관한 사항을 보고하게 할 수 있다.

④ 제1항에 따른 조정명령의 절차와 제3항에 따른 보고의 절차 등에

관하여 필요한 사항은 대통령령으로 정한다.

제16조 삭제 〈2009. 1. 30.〉

제17조(협력사업의 승인 등) ① 협력사업을 하려는 자는 협력사업마다 다음 각 호의 요건을 모두 갖추어 통일부장관의 승인을 받아야 한다. 승인을 받은 협력사업의 내용을 변경할 때에도 또한 같다.

1. 협력사업의 내용이 실현 가능하고 구체적일 것

2. 협력사업으로 인하여 남한과 북한 간에 분쟁을 일으킬 사유가 없을 것

3. 이미 시행되고 있는 협력사업과 심각한 경쟁을 하게 될 가능성이 없을 것

4. 협력사업을 하려는 분야의 사업실적이 있거나 협력사업을 추진할 만한 자본·기술·경험 등을 갖추고 있을 것

5. 국가안전보장, 질서유지 또는 공공복리를 해칠 명백한 우려가 없을 것

② 통일부장관은 제1항의 협력사업의 승인을 하려면 미리 관계 행정기관의 장과 협의하여야 하며, 변경승인을 하려면 중요하다고 인정되는 경우에 한하여 미리 관계 행정기관의 장과 협의하여야 한다.

③ 통일부장관은 제1항에 따라 협력사업의 승인을 하는 경우 남북교류·협력의 원활한 추진을 위하여 대통령령으로 정하는 바에 따라 사업범위 등 조건을 붙이거나 승인의 유효기간을 정할 수 있다.

④ 통일부장관은 제1항에 따라 협력사업의 승인을 받은 자가 다음 각 호의 어느 하나에 해당하면 관계 행정기관의 장과 협의하여 6개월 이내의 기간을 정하여 협력사업의 정지를 명하거나 그 승인을 취소할 수 있다. 다만, 제1호 및 제5호의 경우에는 그 승인을 취소하여야 한다.

1. 거짓이나 그 밖의 부정한 방법으로 협력사업의 승인을 받은 경우

2. 제1항 각 호의 요건을 갖추지 못하게 된 경우

3. 제1항 각 호 외의 부분 후단에 따른 변경승인을 받지 아니하고 협력사업의 내용을 변경한 경우

4. 제3항에 따른 조건을 위반한 경우

5. 협력사업 정지기간 중에 협력사업을 한 경우

6. 제18조제1항에 따른 조정명령을 따르지 아니한 경우

7. 제18조제3항에 따른 보고를 하지 아니하거나 거짓으로 보고한 경우

8. 제25조의4제1항에 따른 조사를 정당한 사유 없이 거부·기피하거나 방해한 경우

9. 협력사업의 승인을 받고 최근 3년간 계속하여 협력사업의 실적이 없는 경우

10. 협력사업의 시행 중 남북교류·협력을 해칠 명백한 우려가 있는 행위를 한 경우

11. 국가안전보장, 질서유지 또는 공공복리를 해칠 명백한 우려가 있는 경우

⑤ 통일부장관은 제4항에 따라 협력사업의 정지를 명하거나 승인을 취소하려면 청문을 실시하여야 한다.

⑥ 제1항부터 제4항까지의 규정에 따른 승인, 협력사업 정지, 승인취소의 절차 등에 관하여 필요한 사항은 대통령령으로 정한다.

제17조의2(협력사업의 신고) ① 소액투자 등 대통령령으로 정하는 협력사업을 하려는 자는 제17조제1항에도 불구하고 같은 항 제2호와 제5호의 요건을 갖추어 대통령령으로 정하는 바에 따라 통일부장관에게 신고하고 협력사업을 할 수 있다. 신고한 협력사업의 내용을 변경할 때에도 또한 같다.

② 제1항에 따른 신고를 받은 통일부장관은 남북교류·협력의 원활한 추진을 위하여 대통령령으로 정하는 바에 따라 사업범위 등 조건을 붙이거나 유효기간을 정하여 수리할 수 있다.

제18조(협력사업에 관한 조정명령 등) ① 통일부장관은 다음 각 호의 어느 하나에 해당하는 경우에는 협력사업을 하는 자에게 협력사업의 내용·

조건 또는 승인의 유효기간 등에 관하여 필요한 조정을 명할 수 있다. 다만, 중요하다고 인정되는 사항은 미리 관계 행정기관의 장과 협의하여야 한다.

1. 조약이나 일반적으로 승인된 국제법규 또는 「남북관계 발전에 관한 법률」에 따라 체결·발효된 남북합의서의 이행을 위하여 필요한 경우
2. 국제평화 및 안전유지를 위한 국제적 합의에 이바지할 필요가 있는 경우
3. 이 법 또는 관련 법령을 위반한 경우
4. 협력사업의 공정한 경쟁을 해칠 우려가 있는 경우
5. 신용을 손상하는 행위를 방지하기 위하여 필요한 경우

② 통일부장관은 제1항에 따라 조정을 명하는 경우에는 그 목적 달성에 필요한 정도를 넘지 아니하도록 하여야 한다.

③ 통일부장관은 협력사업을 하는 자에게 북한측 상대자와의 사업 약정 또는 계약의 체결 등 대통령령으로 정하는 협력사업의 시행 내용을 보고하게 할 수 있다.

④ 제1항에 따른 조정명령의 절차와 제3항에 따른 보고의 절차 등에 관하여 필요한 사항은 대통령령으로 정한다.

제19조(결제 업무의 취급기관) ① 통일부장관은 남북교류·협력에 필요하다고 인정할 때에는 기획재정부장관과 협의하여 결제 업무를 취급할 기관을 지정할 수 있다.

② 제1항에 따른 결제 업무 취급기관이 하는 결제의 범위·방법 및 절차 등에 관하여 필요한 사항은 대통령령으로 정한다.

제20조(수송장비의 운행) ① 남한과 북한 간에 선박·항공기·철도차량 또는 자동차 등(이하 "수송장비"라 한다)을 운행하려는 자는 통일부장관의 승인을 받아야 한다.

② 통일부장관은 제1항에 따라 수송장비의 운행을 승인하는 경우 남

북교류·협력의 원활한 추진을 위하여 대통령령으로 정하는 바에 따라 운행노선 등 조건을 붙이거나, 5년 이내의 유효기간을 정할 수 있다.

③ 통일부장관은 제1항에 따라 운행 승인을 받은 자가 다음 각 호의 어느 하나에 해당하면 그 승인을 취소할 수 있다. 다만, 제1호의 경우에는 그 승인을 취소하여야 한다.

1. 거짓이나 그 밖의 부정한 방법으로 운행 승인을 받은 경우

2. 제2항에 따른 조건을 위반한 경우

3. 남북교류·협력을 해칠 명백한 우려가 있는 경우

4. 국가안전보장, 질서유지 또는 공공복리를 해칠 명백한 우려가 있는 경우

④ 제1항에 따른 승인의 기준 및 절차와 제2항에 따른 유효기간의 설정 등에 관하여 필요한 사항은 대통령령으로 정한다.

제21조(수송장비 등의 출입 관리) 수송장비와 그 승무원이 출입장소에 드나들 때에는 「출입국관리법」 제69조부터 제73조까지, 제73조의2 및 제74조부터 제76조까지의 규정을 준용한다.

제22조(통신 역무의 제공) ① 남북교류·협력을 촉진하기 위하여 우편 및 전기통신 역무를 제공할 수 있다.

② 남한과 북한 간에 제공되는 우편 및 전기통신 역무의 제공자, 종류, 요금, 취급 절차 등에 관하여 필요한 사항은 대통령령으로 정한다.

제23조(검역 등) ① 북한에서 오는 수송장비와 화물 및 사람은 검역조사(檢疫調査)를 받아야 한다.

② 제1항에 따른 검역조사에는 「검역법」 제9조부터 제28조까지, 제34조, 제35조 및 제39조부터 제41조까지의 규정을 준용한다. 다만, 통일부장관이 필요하다고 인정하는 경우에는 관계 행정기관의 장과 협의하여 검역조사 또는 그 절차의 일부를 생략할 수 있다.

③ 삭제 〈2009. 5. 28.〉 [전문개정 2009. 1. 30.]

제24조(남북교류·협력의 지원) 정부는 남북교류·협력을 증진시키기 위하여 필요하다고 인정하면 이 법에 따라 행하는 남북교류·협력을 위한 사업을 시행하는 자에게 보조금을 지급하거나 그 밖에 필요한 지원을 할 수 있다. [전문개정 2009. 1. 30.]

제25조(협조 요청) ① 통일부장관은 남북교류·협력을 증진시키고 관련 정책을 수립하기 위하여 필요하다고 인정하면 관계 행정기관의 장에게 남북한 간에 이동하는 인원, 물품등 및 수송장비에 대한 통계자료 등 정보의 제공을 요청할 수 있다. 이 경우 관계 행정기관의 장은 이에 협조하여야 한다.

② 통일부장관은 남북교류·협력을 증진시키고 관련 정책을 수립하기 위하여 필요하다고 인정하면 관계 전문가와 남북교류·협력의 경험이 있는 자에게 의견의 진술 등 필요한 협조를 요청할 수 있다.

제25조의2(업무의 위탁) ① 통일부장관은 대통령령으로 정하는 바에 따라 다음 각 호의 업무 중 일부를 제24조에 따른 지원을 받은 자 또는 관련 법인·단체에 위탁할 수 있다.

1. 정부와 북한 당국 간에 합의한 사업의 추진

2. 남북교류·협력의 촉진을 위하여 필요한 업무

3. 그 밖에 이 법에 따른 통일부장관의 업무

② 통일부장관은 제1항에 따라 업무를 위탁받은 관련 법인·단체가 해당 업무를 원활하게 수행할 수 있도록 필요한 지원을 할 수 있다.

제25조의3(남북교류·협력의 전자적 처리기반 구축) ① 통일부장관은 남북교류·협력을 증진시키고 관련 정책을 수립하기 위하여 남한과 북한을 이동하는 인원, 물품등, 수송장비 등의 통계유지와 정보의 수집·분석을 위한 전자적 관리체제를 개발·운영하여야 한다.

② 제1항에 따른 전자적 관리체제의 운영 등에 필요한 사항은 대통령령으로 정한다.

제25조의4(지도·감독 등) ① 통일부장관은 남북교류·협력의 원활한 추진을 위하여 협력사업을 하는 자, 이 법에 따른 보조금을 받거나 그 밖에 필요한 지원을 받은 자에 대하여 지도·감독을 하며, 필요한 경우 사업운영 상황에 대하여 조사를 할 수 있다.

② 통일부장관은 제1항의 조사를 위하여 관계 행정기관의 장에게 인원 지원이나 그 밖의 필요한 협조를 요청할 수 있다.

③ 통일부장관은 제1항에 따른 조사 결과 위법 또는 부당한 사실을 발견한 경우에는 그 시정을 명하거나 그 밖에 필요한 조치를 할 수 있다.

④ 제1항에 따른 조사의 대상, 방법 및 절차 등은 대통령령으로 정한다.

제26조(다른 법률의 준용) ① 교역에 관하여 이 법에 특별히 규정되지 아니한 사항에 대하여는 대통령령으로 정하는 바에 따라 「대외무역법」등 무역에 관한 법률을 준용한다.

② 물품등의 반출이나 반입과 관련된 조세에 대하여는 대통령령으로 정하는 바에 따라 조세의 부과·징수·감면 및 환급 등에 관한 법률을 준용한다. 다만, 원산지가 북한인 물품등을 반입할 때에는 「관세법」에 따른 과세 규정과 다른 법률에 따른 수입부과금(輸入賦課金)에 관한 규정은 준용하지 아니한다.

③ 남한과 북한 간의 투자, 물품등의 반출이나 반입, 그 밖에 경제에 관한 협력사업과 이에 따르는 거래에 대하여는 대통령령으로 정하는 바에 따라 다음 각 호의 법률을 준용한다. 〈개정 2010. 4. 5.〉

1. 「외국환거래법」
2. 「외국인 투자 촉진법」
3. 「한국수출입은행법」
4. 「무역보험법」
5. 「대외경제협력기금법」
6. 「법인세법」

7. 「소득세법」

8. 「조세특례제한법」

9. 「수출용원재료에 대한 관세 등 환급에 관한 특례법」

10. 그 밖에 대통령령으로 정하는 법률

④ 제1항부터 제3항까지의 규정에도 불구하고 관계 행정기관의 장은 협의회의 의결을 거쳐 그 특례를 정할 수 있다.

제26조의2(벌칙 적용 시의 공무원 의제) 협의회의 위원 중 공무원이 아닌 위원과 제25조의2제1항에 따라 위탁한 업무에 종사하는 법인이나 단체의 임직원은 그 직무와 관련하여 「형법」과 그 밖의 법률에 따른 벌칙을 적용할 때에는 공무원으로 본다.

제27조(벌칙) ① 다음 각 호의 어느 하나에 해당하는 자는 3년 이하의 징역 또는 3천만원 이하의 벌금에 처한다.

1. 제9조제1항 및 제6항 단서에 따른 승인을 받지 아니하고 북한을 방문한 자

2. 거짓이나 그 밖의 부정한 방법으로 제9조제1항 및 제6항 단서에 따른 승인을 받은 자

3. 제13조제1항에 따른 승인을 받지 아니하고 물품등을 반출하거나 반입한 자

4. 제17조제1항에 따른 승인을 받지 아니하고 협력사업을 시행한 자

5. 제20조제1항에 따른 승인을 받지 아니하고 남한과 북한 간에 수송장비를 운행한 자

6. 거짓이나 그 밖의 부정한 방법으로 제13조제1항, 제17조제1항 또는 제20조제1항에 따른 승인을 받은 자

② 다음 각 호의 어느 하나에 해당하는 자는 1년 이하의 징역 또는 1천만원 이하의 벌금에 처한다. 〈개정 2014. 3. 11. 〉

1. 제15조제1항에 따른 조정명령을 따르지 아니한 자

2. 제17조의2제1항에 따른 신고를 하지 아니하고 협력사업을 시행한 자

3. 거짓이나 그 밖의 부정한 방법으로 제17조의2제1항에 따른 신고를 한 자

4. 제18조제1항에 따른 조정명령을 따르지 아니한 자

③ 제1항 각 호의 미수범은 처벌한다. [전문개정 2009. 1. 30.]

제28조(양벌규정) 법인의 대표자나 법인 또는 개인의 대리인, 사용인, 그 밖의 종업원이 그 법인 또는 개인의 업무에 관하여 제27조의 위반행위를 하면 그 행위자를 벌하는 외에 그 법인 또는 개인에게도 해당 조문의 벌금형을 과(科)한다. 다만, 법인 또는 개인이 그 위반행위를 방지하기 위하여 해당 업무에 관하여 상당한 주의와 감독을 게을리하지 아니한 경우에는 그러하지 아니하다.

제28조의2(과태료) ① 다음 각 호의 어느 하나에 해당하는 자에게는 300만원 이하의 과태료를 부과한다.

1. 제9조제8항에 따른 신고를 하지 아니하고 북한을 왕래하거나 거짓이나 그 밖의 부정한 방법으로 신고를 한 자

2. 제9조의2제1항에 따른 신고를 하지 아니하고 회합·통신, 그 밖의 방법으로 북한의 주민과 접촉하거나 거짓이나 그 밖의 부정한 방법으로 신고를 한 자

3. 제9조의2제4항 또는 제17조의2제2항에 따른 조건을 위반한 자

4. 제15조제3항에 따른 보고를 하지 아니하거나 거짓으로 보고한 자

5. 제18조제3항에 따른 보고를 하지 아니하거나 거짓으로 보고한 자

6. 제25조의4제1항에 따른 조사를 정당한 사유 없이 거부·기피·방해하거나 같은 조 제3항에 따른 시정명령을 따르지 아니한 자

② 제1항에 따른 과태료는 대통령령으로 정하는 바에 따라 통일부장관이 부과·징수한다.

제29조(형의 감경 등) 제27조제1항 또는 제27조제2항제2호 및 제3호의 죄

를 범한 자가 자수하면 그 형을 감경(減輕)하거나 면제할 수 있다.

제30조(북한 주민 의제) 이 법(제9조제1항과 제11조는 제외한다)을 적용할 때 북한의 노선에 따라 활동하는 국외단체의 구성원은 북한의 주민으로 본다.

부칙 〈법률 제12396호, 2014. 3. 11.〉

이 법은 공포 후 3개월이 경과한 날부터 시행한다.

남북협력기금법

제1조(목적) 이 법은 「남북교류협력에 관한 법률」에 따른 남북 간의 상호 교류와 협력을 지원하기 위하여 남북협력기금을 설치하고 남북협력 기금의 운용과 관리에 필요한 사항을 정함을 목적으로 한다.

제2조(정의) 이 법에서 사용하는 용어의 뜻은 다음과 같다. 〈개정 2010. 5. 17.〉

1. "교역" 및 "협력사업"이란 「남북교류협력에 관한 법률」 제2조제2호 및 제4호에 규정된 교역 및 협력사업을 말한다.

2. "금융기관"이란 「은행법」과 그 밖의 법률에 따른 은행을 말한다.

제3조(기금의 설치) 정부는 이 법의 목적 달성에 필요한 자금을 확보·공급 하기 위하여 남북협력기금(이하 "기금"이라 한다)을 설치한다.

제4조(기금의 재원) 기금은 다음 각 호의 재원으로 조성한다.

1. 정부 및 정부 외의 자의 출연금

2. 제5조에 따른 장기차입금

3. 「공공자금관리기금법」에 따른 공공자금관리기금으로부터의 예수금

4. 기금의 운용수익금

5. 그 밖에 대통령령으로 정하는 수입금

제5조(장기차입) ① 통일부장관은 기금의 재원을 마련하기 위하여 필요하면 기금의 부담으로 다른 기금, 금융기관 등으로부터 자금을 장기차입할 수 있다.

② 통일부장관은 제1항에 따라 자금을 차입할 때에는 미리 기획재정부장관 및 관계 중앙행정기관의 장과 협의하여야 한다.

제6조 삭제 〈1993. 12. 31. 〉

제7조(기금의 운용·관리) ① 기금은 통일부장관이 운용·관리한다.

② 통일부장관은 대통령령으로 정하는 바에 따라 기금의 운용·관리에 관한 사무를 금융기관에 위탁할 수 있다.

③ 통일부장관은 기금운용계획을 수립할 때 기금운용계획 중 경제 및 재정·금융정책과 관련되는 중요 사항은 미리 기획재정부장관 및 관계 중앙행정기관의 장과 협의하여야 한다.

④ 기금의 운용·관리에 관한 다음 각 호의 사항은 「남북교류협력에 관한 법률」 제4조에 따른 남북교류협력 추진협의회의 심의를 거쳐야 한다.

1. 기금의 운용··관리에 관한 기본정책

2. 기금운용계획

3. 결산보고 사항

4. 그 밖에 통일부장관이 필요하다고 인정하는 사항

제8조(기금의 용도) 기금은 다음 각 호의 어느 하나에 해당하는 용도에 사용한다. 〈개정 2010. 3. 26. 〉

1. 남북한 주민의 남북 간 왕래에 필요한 비용의 전부 또는 일부의 지원

2. 문화·학술·체육 분야 협력사업에 필요한 자금의 전부 또는 일부의 지원

3. 교역 및 경제 분야 협력사업을 촉진하기 위한 보증 및 자금의 융자, 그 밖에 필요한 지원

4. 교역 및 경제 분야 협력사업 추진 중 대통령령으로 정하는 경영 외적인 사유로 인하여 발생하는 손실을 보상하기 위한 보험

5. 남북교류·협력을 촉진하기 위하여 환전 등 대금결제의 편의를 제공하거나 자금을 융자하는 금융기관에 대한 자금지원 및 손실보전(損失補塡)과 금융기관으로부터 대통령령으로 정하는 비지정통화(非指定通貨)의 인수

6. 그 밖에 민족의 신뢰와 민족공동체 회복에 이바지하는 남북교류·협력에 필요한 자금의 융자·지원 및 남북교류·협력을 증진하기 위한 사업의 지원

7. 차입금 및 「공공자금관리기금법」에 따른 공공자금관리기금으로부터의 예수금의 원리금 상환

8. 기금의 조성·운용 및 관리를 위한 경비의 지출

제9조(기금의 회계기관) ① 통일부장관은 소속 공무원 중에서 기금의 수입과 지출에 관한 사무를 맡을 기금수입징수관, 기금재무관, 기금지출관 및 기금출납공무원을 임명한다.

② 제7조제2항에 따라 기금의 운용·관리에 관한 사무를 위탁한 경우 통일부장관은 사무를 위탁받은 은행의 이사 중에서 기금수입담당이사와 기금지출원인행위담당이사를, 그 직원 중에서 기금지출직원과 기금출납직원을 각각 임명할 수 있다. 이 경우 기금수입담당이사는 기금수입징수관의 직무를, 기금지출원인행위담당이사는 기금재무관의 직무를, 기금지출직원은 기금지출관의 직무를, 기금출납직원은 기금출납공무원의 직무를 각각 수행한다.

제10조(일시차입) ① 통일부장관은 기금의 운용상 필요하면 기금의 부담으로 한국은행이나 그 밖의 금융기관으로부터 자금을 일시차입할 수 있다.

② 제1항에 따른 일시차입금은 차입한 회계연도에 상환하여야 한다.

제11조(보고 및 환수) ① 기금을 사용하려는 자는 기금사용 계획을, 기금을 사용한 자는 기금사용 결과를 각각 대통령령으로 정하는 바에 따라 통일부장관에게 보고하여야 한다.

② 통일부장관은 기금을 사용하는 자가 해당 기금지출 목적 외의 용도에 사용하였을 때에는 지출된 기금의 전부를 환수할 수 있다.

③ 제2항에 따른 기금의 환수에 대하여는 국세 체납처분의 예에 따른다.

제12조(여유자금의 운용) 통일부장관은 기금에 여유자금이 있으면 다음 각 호의 방법으로 운용할 수 있다.

1. 국채·공채의 매입
2. 「공공자금관리기금법」에 따른 공공자금관리기금으로의 예탁
3. 금융기관에의 단기예치
4. 그 밖에 대통령령으로 정하는 방법

제13조(이익 및 결손의 처리) ① 기금의 결산상 이익금이 생기면 전액 적립하여야 한다.

② 기금의 결산상 손실금이 생기면 제1항에 따른 적립금으로 보전하고, 그 적립금으로 부족하면 정부가 예산의 범위에서 보전할 수 있다.

제14조(감독 및 명령) 통일부장관은 제7조제2항에 따라 기금의 운용·관리에 관한 사무를 위탁한 경우에는 위탁사무를 감독하며, 이에 필요한 명령을 할 수 있다.

북한 투자법령 및 남북경협
활성화를 위한 북한 투자법령 개정방안

한국기업이 북한에 투자하기 위해서는 한국의 관련 법령을 준수하는 것 이외에도 추가로 북한의 투자관련 법령의 절차와 규정을 따라야 한다. 한국기업이나 개인의 북한투자에 관한 기본법령으로는 북남경제협력법, 개성공업지구법, 금강산국제관광특구법 등이 있다.

한국기업이 대북경협사업을 진행하기 위해서는 남북교류협력시스템의 각종 승인절차 외에도 북한에서 중앙민족경제협력지도기관의 승인을 거쳐야 한다. 한국인을 제외한 외국인이나 외국기업(한국인 해외동포 포함)이 대북투자를 하는 경우에 관련 법령으로 외국인투자법, 합영법, 합작법, 외국인기업법, 외국투자기업 및 외국인세금법, 외국투자기업등록법, 외국투자기업노동법 등이 있다.

한편 남북한이 남북경협과 관련하여 체결한 남북한 합의서에도 중요한 것이 많은데, 남북사이의 투자보장에 관한 합의서, 남북 사이의 상사분쟁해결절차에 관한 합의서, 개성공업지구와 금강산관광지구의 출입 및 체류에 관한 합의서, 개성공업지구 통신에 관한 합의서, 개성공업지구 통관에 관한 합의서, 개성공업지구 검역에 관한 합의서 등이 있다.

* 일러두기 : 북한 법령의 경우 북한의 표기법에 따랐음.

북남경제협력법

[2005년 7월 6일 최고인민회의 상임위원회 정령 제1182호로 채택]

제1조(북남경제협력법의 사명) 조선민주주의인민공화국 북남경제협력법은 남
　측과의 경제협력에서 제도와 질서를 엄격히 세워 민족경제를 발전시
　키는데 이바지한다.

제2조(정의) 북남경제협력에는 북과 남 사이에 진행되는 건설, 관광, 기업
　경영, 임가공, 기술교류와 은행, 보험, 통신, 수송, 봉사업무, 물자교류
　같은 것이 속한다.

제3조(적용대상) 이 법은 남측과 경제협력을 하는 기관, 기업소, 단체에 적
　용한다. 북측과 경제협력을 하는 남측의 법인, 개인에게도 이 법을 적
　용한다.

제4조(북남경제협력원칙) 북남경제협력은 전민족의 리익을 앞세우고 민족경
　제의 균형적 발전을 보장하며 호상존중과 신뢰, 유무상통의 원칙에서
　진행한다.

제5조(지도기관) 북남경제협력에 대한 통일적인 지도는 중앙민족경제협력
　지도기관이 한다.

제6조(중앙민족경제협력지도기관의 임무) 중앙민족경제협력지도기관의 임무는
　다음과 같다.

1. 북남경제협력계획안의 작성

2. 북남경제협력신청서의 접수 및 승인

3. 북남경제협력과 관련한 합의서, 계약서의 검토

4. 북남경제협력에 필요한 로력의 보장

5. 북측 지역에 있는 남측 당사자와의 사업

6. 남측 당사자의 북측 지역 출입방조

7. 북남경제협력물자의 반출입 승인

8. 북남당사자사이의 련계보장

9. 북측 지역에서 생산한 제품의 원산지증명서발급

10. 이밖에 정부가 위임하는 사업

제7조(협력사업의 기초, 방법) 북남경제협력은 당국사이의 합의와 해당 법규, 그에 따르는 북남당사자 사이의 계약에 기초하여 직접거래의 방법으로 한다.

제8조(협력금지대상) 사회의 안전과 민족경제의 건전한 발전, 주민들의 건강과 환경보호, 민족의 미풍량속에 저해를 줄 수 있는 대상의 북남경제협력은 금지한다.

제9조(협력장소) 북남경제협력은 북측 또는 남측 지역에서 한다. 합의에 따라 제3국에서도 북남경제협력을 할 수 있다.

제10조(북남경제협력의 승인) 북남경제협력에 대한 승인은 중앙민족경제협력지도기관이 한다. 승인 없이 북남경제협력을 할 수 없다.

제11조(협력신청서의 제출) 북남경제협력을 하려는 북측 또는 남측 당사자는 중앙민족경제협력지도 기관에 해당 신청서를 내야 한다. 이 경우 남측 당사자는 공중기관이 발급한 신용담보문서를 함께 내야 한다. 신청서의 양식은 중앙민족경제협력지도기관이 정한다.

제12조(신청서의 검토처리) 중앙민족경제협력지도기관은 해당 신청서를 받은 날부터 20일안으로 그것을 검토하고 승인하거나 부결하여야 한다.

신청을 승인하였을 경우에는 승인서를, 부결하였을 경우에는 리유를 밝힌 부결통지서를 신청자에게 보낸다.

제13조(출입증명서의 지참) 북남경제협력의 당사자는 남측 또는 북측 지역에 출입할 경우 북남당국 사이의 합의에 따르는 증명서를 가지고 있어야 한다. 수송수단에도 정해진 증명서가 있어야 한다.

제14조(검사, 검역) 북남경제협력당사자 또는 해당 수송수단은 출입지점이나 정해진 장소에서 통행검사, 세관검사, 위생검역 같은 검사와 검역을 받아야 한다.

북남당국사이의 합의가 있을 경우에는 검사, 검역을 하지 않을 수도 있다.

제15조(남측 당사자의 체류, 거주) 북남경제협력을 하는 남측 당사자는 출입사업기관의 승인을 받고 북측 지역에 체류할 수 있다. 공업지구와 관광지구에서의 체류, 거주는 해당 법규에 따른다.

제16조(재산리용 및 보호) 북남당사자는 경제협력의 화폐재산, 현물재산, 지적재산 같은 것을 리용할 수 있다. 투자재산은 북남투자보호합의서에 따라 보호된다.

제17조(로력채용) 북측 지역에서 기업을 경영하는 남측 당사자는 필요한 로력을 북측의 로력으로 채용하여야 한다. 남측 또는 제3국의 로력을 채용하려 할 경우에는 중앙민족경제협력지도 기관의 승인을 받아야 한다.

제18조(반출입승인) 북남경제협력물자의 반출입승인은 중앙민족경제협력지도기관이라 한다. 공업지구, 관광지구에서 물자의 반출입은 정해진 절차에 따라 한다.

제19조(관세) 북남경제협력물자에는 관세를 부과하지 않는다. 그러나 다른 나라에서 공업지구와 관광지구에 들여온 물자를 그대로 북측의 다른 지역에 판매할 경우에는 관세를 부과할 수 있다.

제20조(세금납부, 동산 및 부동산리용, 보험가입) 북측 지역에서 남측 당사자의 세금납부, 동산 및 부동산리용, 보험가입은 해당 법규에 따른다. 북남당국사이의 합의가 있을 경우에는 그에 따른다.

제21조(결제은행, 결제방식) 북남경제협력과 관련한 결제업무는 정해진 은행이 한다. 결제방식은 북남당국사이의 합의에 따른다.

제22조(사고에 대한 구조) 해당 기관, 기업소, 단체와 공민은 북측 지역에서 남측 당사자 또는 그 수송수단에 사고가 발생하였을 경우 제때에 구조하고 해당 기관에 통보 하여야 한다.

제23조(북남경제협력사업내용의 비공개) 해당 기관, 기업소, 단체는 북남경제협력과 관련한 비밀을 준수하여야 한다. 북남경제협력과 관련한 사업내용은 상대측 당사자와 합의없이 공개할 수 없다.

제24조(사업조건보장) 해당 기관은 북남경제협력과 관련한 중앙민족경제협력지도기관의 사업 조건을 적극 보장하여야 한다.

제25조(감독통제) 북남경제협력에 대한 감독통제는 중앙민족경제협력지도기관과 해당 감독통제기관이 한다. 중앙민족경제협력지도기관과 해당 감독통제기관은 기관, 기업소, 단체와 공민이 북남경제협력질서를 정확히 지키도록 감독통제하여야 한다.

제26조(행정적 또는 형사적 책임) 이 법을 어겼을 경우에는 정상에 따라 사업중지, 벌금부과 같은 행정적 책임을 지운다. 정상이 엄중할 경우에는 형사책임을 지울 수도 있다.

제27조(분쟁해결) 북남경제협력사업과 관련한 의견상이는 협의의 방법으로 해결한다. 협의의 방법으로 해결할 수 없을 경우에는 북남사이에 합의한 상사분쟁 해결절차로 해결할 수도 있다.

외국인 투자법

[조선민주주의인민공화국 외국인 투자법]

제1조(외국인 투자법의 사명과 지위) 조선민주주의인민공화국 외국인 투자법은 우리나라에 대한 외국투자가들의 투자를 장려하며 그들의 합법적 권리와 리익을 보호하는데 이바지한다. 이 법은 외국투자관계의 기본법이다.

제2조(용어의 정의) 1. 외국인 투자란 외국투자가가 경제활동을 목적으로 우리나라에 재산이나 재산권, 기술비결을 들여오는 것이다. 2. 외국투자가란 우리나라에 투자하는 다른 나라의 법인, 개인이다. 3. 외국투자기업이란 외국인 투자기업과 외국기업이다. 4. 외국인 투자기업이란 우리나라에 창설한 합작기업, 합영기업, 외국인기업이다. 5. 합작기업이란 우리측 투자가와 외국측 투자가가 공동으로 투자하고 우리측이 운영하며 계약에 따라 상대측의 출자몫을 상환하거나 리윤을 분배하는 기업이다. 6. 합영기업이란 우리측 투자가와 외국측 투자가가 공동으로 투자하고 공동으로 운영하며 투자몫에 따라 리윤을 분배하는 기업이다. 7. 외국인기업이란 외국투자가가 단독으로 투자하고 운영하는 기업이다. 8. 외국기업이란 투자관리기관에 등록하고 경제활동을 하는 다른 나라 기업이다. 9. 외국투자은행이란 우리나라에

설립한 합영은행, 외국인은행, 외국은행지점이다. 10. 특수경제지대란 국가가 특별히 정한 법규에 따라 투자, 생산, 무역, 봉사와 같은 경제활동에 특혜가 보장되는 지역이다.

제3조(외국인 투자기업과 외국투자은행의 창설) 외국투자가는 우리나라에서 외국인 투자기업과 외국투자은행을 창설운영할 수 있다. 이 경우 투자관리기관의 승인을 받는다. 투자관리기관에는 해당 중앙기관과 특수경제지대관리기관이 속한다.

제4조(외국투자가의 권리와 리익보호, 경영활동조건보장) 국가는 외국투자가의 합법적인 권리와 리익을 보호하며 외국인 투자기업과 외국투자은행의 경영활동조건을 보장하도록 한다.

제5조(투자당사자) 다른 나라의 법인과 개인은 우리나라에 투자할 수 있다. 해외동포도 이 법에 따라 투자할 수 있다.

제6조(투자부문 및 투자방식) 외국투자가는 공업, 농업, 건설, 운수, 통신, 과학기술, 관광, 류통, 금융 같은 여러 부문에 여러 가지 방식으로 투자할 수 있다.

제7조(투자장려부문) 국가는 첨단기술을 비롯한 현대적 기술과 국제시장에서 경쟁력이 높은 제품을 생산하는 부문, 하부구조건설부문, 과학연구 및 기술개발부문에 대한 투자를 특별히 장려한다.

제8조(장려부문 투자의 우대) 장려하는 부문에 투자하여 창설한 외국인 투자기업은 소득세를 비롯한 여러 가지 세금의 감면, 유리한 토지 리용조건의 보장, 은행대부의 우선적 제공 같은 우대를 받는다.

제9조(특수경제지대에서의 특혜적인 경영활동조건보장) 국가는 특수경제지대안에 창설된 외국투자기업에 물자구입 및 반출입, 제품판매, 로력채용, 세금납부, 토지리용 같은 여러 분야에서 특혜적인 경영활동조건을 보장하도록 한다.

제10조(외국투자가들의 입출국편리보장) 국가는 우리나라에 투자하는 외국투자

가들의 입출국수속절차와 방법을 편리하게 정하도록 한다.

제11조(투자의 금지 및 제한대상) 투자를 금지하거나 제한하는 대상은 다음과 같다. 1. 나라의 안전과 주민들의 건강, 건전한 사회도덕생활에 저해를 주는 대상 2. 자원수출을 목적으로 하는 대상 3. 환경보호기준에 맞지 않는 대상 4. 기술적으로 뒤떨어진 대상 5. 경제적 효과성이 적은 대상

제12조(투자재산과 재산권) 외국투자가는 화폐재산, 현물재산, 공업소유권 같은 재산과 재산권으로 투자할 수 있다. 이 경우 투자하는 재산과 재산권의 가치는 해당 시기의 국제시장가격에 기초하여 당사자들 사이의 합의에 따라 평가한다.

제13조(지사, 사무소, 대리점의 설립) 외국인 투자기업과 합영은행, 외국인은행은 우리나라 또는 다른 나라에 지사, 사무소 , 대리점 같은 것을 내오거나 새끼회사를 내올 수 있으며 다른 나라 회사들과 련합할 수 있다.

제14조(법인자격대상) 외국인 투자기업과 합영은행, 외국인은행은 우리나라의 법인으로 된다. 그러나 우리나라에 있는 외국기업의 지사, 사무소, 대리점, 외국은행지점은 우리나라의 법인으로 되지 않는다.

제15조(토지의 임대기간) 국가는 외국투자가와 외국인 투자기업, 외국투자은행을 창설하는데 필요한 토지를 임대하여준다. 토지임대기간은 최고 50년까지로 한다. 임대받은 토지는 토지임대기관의 승인밑에 임대기간 안에 양도하거나 저당잡힐 수 있다.

제16조(로력의 채용) 외국인 투자기업과 외국투자은행은 종업원을 우리나라 로력으로 채용하여야 한다. 일부 관리인원과 특수한 직종의 기술자, 기능공은 투자관리기관과 합의하고 다른 나라 로력으로 채용할 수도 있다.

제17조(세금의 납부) 외국투자가와 외국인 투자기업, 외국기업, 외국투자은행은 기업소득세, 거래세, 재산세 같은 세금을 정해진데 따라 납부하

여야 한다.

제18조(리윤의 재투자) 외국투자가는 리윤의 일부 또는 전부를 우리나라에
재투자할 수 있다. 이 경우 재투자분에 대하여 이미 납부한 소득세의
일부 또는 전부를 돌려받을 수 있다.

제19조(투자재산의 보호) 국가는 외국투자가와 외국인 투자기업, 외국투자은
행의 재산을 국유화하거나 거두어들이지 않는다. 사회공공의 리익과
관련하여 부득이하게 거두어들이려 할 경우에는 사전에 통지하며 법
적절차를 거쳐 그 가치를 충분히 보상해준다.

제20조(리윤과 기타 소득의 국외송금) 외국투자가가 기업운영 또는 은행업무에
서 얻은 합법적 리윤과 기타 소득, 기업 또는 은행을 청산하고 남은 자
금은 제한없이 우리나라 령역 밖으로 송금할 수 있다.

제21조(경영비밀의 보장) 국가는 외국인 투자기업과 외국투자은행의 경영활
동과 관련한 비밀을 법적으로 보장하며 외국투자가와 합의없이 공개
하지 않도록 한다. 제22조(분쟁해결) 외국투자와 관련한 의견상이는 협
의의 방법으로 해결한다. 협의의 방법으로 해결할 수 없을 경우에는
조정, 중재, 재판의 방법으로 해결한다.

합영법

[조선민주주의인민공화국 합영법]

제1장 합영법의 기본

제1조(합영법의 사명) 조선민주주의인민공화국 합영법은 합영을 통하여 세계 여러 나라들과의 경제기술협력과 교류를 확대발전시키는데 이바지 한다.

제2조(합영의 당사자) 기관, 기업소, 단체는 투자관리기관의 승인을 받고 다른 나라 법인 또는 개인과 합영기업을 창설할 수 있다. 합영기업은 생산부문에 창설하는 것을 기본으로 한다.

제3조(합영부문과 장려대상) 합영은 기계공업, 전자공업, 정보산업, 과학기술, 경공업, 농업, 림업, 수산업, 건설건재공업, 교통운수, 금융 같은 여러 부문에서 할 수 있다.

국가는 첨단기술의 도입, 과학연구 및 기술개발, 국제시장에서 경쟁력이 높은 제품생산, 하부구조건설 같은 대상의 합영을 장려한다.

제4조(합영의 금지, 제한대상) 환경보호기준을 초과하는 대상, 자연부원을 수줄하는 대상, 경제기술적으로 뒤떨어진 대상, 경제적 실리가 적은 대상, 식당, 상점 같은 봉사업 대상의 합영은 금지 또는 제한한다.

제5조(합영기업의 소유권과 독자성, 채무에 대한 책임) 합영기업은 당사자들이 출자한 재산과 재산권에 대한 소유권을 가지며 독자적으로 경영활동을 한다.

합영기업은 경영활동과정에 발생한 채무에 대하여 자기의 등록자본으로 책임진다.

제6조(합영기업의 법인자격) 합영기업은 투자관리기관에 등록한 날부터 우리 나라의 법인으로 된다.

합영기업의 합법적 권리와 리익은 법적으로 보호된다.

제7조(합영기업에 대한 우대) 국가는 장려대상의 합영기업, 해외동포와 하는 합영기업에 대하여 세금의 감면, 유리한 토지리용조건의 보장, 은행 대부의 우선적제공 같은 우대를 하도록 한다.

제8조(법의 적용) 합영기업의 창설, 운영, 해산 및 청산은 이 법에 따라 한다.

이 법에 규제하지 않은 사항은 해당 법규에 따른다.

제2장 합영기업의 창설

제9조(합영기업의 창설신청, 승인) 합영기업을 창설하려는 당사자들은 계약을 맺고 투자관리기관에 합영계약서사본, 합영기업의 규약사본, 경제기술타산서 같은 것을 첨부한 합영기업창설신청문건을 내야 한다.

투자관리기관은 합영기업창설신청문건을 접수한 날부터 30일안에 심의하고 승인하였을 경우에는 신청자에게 합영기업창설승인서를 발급하며 부결하였을 경우에는 그 리유를 밝힌 부결통지서를 보내야 한다.

제10조(합영기업의 등록) 합영기업창설승인서를 발급받은 당사자는 30일안에 기업소재지의 도(직할시)인민위원회 또는 특수경제지대 관리기관에 등록하여야 한다.

세무등록, 세관등록은 도(직할시)인민위원회 또는 특수 경제지대관리기관에 등록한 날부터 20일안에 한다.

제11조(출자몫, 출자재산과 재산권) 합영기업에 출자하는 몫은 합영당사자들이 합의하여 정한다.

합영당사자들은 화페재산, 현물재산과 공업소유권, 토지 리용권, 자원개발권 같은 재산권으로 출자할 수 있다. 이 경우 출자한 재산 또는 재산권의 값은 해당 시기 국제시장 가격에 준하여 당사자들이 합의하여 정한다.

제12조(출자몫의 양도)합영당사자는 자기의 출자몫을 제3자에게 양도할 수 있다. 이 경우 합영상대방의 동의와 투자관리기관의 승인을 받아야 한다.

제13조(지사, 사무소, 대리점의 설립) 합영기업은 투자관리기관의 승인을 받고 우리나라 또는 다른 나라에 지사, 사무소, 대리점 같은 것을 내올 수 있다.

제14조(출자기간, 지적재산권의 출자) 합영당사자는 기업창설승인서에 지적된 기간안에 출자하여야 한다.

부득이한 사정이 있을 경우에는 투자관리기관의 승인을 받아 출자기간을 연장할 수 있다.

특허권, 상표권, 공업도안권 같은 지적재산권의 출자는 등록자본의 20%를 초과할 수 없다.

제15조(등록자본) 합영기업의 등록자본은 총투자액의 30~50%이상 되어야 한다.

합영기업은 등록자본을 늘인 경우 해당 기관에 변경등록을 하여야 한다. 등록자본은 줄일 수 없다.

제3장 합영기업의 기구와 경영활동

제16조(리사회와 그 지위) 합영기업에는 리사회를 둔다. 리사회는 합영기업

의 최고결의기관이다.

제17조(리사회의 권능) 합영기업의 리사회에서는 규약의 수정보충, 기업의
발전 대책, 등록자본의 증가, 경영계획, 결산과 분배, 책임자, 부책임
자, 재정검열원의 임명 및 해임, 기업의 해산 같은 문제 들을 토의결정
한다.

제18조(합영기업의 관리성원) 합영기업에는 책임자, 부책임자, 재정회계원
을 두며 그밖의 필요한 관리성원을 둘 수 있다.

책임자는 자기 사업에 대하여 리사회 앞에 책임진다.

제19조(합영기업의 재정검열원) 합영기업에는 그 기업의 관리일군이 아닌 성
원으로 재정 검열원을 둔다.

재정검열원은 리사회의 결정에 따라 기업의 재정상태를 정상적으로
검열하며 자기 사업에 대하여 리사회앞에 책임진다.

제20조(합영기업의 관리운영기준) 합영기업은 규약, 리사회의 결정에 따라 관
리운영한다.

제21조(합영기업의 조업기간) 합영기업은 기업창설승인서에 지적된 기간안에
조업하여야 한다.

제기기간 안에 조업할 수 없을 경우에는 투자관리기관의 승인을 받아
조업기일을 연장할 수 있다. 조업기일을 연장한 기업에는 정해진 연
체료를 물린다.

제22조(합영기업의 영업허가, 조업일) 합영기업은 정해진 조업예정일안에 영업
허가를 받아야 한다.

투자관리기관이 발급한 영업허가증을 받은 날을 합영기업의 조업일
로 한다.

제23조(경영물자의 구입과 제품판매) 합영기업은 정해진데 따라 우리나라에서
원료, 자재, 설비를 구입하거나 생산한 제품을 우리나라에 판매할 수
있다. 이 경우 투자관리기관에 해당 계획을 내야 한다.

제24조(관세의 부과) 합영기업이 생산과 경영활동에 필요한 물자를 다른 나라에서 들여오거나 생산한 제품을 다른 나라에 내가는 경우에는 관세를 부과하지 않는다. 그러나 관세를 면제받은 물자를 우리나라에서 판매할 경우에는 관세를 부과한다.

제25조(합영기업의 업종) 합영기업은 승인된 업종에 따라 경영활동을 하여야 한다. 업종을 바꾸거나 늘이려 할 경우에는 투자관리기관의 승인을 받는다.

제26조(로력채용) 합영기업은 종업원을 우리나라 로력으로 채용하여야 한다. 일부 관리인원과 특수한 직종의 기술자, 기능공은 투자 관리기관에 통지하고 다른 나라 로력으로 채용할 수도 있다.

제27조(로력의 관리) 합영기업은 외국인 투자기업에 적용하는 로동법규에 따라 로력을 관리하여야 한다.

제28조(합영기업의 돈자리) 합영기업은 우리나라 은행 또는 외국투자은행에 돈자리를 두어야 한다.

다른 나라에 있는 은행에 돈자리를 두려 할 경우에는 외화관리기관의 승인을 받는다.

제29조(자금의 대부) 합영기업은 경영활동에 필요한 자금을 우리나라 또는 다른 나라에 있는 은행에서 대부받을수 있다.

대부받은 조선원과 외화로 교환한 조선원은 정해진 은행에 예금하고 써야 한다.

제30조(재정관리와 회계계산) 합영기업은 재정관리와 회계계산을 외국인 투자기업에 적용하는 재정회계법규에 따라 하여야 한다.

제31조(합영기업의 보험가입) 합영기업은 보험에 드는 경우 우리나라에 있는 보험회사의 보험에 들어야 한다.

의무보험은 중앙보험지도기관이 정한 보험회사에 든다.

제32조(직업동맹조직의 활동조건보장) 합영기업의 종업원들은 직업동맹조직을

내올수 있다. 합영기업은 직업동맹조직의 활동조건을 보장하여야 한다.

제4장 합영기업의 결산과 분배

제33조(합영기업의 결산년도) 합영기업의 결산년도는 1월 1일부터 12월 31일까지로 한다. 년간결산은 다음해 2월안으로 한다.

제34조(합영기업의 결산방법) 합영기업의 결산은 총 수입금에서 원료 및 자재비, 연료 및 동력비, 로력비, 감가상각금, 물자구입경비, 직장 및 회사관리비, 보험료, 판매비 같은것을 포함한 원가를 덜어 리윤을 확정하며 그 리윤에서 거래세 또는 영업세와 기타 지출을 공제 하고 결산리윤을 확정하는 방법으로 한다.

제35조(예비기금의 적립) 합영기업은 등록자본의 25%에 해당한 금액이 될 때까지 해마다 얻은 결산리윤의 5%를 예비기금으로 적립하여야 한다. 예비기금은 합영기업의 결손을 메꾸거나 등록자본을 늘이는 데만 쓸수 있다.

제36조(기금의 종류와 조성) 합영기업은 생산확대 및 기술발전기금, 종업원들을 위한 상금기금, 문화후생기금, 양성기금 같은 필요한 기금을 조성 하여야 한다. 기금의 종류와 규모, 리용대상과 범위는 리사회에서 토의 결정한다.

제37조(리윤의 분배) 합영기업은 결산문건을 재정검열원의 검열을 받고 리사회에서 비준한 다음 리윤을 분배하여야 한다.

리윤분배는 결산리윤에서 소득세를 바치고 예비기금을 비롯한 필요한 기금을 공제한 다음 출자몫에 따라 합영 당사자들 사이에 나누는 방법으로 한다.

제38조(세금의 납부 및 감면) 합영기업은 정해진 세금을 납부하여야 한다. 장려부문의 합영기업은 일정한 기간 기업소득세를 감면 받을수 있다.

제39조(기업손실의 보상) 합영기업은 당해년도의 결산리윤에서 전년도의 손실을 메꿀수 있다. 이 경우 보상기간을 련속하여 4년을 넘길수 없다.

제40조(회계결산) 합영기업은 경영활동에 대한 회계결산을 정기적으로 하여야 한다. 회계결산서는 정해진 기간안에 해당 재정기관에 낸다.

제41조(리윤의 재투자) 외국측 투자가는 합영기업에서 분배받은 리윤의 일부 또는 전부를 우리나라에 재투자할 수 있다. 이 경우 이미 납부한 소득세에서 재투자분에 해당한 소득세의 일부 또는 전부를 돌려받을 수 있다.

제42조(리윤과 기타 소득의 국외송금) 합영기업의 외국측 투자가는 분배받은 리윤과 기타 소득, 기업을 청산하고 받은 자금을 제한없이 우리나라 령역밖으로 송금할 수 있다.

제5장 합영기업의 해산과 분쟁해결

제43조(합영기업의 해산사유) 합영기업은 존속기간의 만료, 지불능력의 상실, 당사자의 계약의무불리행, 지속적인 경영손실, 자연재해 같은 사유로 기업을 운영할 수 없을 경우 해산된다.

제44조(합영기업의 만기전 해산) 합영기업은 존속기간이 끝나기전에 해산사유가 생기면 리사회에서 결정하고 투자관리기관의 승인을 받아 해산할 수 있다. 이 경우 청산위원회는 리사회가 조직한다.

청산위원회는 합영기업의 거래업무를 결속하고 청산을 끝낸 다음 10일안으로 기업등록취소수속을 하여야 한다. 그러나 청산과정에 기업을 파산시키는 것이 옳다고 인정될 경우에는 재판소에 파산을 제기하여야 한다.

제45조(합영기업의 존속기간연장) 합영기업은 존속기간을 연장할 수 있다. 이 경우 존속기간이 끝나기 6개월 전에 리사회에서 토의결정한 다음 투

자관리기관의 승인을 받아야 한다. 존속기간은 기업창설을 승인한 날부터 계산한다.

제46조(분쟁해결) 합영과 관련한 의견상이는 협의의 방법으로 해결한다. 협의의 방법으로 해결할 수 없을 경우에는 조정, 중재, 재판의 방법으로 해결한다.

합작법

제1조(합작법의 사명) 조선민주주의인민공화국 합작법은 합작을 통하여 세계 여러 나라들과의 경제기술협력과 교류를 확대발전시키는 데 이바지한다.

제2조(합작의 당사자) 기관, 기업소, 단체는 투자관리기관의 승인을 받고 다른 나라 법인 또는 개인과 합작기업을 창설할수 있다. 합작기업은 생산부문에 창설하는 것을 기본으로 한다.

제3조(합작의 장려부문) 국가는 첨단기술이나 현대적인 설비를 도입하는 대상, 국제시장에서 경쟁력이 높은 제품을 생산하는 부문의 합작을 장려한다.

제4조(합작의 금지, 제한대상) 환경보호기준을 초과하는 대상, 자안부원을 수출하는 대상, 경제기술적으로 뒤떨어진 대상, 경제적실리가 적은 대상, 식당, 상점 같은 봉사업 대상의 합작은 금지 또는 제한한다.

제5조(합작투자에 대한 우대) 국가는 장려대상의 합작기업, 해외동포와 하는 합작기업에 대하여 세금의 감면, 유리한 토지리용조건의 보장, 은행대부의 우선적제공과 같은 우대를 하도록 한다.

제6조(합작기업의 창설신청, 승인) 합작기업을 창설하려는 당사자는 합작계약을

맺고 투자관리기관에 합작계약서사본, 합작기업의 규약사본, 경제기술타산서 같은 것을 첨부한 합작기업창설신청문건을 내야 한다. 투자관리기관은 합작기업창설신청문건을 접수한 날부터 30일 안에 심의하고 승인하였을 경우에는 신청자에게 합작기업창설승인서를 발급하며 부결하였을 경우에는 그 리유를 밝힌 부결통지서를 보내야 한다.

제7조(합작기업의 등록) 합작기업창설승인서를 발급받은 당사자는 30일 안에 기업소재지의 도(직할시)인민위원회 또는 특수경제지대관리기관에 등록하여야 한다. 세무등록, 세관등록은 도(직할시)인민위원회 또는 특수경제지대관리기관에 등록한 날부터 20일 안에 한다.

제8조(영업허가와 조업일) 합작기업은 정해진 조업예정일안에 영업허가를 받아야 한다. 투자관리기관이 발급한 영업허가증을 받은 날을 합작기업의 조업일로 한다.

제9조(합작기업의 업종) 합작기업은 승인된 업종에 따라 경영활동을 하여야 한다. 업종을 바꾸거나 늘이려 할 경우에는 투자관리기관의 승인을 받는다.

제10조(출자몫의 양도) 합작당사자는 자기의 출자몫을 제3자에게 양도할 수 있다. 이 경우 합작상대방의 동의와 투자관리기관의 승인을 받아야 한다.

제11조(로력의 채용) 합작기업은 종업원을 우리나라 로력으로 채용하여야 한다. 특수한 직종의 기술자, 기능공은 투자관리기관에 통지하고 다른 나라 로력으로 채용할 수도 있다.

제12조(관세의 부과) 합작기업이 생산과 경영활동에 필요한 물자를 다른 나라에서 들여오거나 생산한 제품을 다른 나라에 내가는 경우에는 관세를 부과하지 않는다. 그러나 관세를 면제받은 물자를 우리나라에서 판매할 경우에는 관세를 부과한다.

제13조(보험가입) 합작기업은 보험에 드는 경우 우리나라에 있는 보험회사

의 보험에 들어야 한다. 의무보험은 중앙보험지도기관이 정한 보험회사에 든다.

제14조(투자의 상환과 리윤분배) 합작기업에서 외국측 투자가에 대한 투자상환은 기업의 생산품으로 하는 것을 기본으로 한다. 리윤분배는 합작당사자들이 계약에서 정한 방법으로 한다.

제15조(기업소득의 우선적리용) 합작기업에서 생산된 제품과 얻은 수입은 합작계약에 따라 상환 또는 분배의무를 리행하는데 먼저 쓸수 있다.

제16조(리윤과 기타 소득의 국외송금) 합작기업의 외국측 투자가는 분배받은 리윤과 기타 소득, 기업을 청산하고 받은 자금을 제한없이 우리나라 령역밖으로 송금할수 있다.

제17조(공동협의기구) 합작당사자들은 비상설로 공동협의기구를 조직할 수 있다. 공동협의기구에서는 새 기술도입과 제품의 질 제고, 재투자 같은 기업의 경영활동에서 제기되는 중요문제들을 협의한다.

제18조(회계결산) 합작기업은 경영활동에 대한 회계결산을 정기적으로 하여야 한다. 회계결산서는 정해진 기간 안에 해당 재정기관에 낸다.

제19조(세금납부) 합작기업은 정해진 세금을 납부하여야 한다. 장려부문의 합작기업은 일정한 기간 기업소득세를 감면받을 수 있다.

제20조(합작기업의 해산) 합작당사자들은 존속기간의 만료, 계약상의무불리행, 지속적인 경영손실, 자연재해 같은 사유가 있을 경우 서로 합의하고 투자관리기관의 승인을 받아 해산할 수 있다. 합작기업의 해산으로 생긴 손해에 대한 책임은 허물 있는 당사자가 진다.

제21조(청산위원회의 조직) 합작당사자들은 기업이 해산되는 경우 청산위원회를 조직하여야 한다. 청산위원회는 합작기업의 거래업무를 결속하고 청산을 끝낸 다음 10일 안으로 기업등록취소수속을 하여야 한다. 청산과정에 기업을 파산시키는 것이 옳다고 인정될 경우에는 재판소에 파산을 제기한다.

제22조(합작기업의 존속기간연장) 합작기업은 존속기간을 연장할 수 있다. 이 경우 존속기간이 끝나기 6개월 전에 투자관리기관의 승인을 받아야 한다. 존속기간은 기업창설을 승인한 날부터 계산한다.

제23조(분쟁해결) 합작과 관련한 의견 상이는 협의의 방법으로 해결한다. 협의의 방법으로 해결할 수 없을 경우에는 조정, 중재, 재판의 방법으로 해결한다.

외국인기업법
[조선민주주의인민공화국 외국인기업법]

제1장 외국인기업법의 기본

제1조(외국인기업법의 사명) 조선민주주의인민공화국 외국인기업법은 외국인
기업의 창설운영을 통하여 세계 여러 나라들과의 경제협력과 교류를
확대발전시키는데 이바지한다.

제2조(외국인기업의 정의) 외국인기업은 외국투자가가 기업운영에 필요한 자
본의 전부를 투자하여 창설하며 독자적으로 경영활동을 하는 기업을
말한다.

제3조(외국인기업의 창설부문과 창설금지대상기업) 외국투자가는 전자공업, 자동화
공업, 기계제작공업, 식료가공공업, 피복가공공업, 일용품공업과 운
수 및 봉사를 비롯한 여러 부문에서 외국인기업을 창설운영할 수 있
다. 나라의 안전에 지장을 주거나 기술적으로 뒤떨어진 기업은 창설
할 수 없다.

제4조(투자보호원칙) 국가는 외국투자가가 투자한 자본과 기업운영에서 얻
은 소득을 법적으로 보호한다.

제5조(외국투자가의 법규준수의무) 외국투자가는 우리나라의 법과 규정을 존중

하고 철저히 지켜야 하며 인민경제발전에 지장을 주는 행위를 하지 말아야 한다.

제6조(법의 적용대상) 이 법은 정해진 지역에 창설운영되는 외국인기업에 적용한다.

제2장 외국인기업의 창설

제7조(외국인기업창설신청문건의 제출) 외국투자가는 외국인기업을 창설하려는 경우 기업창설신청문건을 투자관리기관에 내야 한다. 기업창설신청 문건에는 기업의 명칭과 주소, 총투자액과 등록자본, 업종, 종업원수, 존속기간 같은 사항을 밝힌 기업창설신청서와 규약사본, 경제기술타산서, 투자가의 자본신용확인서 같은 것이 속한다.

제8조(외국인기업창설신청의 심의, 기업의 창설일) 투자관리기관은 외국인기업창설 신청문건을 접수한 날부터 30일 안에 심의하고 기업창설을 승인하거 나 부결하여야 한다. 기업창설을 승인하였을 경우에는 외국인기업창 설승인서를 발급하며 부결하였을 경우에는 그 리유를 밝힌 부결통지 서를 신청자에게 보낸다.

제9조(외국인기업의 등록) 외국투자가는 외국인기업창설승인서를 받은 날부 터 30일 안에 해당 도(직할시)인민위원회 또는 특수경제지대관리기관 에 등록하여야 한다. 세관등록, 세무등록은 도(직할시)인민위원회 또 는 특수경제지대관리기관에 등록한 날부터 20일안에 한다.

제10조(지사, 사무소, 대리점의 설립) 외국인기업은 투자관리기관의 승인을 받 고 우리나라 또는 다른 나라에 지사, 사무소, 대리점 같은 것을 내올 수 있다.

제11조(건설의 위탁) 외국투자가는 외국인기업을 창설하는데 필요한 건설을 우리나라 건설기관에 위탁하여 할 수 있다.

제12조(투자기간) 외국투자가는 외국인기업창설승인서에 지적된 기간안에 투자하여야 한다. 부득이한 사정으로 정한 기간 안에 투자할 수 없을 경우에는 투자관리기관의 승인을 받아 투자기간을 연장할 수 있다.

제13조(외국인기업창설승인의 취소사유) 투자관리기관은 외국투자가가 정한 투자기간 안에 정당한 리유없이 투자하지 않았을 경우 외국인기업창설 승인을 취소할 수 있다.

제3장 외국인기업의 경영활동

제14조(업종의 변경) 외국인기업은 승인된 업종에 따라 경영활동을 하여야 한다. 업종을 바꾸거나 늘이려 할 경우에는 투자관리기관의 승인을 받아야 한다.

제15조(생산 및 수출입계획의 제출) 외국인기업은 투자관리기관에 년, 분기 생산 및 수출입계획을 내야 한다.

제16조(경영물자의 구입과 제품판매) 외국인기업은 정해진데 따라 우리나라에서 원료, 자재, 설비를 구입하거나 생산한 제품을 우리나라에 판매할 수있다. 이 경우 투자관리기관을 통하여 한다.

제17조(외국인기업의 돈자리) 외국인기업은 우리나라 은행 또는 외국투자은행에 돈자리를 두어야 한다. 외화관리기관의 승인을 받아 다른 나라에 있는 은행에도 돈자리를 둘수 있다.

제18조(재정회계) 외국인기업은 재정회계문건을 기업에 두어야 한다. 기업의 재정관리와 회계는 외국인 투자기업에 적용하는 재정회계법규에 따라 한다.

제19조(로력의 채용) 외국인기업은 종업원을 우리나라 로력으로 채용하여야 한다. 일부 관리인원과 특수한 직종의 기술자, 기능공은 투자관리기관에 통지하고 다른 나라 로력으로 채용할 수 있다.

제20조(직업동맹조직) 외국인기업에서 일하는 종업원들은 직업동맹조직을 내올수 있다. 직업동맹조직은 종업원들의 권리와 리익을 보호하며 외국인기업과 로동조건보장과 관련한 계약을 맺고 그 리행을 감독한다. 외국인기업은 직업동맹조직의 활동조건을 보장하여야 한다.

제21조(리윤의 재투자와 국외송금) 외국인기업은 기업운영에서 얻은 합법적 리윤을 재투자할 수 있으며 외화관리와 관련한 법규에 따라 우리나라 령역 밖으로 송금할 수 있다.

제22조(보험가입) 외국인기업은 보험에 드는 경우 우리나라에 있는 보험회사에 들어야 한다.

제23조(세금의 납부) 외국인기업은 정해진 세금을 납부하여야 한다. 장려부문의 외국인기업은 일정한 기간 기업소득세를 감면받을 수 있다.

제24조(관세의 면제) 외국인기업이 생산과 경영활동에 필요한 물자를 들여오거나 생산한 제품을 내가는 경우에는 그에 대하여 관세를 적용하지 않는다.

제25조(등록자본) 외국인기업은 등록자본을 늘일 수 있다. 등록자본은 존속기간 안에 줄일 수 없다.

제26조(투자 및 세금납부정형의 료해) 투자관리기관과 해당 재정기관은 외국인기업의 투자 및 세금납부정형을 료해할 수 있다.

제4장 외국인기업의 해산과 분쟁해결

제27조(기업의 해산 및 존속기간연장) 외국인기업은 존속기간이 끝나면 해산된다. 존속기간이 끝나기 전에 기업을 해산하거나 그 기간을 연장하려 할 경우에는 투자관리기관의 승인을 받는다.

제28조(제재) 이 법을 위반하였을 경우에는 정상에 따라 벌금부과, 영업중지, 기업해산 같은 제재를 준다.

제29조(기업의 해산 및 파산등록과 재산처리) 외국인기업은 해산되거나 파산되는
경우 투자관리기관에 기업의 해산 또는 파산신청을 하여야 한다. 외국
인기업의 재산은 청산수속이 끝나기 전에 마음대로 처리할 수 없다.

제30조(분쟁해결) 외국인기업과 관련한 의견상이는 협의의 방법으로 해결
한다. 협의의 방법으로 해결할 수 없을 경우에는 조정, 중재, 재판의
방법으로 해결한다.

외국투자기업등록법

[조선민주주의인민공화국 외국투자기업등록법]

제1장 외국투자기업등록법의 기본

제1조(외국투자기업등록법의 사명) 조선민주주의인민공화국 외국투자기업등록법은 외국투자기업의 등록에서 제도와 질서를 바로 세워 기업등록의 편의를 보장하는데 이바지한다.

제2조(정의) 이 법에서 외국투자기업등록이란 외국투자기업의 창설등록, 주소등록, 세무등록, 세관등록이다.

제3조(등록기관) 외국투자기업의 창설등록은 투자관리기관이 하며 주소등록은 기업소재지의 도(직할시)인민위원회가, 세무등록은 해당 재정기관이, 세관등록은 해당 세관이 한다.

제4조(외국투자기업의 의무적 등록원칙) 외국투자기업은 창설등록, 주소등록, 세무등록, 세관등록을 의무적으로 하여야 한다. 등록을 하지 않은 외국투자기업은 운영을 할 수 없다.

제5조(등록된 외국투자기업의 보호원칙) 등록된 외국투자기업의 합법적 권리와 리익은 법적 보호를 받는다.

제6조(수수료납부) 등록을 하는 외국투자기업은 수수료를 납부하여야 한

다. 수수료를 정하는 사업은 중앙재정지도기관이 한다.

제7조(외국투자기업의 등록사업에 대한 감독통제기관) 외국투자기업의 등록사업에 대한 감독통제는 해당 등록기관과 감독통제기관이 한다.

제8조(특수경제지대에서의 기업등록) 특수경제지대에서 외국투자기업의 등록질서는 따로 정한데 따른다.

제2장 창설등록

제9조(기업창설등록의 기본요구) 외국투자기업은 창설승인을 받은 경우 투자관리기관에 창설등록을 하여야 한다. 투자관리기관은 외국투자기업을 형태별, 부문별, 업종별로 정확히 등록하여야 한다.

제10조(창설등록증, 설립허가증의 발급) 투자관리기관은 외국투자기업의 창설을 등록한 경우 외국인 투자기업에는 기업창설등록증을, 지사, 사무소, 대리점에는 설립허가증을 발급하여야 한다.

제11조(법인자격) 외국인 투자기업은 투자관리기관에 창설등록을 한 날부터 우리나라 법인으로 된다. 지사, 사무소, 대리점은 법인으로 되지 않는다.

제12조(창설등록의 변경) 외국인 투자기업은 창설등록을 변경하려 할 경우 투자관리기관에 창설등록변경신청서를 내야 한다. 창설등록변경신청서에는 외국인 투자기업의 명칭과 주소, 변경하려는 내용과 그 리유 같은것을 밝힌다.

제13조(창설 및 설립등록의 삭제) 투자관리기관은 외국인 투자기업과 지사, 사무소, 대리점이 해산되거나 파산되였을 경우 창설 및 설립등록을 삭제하고 창설등록증 또는 설립허가증을 회수하여야 한다.

제3장 주소등록

제14조(주소등록기관 및 명칭) 외국투자기업은 주소등록을 기업소재지의 도 (직할시)인민위원회에 하여야 한다. 이 경우 투자관리기관이 승인한 명칭으로 한다.

제15조(주소등록신청서의 제출) 외국투자기업은 창설등록증 또는 설립허가증 을 받은 날부터 30일 안으로 기업소재지의 도(직할시)인민위원회에 주소등록신청서를 내야 한다.

제16조(주소등록신청서의 내용) 외국인 투자기업의 주소등록신청서에는 기업 의 명칭과 등록하려는 주소, 업종, 존속기간, 종업원수 같은 것을 밝히 고 기업등록증의 사본을 첨부한다. 지사, 사무소, 대리점의 주소등록 신청서에는 명칭, 주소, 책임자의 이름, 존속기간, 종업원수 같은 것을 밝히고 설립허가증의 사본을 첨부한다.

제17조(주소등록증의 발급) 주소등록신청서를 접수한 도(직할시)인민위원회는 그것을 제때에 검토하고 승인 또는 부결하여야 한다. 주소등록신청을 승인하였을 경우에는 주소등록증을 발급하며 부결하였을 경우에는 리유를 밝힌 부결통지서를 신청자와 투자관리기관에 보내야 한다.

제18조(경영활동보장조건) 주소등록을 하지 않은 외국투자기업은 물, 전기, 통신 같은 경영활동에 필요한 조건들을 보장받을수 없다.

제19조(주소등록신청기일의 연장) 외국투자기업은 부득이한 사유로 정해진 기 일안에 주소등록신청을 할 수 없을 경우 기업소재지의 도(직할시)인민 위원회에 주소등록기일연장신청서를 내고 승인을 받아야 한다. 주소 등록기일연장신청서에는 외국투자기업의 명칭과 주소, 창설등록증 또는 설립허가증의 발급일, 연장하려는 리유, 기간 같은 것을 밝힌다.

제20조(주소등록의 변경) 명칭과 주소, 존속기간을 변경한 외국투자기업은 15일 안으로 기업소재지의 도(직할시)인민위원회에 주소등록을 변경 하여야 한다. 기업소재지를 다른 도(직할시)인민위원회의 관할구역으

로 옮기려 할 경우에는 이미 한 등록을 삭제하고 새 기업소재지의 도
(직할시)인민위원회에 주소등록을 하여야 한다.

제21조(주소등록증의 유효기간과 그 연장) 주소등록증의 유효기간은 3년으로 한
다. 주소등록증의 유효기간을 연장하려는 외국투자기업은 주소등록
증의 유효기간이 끝나기 15 일전으로 기업소재지의 도(직할시)인민위
원회에 유효기간연장등록을 하여야 한다.

제22조(주소등록의 삭제, 주소등록증의 회수) 도(직할시)인민위원회는 외국투자기
업이 해산 또는 파산되었을 경우 주소등록을 삭제하고 주소등록증을
회수하여야 한다.

제4장 세무등록

제23조(세무등록신청서의 제출) 외국투자기업은 주소등록을 한 날부터 20일
안으로 해당 재정기관에 세무등록신청서를 내야 한다. 외국인 투자기
업은 세무등록신청서에 명칭과 주소, 총투자액과 등록자본, 업종, 존
속기간, 종업원수 같은 것을 밝히고 창설등록증과 주소등록증의 사본
을 첨부하여야 한다. 지사, 사무소, 대리점은 세무등록신청서에 명칭
과 주소, 종업원수 같은 것을 밝히고 설립허가증과 주소등록증의 사
본을 첨부하여야 한다.

제24조(세무등록신청의 심의) 세무등록신청서를 접수한 재정기관은 그것을
10일 안으로 검토하고 세무등록을 승인하거나 부결하여야 한다. 세무
등록신청을 승인하였을 경우에는 세무등록증을 발급하며 부결하였을
경우에는 리유를 밝힌 부결통지서를 신청자에게 보내야 한다.

제25조(세무등록증의 내용) 세무등록증에는 외국투자기업의 명칭과 주소, 존
속기간, 업종, 세무등록날자와 번호 같은 것을 밝힌다.

제26조(세무등록의 변경) 외국투자기업은 세무등록을 변경하려 할 경우 세무등록을 한 재정기관에 세무등록변경신청서를 내야 한다. 세무등록변경신청서에는 외국투자기업의 명칭과 주소, 변경리유를 밝히고 해당 기관이 발급한 변경승인문건을 첨부하여야 한다.

제27조(세무등록증의 재발급) 세무등록변경신청서를 접수한 재정기관은 그것을 7일 안으로 검토하고 세무등록증을 다시 발급하여주어야 한다.

제28조(세무등록의 삭제, 세무등록증의 회수) 해당 재정기관은 외국투자기업이 해산 또는 파산되였을 경우 세무등록을 삭제하고 세무등록증을 회수하여야 한다.

제5장 세관등록

제29조(세관등록신청서의 제출) 외국투자기업은 주소등록을 한 날부터 20일 안으로 해당 세관에 세관등록신청서를 내야 한다. 세관등록신청서에는 외국투자기업의 명칭과 주소, 존속기간, 업종, 거래은행, 돈자리번호 같은 것을 밝히며 창설등록증 또는 설립허가증, 주소등록증의 사본, 은행의 재정담보서 그밖에 세관이 요구하는 문건을 첨부한다.

제30조(세관등록신청의 심의) 세관등록신청서를 접수한 세관은 그것을 5일안으로 검토하고 세관등록을 승인하거나 부결하여야 한다. 세관등록신청을 승인하였을 경우에는 세관등록대장에 등록하며 부결하였을 경우에는 리유를 밝힌 부결통지서를 신청자에게 보내야 한다.

제31조(세관등록의 변경) 외국투자기업은 세관등록을 변경하려 할 경우 해당 세관에 세관등록변경신청서를 내야 한다. 세관등록변경신청서에는 외국투자기업의 명칭과 주소, 변경리유를 밝히고 해당 기관이 발급한 변경등록승인문건을 첨부한다.

제32조(세관등록의 삭제) 세관은 외국투자기업이 해산 또는 파산되었을 경우 세관등록을 삭제하여야 한다.

제6장 제재 및 신소

제33조(제재) 등록을 하지 않고 기업을 운영하였거나 등록증을 위조하였을 경우에는 벌금을 물리거나 영업을 중지시키거나 등록을 취소한다.

제34조(신소와 그 처리) 외국투자기업의 등록과 관련하여 의견이 있을 경우에는 해당 기관에 신소할 수 있다. 신소를 접수한 기관은 30일안으로 료해처리하여야 한다.

외국인 투자기업로동법

(조선민주주의인민공화국 외국인 투자기업로동법)

제1장 외국인 투자기업로동법의 기본

제1조(외국인 투자기업로동법의 사명) 조선민주주의인민공화국 외국인 투자기업 로동법은 로력의 채용, 로동과 휴식, 로동보수, 로동보호, 사회보험 및 사회보장, 종업원의 해임에서 제도와 질서를 엄격히 세워 기업의 경 영활동을 보장하며 기업에 종사하는 종업원의 권리와 리익을 보호하 는데 이바지한다.

제2조(로력채용원칙) 외국인 투자기업은 우리나라 로력을 기본으로 채용한 다. 그러나 필요한 경우에는 일부 관리인원이나 특수한 직종의 기술 자, 기능공을 다른 나라 로력으로 채용할 수 있다.

16살 아래의 미성인은 채용할 수 없다.

제3조(로동조건의 보장원칙) 외국인 투자기업은 종업원에게 안전하고 문화위 생적인 로동조건을 보장하며 그들의 생명과 건강을 보호한다.

제4조(로동보수지불원칙) 외국인 투자기업은 종업원에게 로동보수를 정확히 지불하며 로동보수액을 체계적으로 늘인다. 종업원은 성별, 년령에 관계없이 같은 로동에 대하여서는 같은 보수를 받는다.

제5조(사회보험 및 사회보장원칙) 외국인 투자기업은 우리나라 공민인 종업원이 사회보험 및 사회보장에 의한 혜택을 받도록 한다.

제6조(타사업동원 금지원칙) 외국인 투자기업의 로력은 자연재해 같은 부득이한 사유를 제외하고 기업의 생산경영활동과 관련이 없는 다른 사업에 동원시키지 않는다.

제7조(지도기관) 외국인 투자기업의 로력관리사업에 대한 통일적인 장악과 지도는 중앙로동행정지도기관이 한다.

제8조(적용대상) 이 법은 합영기업, 합작기업, 외국인기업 같은 외국인 투자기업에 적용한다. 우리나라 로력을 채용하려는 외국투자은행과 외국기업에도 이 법을 적용한다.

제2장 로력의 채용 및 로동계약의 체결

제9조(로력보장기관) 외국인 투자기업에 필요한 로력을 보장하는 사업은 기업소재지의 로동행정기관이 한다. 기업소재지의 로동행정기관이 아닌 다른 기관, 기업소, 단체는 외국인 투자기업의 로력보장사업을 할 수 없다.

제10조(로력보장신청) 로력을 보장받으려는 외국인 투자기업은 로력보장신청서를 기업소재지의 로동행정기관에 내야 한다. 로력보장신청서에는 채용할 로력자수와 성별, 년령, 업종, 기술기능급수, 채용기간, 로동보수관계 같은것을 구체적으로 밝힌다.

제11조(로력모집 및 보장) 로력보장신청을 받은 로동행정기관은 30일안으로 기업이 요구하는 로력을 보장하여야 한다. 기업의 로력을 다른 지역에서 보장하려 할 경우에는 해당 지역의 로동행정기관과 합의한다.

제12조(로력채용) 외국인 투자기업은 해당 로동행정기관이 보장한 로력을 종업원으로 채용하여야 한다. 그러나 채용기준에 맞지 않는 대상은

채용하지 않을수 있다.

제13조(외국인로력채용) 외국인 투자기업은 다른 나라 로력을 채용하려 할 경우 투자관리기관에 외국인로력채용문건을 내야 한다. 외국인로력 채용문건에는 이름, 성별, 년령, 국적, 거주지, 지식정도, 기술자격, 직종 같은 사항을 정확히 밝혀야 한다.

제14조(로동계약의 체결과 리행) 외국인 투자기업은 기업의 직업동맹조직과 로 동계약을 맺고 리행하여야 한다. 로동계약에는 로동시간, 휴식, 로동 조건, 생활조건, 로동보호, 로동보수지불, 상벌문제 같은 것을 밝힌다.

제15조(로동계약의 효력) 외국인 투자기업은 직업동맹조직과 맺은 로동계약 문건을 기업소재지의 로동행정기관에 내야 한다. 로동계약은 맺은 날 부터 효력을 가진다.

제16조(로동계약의 변경) 로동계약은 당사자들이 합의하여 변경할 수 있다. 이 경우 기업소재지의 로동행정기관에 변경사항을 알려주어야 한다.

제3장 로동과 휴식

제17조(로동시간) 종업원의 로동시간은 주 48시간, 하루 8시간으로 한다. 외국인 투자기업은 로동의 힘든 정도와 특수한 조건에 따라 로동시간 을 정해진 시간보다 짧게 정할 수 있다. 계절적 영향을 받는 부문의 외 국인 투자기업은 년간 로동시간범위에서 실정에 맞게 로동시간을 달 리 정할 수 있다.

제18조(로동시간의 준수) 외국인 투자기업은 종업원에게 정해진 로동시간안 에 로동을 시켜야 한다.

부득이한 사유로 로동시간을 연장하려 할 경우에는 직업동맹조직과 합의한다. 종업원은 로동시간을 정확히 지켜야 한다.

제19조(일요일, 명절일의 휴식보장) 외국인 투자기업은 종업원에게 명절일과 일

요일에 휴식을 보장하여야 한다.

부득이한 사정으로 명절일과 일요일에 로동을 시켰을 경우에는 1주일 안으로 대휴를 주어야 한다.

제20조(정기휴가, 보충휴가의 보장) 외국인 투자기업은 종업원에게 해마다 14일간의 정기휴가를 주며 중로동, 유해로동을 하는 종업원에게는 7~21일간의 보충휴가를 주어야 한다.

제21조(산전, 산후휴가의 보장) 외국인 투자기업은 임신한 녀성종업원에게 정기 및 보충휴가 외에 산전 60일, 산후 180일간의 산전산후휴가를 주어야 한다.

제4장 로동보수

제22조(로동보수의 내용) 외국인 투자기업은 종업원의 로동보수를 정한 기준에 따라 정확히 지불하여야 한다. 종업원에게 주는 로동보수에는 로임, 가급금, 장려금, 상금이 속한다.

제23조(월로임최저기준의 제정) 외국인 투자기업 종업원의 월로임최저기준을 정하는 사업은 중앙로동행정지도기관 또는 투자관리기관이 한다.

월로임최저기준은 종업원이 로동과정에 소모한 육체적 및 정신적힘을 보상하고 생활을 원만히 보장할 수 있게 정하여야 한다.

제24조(로임기준의 제고) 외국인 투자기업은 기업의 생산수준과 종업원의 기술기능숙련정도와 로동생산능률이 높아지는데 맞게 로임기준을 점차 높여야 한다.

제25조(휴가비의 지불 및 계산) 외국인 투자기업은 정기휴가, 보충휴가, 산전산후휴가를 받은 종업원에게 휴가일수에 따르는 휴가비를 지불하여야 한다. 정기 및 보충휴가비는 휴가전 3개월간의 로임을 실가동일수

에 따라 평균한 하루로임액에 휴가일수를 적용하여 계산한다.

산전산후휴가비의 지불규모와 방법은 중앙로동행정지도기관이 내각의 승인을 받아 정한다.

제26조(생활보조금) 외국인 투자기업은 종업원이 기업의 책임으로 또는 양성기간에 일하지 못하였을 경우 일하지 못한 날 또는 시간에 한하여 일당 또는 시간당 로임액의 60%이상에 해당한 보조금을 주어야 한다.

제27조(휴식일 로동에 따르는 가급금) 외국인 투자기업은 부득이한 사정으로 명절일과 일요일에 종업원에게 로동을 시키고 대휴를 주지 못하였을 경우 일한 날 또는 시간에 한하여 일당 또는 시간당 로임액의 100%에 해당한 가급금을 주어야 한다.

제28조(연장작업, 야간작업에 따르는 가급금) 외국인 투자기업은 종업원에게 로동시간 외의 낮 연장작업을 시켰거나 로동시간 안의 밤작업을 시켰을 경우 일한 날 또는 시간에 한하여 일당 또는 시간당 로임액의 50%에 해당한 가급금을 주어야 한다. 로동시간 외의 밤 연장작업을 시켰을 경우에는 일당 또는 시간당 로임액의 100%에 해당한 가급금을 주어야 한다.

제29조(상금의 지불) 외국인 투자기업은 결산리윤의 일부로 상금기금을 조성하고 일을 잘한 종업원에게 상금을 줄 수 있다.

제30조(로동보수의 지불) 외국인 투자기업은 종업원에게 로동보수를 정해진 날자에 전액 화폐로 주어야 한다.

로동보수를 주는 날이 되기 전에 사직하였거나 기업에서 나가는 종업원에게는 해당 수속이 끝난 다음 로동보수를 주어야 한다.

제5장 로동보호

제31조(로동안전, 산업위생조건보장) 외국인 투자기업은 로동안전시설과 고열,

가스, 먼지 등을 막고 채광, 조명, 통풍 등을 잘 보장하는 산업위생조건을 갖추며 그것을 끊임없이 개선완비하여 로동재해와 직업성질환을 미리 막으며 종업원이 안전하고 문화위생적인 일터에서 일할 수 있도록 하여야 한다.

제32조(로동안전교양) 외국인 투자기업은 종업원에게 로동안전기술교육을 준 다음 일을 시켜야 한다. 로동안전기술교육기간과 내용은 업종과 직종에 맞게 자체로 정한다.

제33조(위험개소 제거) 외국인 투자기업은 생산 및 작업조직에 앞서 로동안전상태를 구체적으로 알아보고 종업원의 생명과 건강을 해칠수 있는 위험개소들을 제때에 없애야 한다.

생산과정에 사고위험이 생겼을 경우에는 즉시 생산을 멈추고 위험개소를 정비한 다음 생산을 계속하여야 한다.

제34조(로동안전조치) 외국인 투자기업은 생산과정에 가스, 먼지, 고열, 습도, 방사선, 소음, 진동, 전기마당 같은 유해로운 요소들이 허용기준을 초과하지 않도록 하여야 한다.

위험요소가 있는 작업현장에는 안전주의표식을 하며 로동재해발생에 대처할 수 있는 보호수단을 갖추어놓아야 한다.

제35조(녀성종업원의 보호) 외국인 투자기업은 녀성종업원을 위한 로동보호시설을 충분히 갖추어주어야 한다.

임신하였거나 젖먹이어린이를 키우는 녀성종업원에게는 연장작업, 밤 작업을 시킬 수 없다.

제36조(탁아소, 유치원운영) 외국인 투자기업은 실정에 맞게 종업원의 자녀를 위한 탁아소, 유치원을 꾸리고 운영할 수 있다.

제37조(로동보호물자의 공급) 외국인 투자기업은 종업원에게 로동보호용구와 작업필수품, 영양식료품, 보호약제, 해독제약, 피부보호제, 세척제 같은 로동보호물자를 제때에 충분히 공급하여야 한다.

제38조(사고의 처리 및 사고심의) 외국인 투자기업은 작업과정에 종업원이 사망하였거나 부상, 중독 같은 사고가 발생하였을 경우 제때에 해당한 치료대책을 세우며 기업소재지의 로동행정기관에 알려야 한다.

기업소재지의 로동행정기관과 외국인 투자기업, 해당 기관은 사고심의를 조직하고 사고원인을 밝히며 필요한 대책을 세워야 한다.

제6장 사회보험 및 사회보장

제39조(사회보험 및 사회보장에 의한 혜택) 외국인 투자기업에서 일하는 우리나라 종업원이 병, 부상 같은 원인으로 로동능력을 잃었거나 일할 나이가 지나 일하지 못하게 되였을 경우에는 국가의 사회보험 및 사회보장에 의한 혜택을 받는다. 사회보험 및 사회보장에 의한 혜택에는 보조금, 년금의 지불과 정양, 휴양, 견학 같은 것이 속한다.

제40조(보조금, 년금의 계산) 사회보험 및 사회보장에 의한 보조금, 년금은 해당 법규에 따라 계산한다.

제41조(사회보험기금의 조성) 사회보험 및 사회보장에 의한 혜택은 사회보험기금에 의하여 보장된다. 사회보험기금은 외국인 투자기업과 종업원으로부터 받는 사회보험료로 조성한다.

제42조(사회보험료의 납부) 외국인 투자기업과 종업원은 달마다 해당 재정기관에 사회보험료를 납부하여야 한다. 사회보험료의 납부비률은 중앙재정지도기관이 정한다.

제43조(문화후생기금의 조성 및 리용) 외국인 투자기업은 결산리윤의 일부로 종업원을 위한 문화후생기금을 조성하고 쓸수 있다. 문화후생기금은 종업원의 기술문화수준의 향상과 군중문화체육사업, 후생시설운영 같은데 쓴다.

제7장 종업원의 해임

제44조(종업원의 해임의 기본요구) 외국인 투자기업은 로력채용기간이 끝나기 전이나 일할 나이가 지나기 전에는 정당한 리유없이 종업원을 내보낼 수 없다. 종업원을 내보내려고 할 경우에는 직업동맹조직과 합의하여야 한다.

제45조(종업원의 해임사유) 종업원을 내보낼 수 있는 경우는 다음과 같다.

1. 질병, 부상으로 자기의 현 직종이나 다른 직종에서 일할 수 없게 되였을 경우

2. 기업의 경영이나 기술조건의 변동으로 로력이 남을 경우

3. 로동규률을 위반하여 엄중한 사고를 일으켰을 경우

4. 기술기능수준의 부족으로 자기 직종에서 일할 수 없을 경우

5. 기업의 재산에 막대한 손실을 주었을 경우

제46조(종업원해임에 대한 합의 및 통지) 외국인 투자기업은 종업원을 내보내려고 할 경우 직업동맹조직과 합의한 다음 사전에 당사자와 기업소재지의 로동행정기관에 알려주어야 한다.

제47조(종업원을 해임시킬수 없는 사유) 다음의 경우에는 종업원을 내보낼수 없다.

1. 병, 부상으로 치료받고 있는 기간이 1년이 되지 못하였을 경우

2. 산전, 산후휴가, 어린이에게 젖먹이는 기간일 경우

제48조(종업원의 사직) 종업원은 다음과 같은 경우 사직할 것을 제기할 수 있다.

1. 병이 생겼거나 가정적인 사정으로 일할 수 없게 되였을 경우

2. 기술기능이 부족하여 맡은 일을 수행할 수 없게 되였을 경우

3. 대학, 전문학교, 기능공학교에 입학하였을 경우

제8장 제재 및 분쟁해결

제49조(벌금 및 기업활동의 중지) 이 법을 어겨 엄중한 결과를 일으킨 기업에게는 벌금을 물리거나 기업활동을 중지시킬 수 있다.

제50조(신소와 그처리) 외국인 투자기업은 이 법의 집행과 관련하여 의견이 있을 경우 해당 기관에 신소할 수 있다. 신소를 접수한 기관은 30일안으로 료해처리하여야 한다.

제51조(분쟁해결) 이 법의 집행과 관련하여 생긴 의견상이는 당사자들 사이에 협의의 방법으로 해결한다. 협의의 방법으로 해결할 수 없을 경우에는 조정, 중재, 재판의 방법으로 해결한다.

외국투자기업 및 외국인세금법

(조선민주주의인민공화국 외국투자기업 및 외국인세금법)

제1장 외국투자기업 및 외국인세금법의 기본

제1조(외국투자기업 및 외국인세금법의 사명) 조선민주주의인민공화국 외국투자기업 및 외국인세금법은 외국투자기업과 외국인에게 세금을 공정하게 부과하고 납세자들이 세금을 제때에 정확히 바치도록 하는데 이바지한다.

제2조(세무등록, 변경등록, 취소원칙) 외국투자기업과 외국인의 세무등록은 해당 재정기관에 한다. 기업을 창설하거나 통합, 분리, 해산할 경우에는 등록한 날부터 20일안으로 세무등록과 그 변경, 취소수속을 한다.

제3조(재정회계계산과 문건보관) 외국투자기업의 재정회계계산은 외국투자기업과 관련한 재정회계계산법규에 따라 한다. 재정회계계산과 관련한 서류는 5년 동안 보관한다. 필요에 따라 보관기간을 늘일 수 있다.

제4조(세금의 계산화폐와 납부당사자) 외국투자기업과 외국인이 바치는 세금은 조선원으로 계산하여 수익인이 직접 납부하거나 수익금을 지불하는 단위가 공제납부한다.

제5조(세무사업에 대한 지도기관) 외국투자기업과 외국인세무사업에 대한 통일

적인 지도는 중앙재정지도기관이 한다.

제6조(적용대상) 이 법은 우리나라에서 경제거래를 하거나 소득을 얻는 외국투자기업과 외국인, 해외동포에게 적용한다.

제7조(해당 조약의 적용) 우리나라와 다른 나라사이에 체결한 조약에서 이 법과 다르게 정하였을 경우에는 그에 따른다.

제2장 기업소득세

제8조(기업소득세의 과세대상) 외국투자기업은 우리나라에서 생산물판매소득, 건설물인도소득, 운임 및 료금소득 같은 기업활동을 하여 얻은 소득과 리자소득, 배당소득, 고정재산임대소득, 재산판매소득, 지적소유권과 기술비결의 제공에 의한 소득, 경영과 관련한 봉사제공에 의한 소득, 증여소득 같은 기타 소득에 대하여 기업소득세를 바쳐야 한다. 외국인 투자기업은 다른 나라에 지사, 사무소, 대리점을 설치하여 얻은 소득에 대하여서도 기업소득세를 바쳐야 한다.

제9조(기업소득세의 세률) 외국투자기업의 기업소득세의 세률은 결산리윤의 25%로 한다. 특수경제지대에 창설된 외국투자기업의 기업소득세의 세률은 결산리윤의 14%로 한다. 첨단기술부문, 하부구조건설부문, 과학연구부문 같은 장려부문의 기업소득세의 세률은 결산리윤의 10%로 한다.

제10조(외국기업의 기타 소득에 대한 세률) 외국기업이 우리나라에서 배당소득, 리자소득, 임대소득, 특허권사용료 같은 기타 소득을 얻은 경우 소득세는 소득액에 20%의 세률을 적용한다. 특수경제지대에서는 10%의 세률를 적용한다.

제11조(기업소득세의 계산) 기업소득세는 해마다 1 월 1 일부터 12 월 31 일까지의 총수입금에서 원료 및 자재비, 연료 및 동력비, 로력비, 감가상각

금, 물자구입경비, 직장 및 회사관리비, 보험료, 판매비 같은 것을 포함한 원가를 덜어 리윤을 확정하며 그 리윤에서 거래세 또는 영업세와 기타 지출을 공제한 결산리윤에 정한 세률을 적용하여 계산한다.

제12조(기업소득세의 예정납부) 외국투자기업의 기업소득세는 분기마다 예정 납부하여야 한다. 이 경우 분기가 끝난 다음달 15일 안으로 기업소득 세납부서를 해당 재정기관에 내야 한다.

제13조(기업소득세의 확정납부) 외국투자기업은 년간결산에 따라 기업소득세를 확정하여 미납금에 대하여서는 추가납부하여야 한다. 이 경우 과납액은 반환받는다. 기업이 해산될 경우에는 해산선포일부터 20일 안으로 해당 재정기관에 납세담보를 세우며 결산이 끝난 날부터 15일 안으로 소득세를 납부한다. 기업이 통합되거나 분리될 경우에는 그 시기까지 기업소득에 대하여 결산하고 통합, 분리선포일부터 20일 안으로 해당 재정기관에 소득세를 납부한다.

제14조(외국기업의 기타 소득에 대한 소득세납부) 외국기업의 기타 소득에 대한 소득세는 소득이 생긴 때부터 15일 안으로 해당 재정기관에 수익인이 신고납부하거나 수익금을 지불하는 단위가 공제납부한다.

제15조(기업소득세의 감면과 반환) 다음의 경우에는 기업소득세를 감면한다. 1. 다른 나라 정부, 국제금융기구가 우리나라에 차관을 주었거나 다른 나라 은행이 우리나라 은행 또는 기업소에 유리한 조건으로 대부를 주었을 경우 그에 대한 리자소득에 대하여서는 소득세를 면제한다. 2. 장려부문과 특수경제지대의 생산부문 외국인 투자기업이 10년 이상 기업을 운영할 경우에는 기업소득세를 리윤이 나는 해부터 3년간 면제하며 그다음 2년간은 50%범위에서 덜어줄 수 있다. 3. 철도, 도로, 비행장, 항만 같은 하부구조건설부문의 외국인 투자기업에 대하여서는 기업소득세를 리윤이 나는 해부터 4년간 면제하며 그다음 3년간은 50%범위에서 덜어줄 수 있다.

제16조(재투자분에 대한 세금액의 감면과 반환) 외국투자가가 기업에서 분배받은 리윤을 재투자하여 기업을 5년이상 운영할 경우에는 재투자분에 해당한 기업소득세액의 50%를 반환받을 수 있으며 하부구조건설부문에 재투자하였을 경우에는 재투자분에 해당한 기업소득세액의 전부를 반환받을수 있다. 경영기간이 5년이 되기 전에 재투자한 자본을 철수할 경우에는 반환받은 기업소득세액을 바친다.

제3장 개인소득세

제17조(개인소득세의 납부의무) 우리나라에서 소득을 얻은 외국인은 개인소득세를 바쳐야 한다. 우리나라에 1년 이상 체류하거나 거주하는 외국인은 우리나라령역 밖에서 얻은 소득에 대하여서도 개인소득세를 바쳐야 한다.

제18조(개인소득세의 과세대상) 개인소득세의 과세대상은 다음과 같다. 1. 로농보수에 의한 소득 2. 리자소득 3. 배당소득 4. 고정재산임대소득 5. 재산판매소득 6. 지적소유권과 기술비결의 제공에 의한 소득 7. 경영과 관련한 봉사제공에 의한 소득 8. 증여소득

제19조(개인소득세의 세률) 개인소득세의 세률은 다음과 같다. 1. 로동보수에 대한 개인소득세의 세률은 정해진데 따라 소득액의 5~30%로 한다. 2. 리자소득, 배당소득, 고정재산임대소득, 지적소유권과 기술비결의 제공에 의한 소득, 경영과 관련한 봉사제공에 대한 개인소득세의 세률은 소득액의 20%로 한다. 3. 증여소득에 대한 개인소득세의 세률은 정해진데 따라 소득액의 2~15%로 한다. 4. 재산판매소득에 대한 개인소득세의 세률은 소득액의 25%로 한다.

제20조(로동보수에 대한 개인소득세의 계산) 로동보수에 대한 개인소득세는 월로동보수액에 정한 세률을 적용하여 계산한다.

제21조(배당소득 등에 대한 개인소득세의 계산) 배당소득, 재산판매소득, 지적소유권과 기술비결의 제공에 의한 소득, 경영과 관련한 봉사제공에 의한 소득, 증여소득에 대한 개인소득세는 해당 소득액에 정한 세률을 적용하여 계산한다.

제22조(리자소득에 대한 개인소득세의 계산) 리자소득에 대한 개인소득세는 은행에 예금하고 얻은 소득에 정한 세률을 적용하여 계산한다.

제23조(고정재산임대소득에 대한 개인소득세의 계산) 고정재산임대소득에 대한 개인소득세는 임대료에서 로력비, 포장비, 수수료 같은 비용으로 20%를 공제한 나머지금액에 정한 세률을 적용하여 계산한다.

제24조(개인소득세의 납부) 개인소득세는 다음과 같이 납부한다. 1. 로동보수에 대한 개인소득세는 로동보수를 지불하는 단위가 로동보수를 지불할 때 공제하여 5일 안으로 해당 재정기관에 납부하거나 수익인이 로동보수를 지불받아 10일안으로 해당 재정기관에 납부한다. 2. 재산판매소득, 증여소득에 대한 개인소득세는 분기 다음달 10일안으로 수익인이 해당 재정기관에 신고납부한다. 3. 리자소득, 배당소득, 고정재산임대소득, 지적소유권과 기술비결의 제공에 의한 소득, 경영과 관련한 봉사제공에 의한 소득에 대한 개인소득세는 분기마다 계산하여 다음달 10일 안으로 해당 재정기관에 수익금을 지불하는 단위가 공제납부하거나 수익인이 신고납부한다.

제4장 재산세

제25조(재산세의 납부대상과 면제대상) 외국인은 우리나라에 등록한 건물과 선박, 비행기에 대하여 재산세를 바쳐야 한다. 특수경제지대에서는 건물에 대한 재산세를 5년 동안 면제한다.

제26조(재산등록) 외국인은 재산을 해당 재정기관에 다음과 같이 등록하여야 한다. 1. 재산을 소유한 때부터 20일 안에 평가값으로 등록한다. 2. 재산의 소유자와 등록값이 달라졌을 경우에는 20일 안으로 변경등록을 한다. 3. 재산은 해마다 1월 1일 현재로 평가하여 2월 안으로 재등록을 한다. 4. 재산을 폐기하였을 경우에는 20일 안으로 등록취소 수속을 한다.

제27조(재산세의 과세대상액) 재산세의 과세대상액은 해당 재정기관에 등록된 값으로 한다.

제28조(재산세의 세률) 재산세의 세률은 등록된 재산값의 1-1.4%로 한다.

제29조(재산세의 계산) 재산세는 재산을 등록한 다음달부터 해당 재정기관에 등록된 값에 정한 세률을 적용하여 계산한다.

제30조(재산세의 납부) 재산세는 분기가 끝난 다음달 20일 안으로 재산소유자가 해당 재정기관에 납부한다.

제5장 상속세

제31조(상속세의 납부의무) 우리나라에 있는 재산을 상속받는 외국인은 상속세를 바쳐야 한다. 우리나라에 거주하고 있는 외국인이 우리나라 령역 밖에 있는 재산을 상속받았을 경우에도 상속세를 바쳐야 한다.

제32조(상속세의 과세대상) 상속세의 과세대상은 상속자가 상속받은 재산가운데서 상속시키는 자의 채무를 청산한 나머지금액으로 한다.

제33조(상속재산값의 평가) 상속재산값의 평가는 해당 재산을 상속받을 당시의 가격으로 한다.

제34조(상속세의 세률) 상속세의 세률은 상속받은 금액의 6~30%로 한다.

제35조(상속세의 계산) 상속세는 과세대상액에 정한 세률을 적용하여 계산한다.

제36조(상속세의 납부) 상속세는 상속자가 상속받은 날부터 3개월 안으로 해당 재정기관에 신고납부하여야 한다. 상속세액이 정해진 금액을 초과할 경우에는 분할납부할 수 있다.

제6장 거래세

제37조(거래세의 납부의무) 생산부문과 건설부문의 외국투자기업은 거래세를 바쳐야 한다.

제38조(거래세의 과세대상) 거래세의 과세대상에는 생산물판매수입금과 건설공사인도수입금 같은것이 속한다.

제39조(거래세의 세률) 거래세의 세률은 생산물판매액 또는 건설공사인도수입액의 1~15%로 한다. 기호품에 대한 거래세의 세률은 생산물판매액의 16~50%로 한다.

제40조(거래세의 계산) 거래세는 생산물판매액 또는 건설공사인도수입액에 정한 세률을 적용하여 계산한다. 외국투자기업이 생산업과 봉사업을 함께 할 경우 거래세와 영업세를 따로 계산한다.

제41조(거래세의 납부) 거래세는 생산물판매수입금 또는 건설공사인도수입금이 이루어질 때마다 해당 재정기관에 납부한다.

제42조(거래세의 면제) 수출상품에 대하여서는 거래세를 면제한다. 그러나 수출을 제한하는 상품에 대하여서는 정해진데 따라 거래세를 납부한다.

제7장 영업세

제43조(영업세의 납부의무) 봉사부문의 외국투자기업은 영업세를 바쳐야

한다.

제44조(영업세의 과세대상) 영업세의 과세대상은 교통운수, 동력, 상업, 무역, 금융, 보험, 관광, 광고, 려관, 급양, 오락, 위생편의 같은 부문의 봉사수입금으로 한다.

제45조(영업세의 세률) 영업세의 세률은 해당 수입금의 2~10%로 한다.

제46조(영업세의 계산) 영업세는 업종별수입금에 정한 세률을 적용하여 계산한다. 외국투자기업이 여러 업종의 영업을 할 경우 영업세를 업종별로 계산한다.

제47조(영업세의 납부) 영업세는 봉사수입이 이루어질 때마다 해당 재정기관에 납부한다.

제8장 자원세

제48조(자원세의 납세의무와 자원의 구분) 외국투자기업은 자원을 수출하거나 판매를 목적으로 자원을 채취하는 경우 자원세를 바쳐야 한다. 자체소비를 목적으로 자원을 채취하는 경우에도 자원세를 바친다. 자원에는 천연적으로 존재하는 광물자원, 산림자원, 동식물자원, 수산자원, 물자원 같은 것이 속한다.

제49조(자원세의 과세대상) 자원세의 과세대상은 수출하거나 판매하여 이루어진 수입금 또는 정해진 가격으로 한다.

제50조(자원세의 세률) 자원의 종류에 따르는 세률은 내각이 정한다.

제51조(자원세의 계산방법) 자원세는 자원을 수출하거나 판매하여 이루어진 수입금 또는 정해진 가격에 해당 세률을 적용하여 계산한다. 채취과정에 여러 가지 자원이 함께 나오는 경우에는 종류별로 따로따로 계산한다.

제52조(자원세의 납부) 자원세는 자원을 수출하거나 판매하여 수입이 이루

어지거나 자원을 소비할 때마다 해당 재정기관에 납부한다.

제53조(자원세의 감면) 다음의 경우에는 자원세를 감면하여 줄 수 있다. 1. 원유, 천연가스 같은 자원을 개발하는 기업에 대하여서는 5~10년간 면제하여줄 수 있다. 2. 자원을 그대로 팔지 않고 현대화된 기술공정에 기초하여 가치가 높은 가공제품을 만들어 수출하거나 국가적조치로 공화국의 기관, 기업소, 단체에 판매하였을 경우에는 자원세를 덜어줄 수 있다. 3. 장려부문의 외국투자기업이 생산에 리용하는 지하수에 대하여서는 자원세를 덜어줄 수 있다.

제9장 지방세

제54조(지방세의 납부의무와 종류) 외국투자기업과 거주한 외국인은 지방세를 해당 재정기관에 납부하여야 한다. 지방세에는 도시경영세, 자동차리용세가 속한다.

제55조(도시경영세의 납부의무) 외국투자기업과 거주한 외국인은 공원과 도로, 오물처리시설 같은 공공시설을 관리하기 위한 도시경영세를 납부하여야 한다.

제56조(도시경영세의 과세대상) 도시경영세의 과세대상은 외국투자기업의 월로임총액, 거주한 외국인의 월수입액으로 한다.

제57조(도시경영세의 계산과 납부) 도시경영세의 계산납부는 다음과 같이 한다. 1. 외국투자기업은 달마다 로임총액에 1%의 세률을 적용하여 계산한 세금을 다음달 10일 안으로 해당 재정기관에 납부한다. 2. 거주한 외국인은 달마다 수입액에 1%의 세률을 적용하여 계산한 세금을 다음달 10일 안으로 해당 재정기관에 본인이 신고납부한다. 경우에 따라 로임을 지불하는 단위가 공제납부할 수도 있다.

제58조(자동차리용세의 납부의무) 외국투자기업과 외국인은 자동차를 리용할 경우에 자동차리용세를 납부하여야 한다.

제59조(자동차의 등록) 외국투자기업과 외국인은 자동차를 소유한 때부터 30일안으로 해당 재정기관에 등록하여야 한다.

제60조(자동차리용세액) 자동차류형별에 따르는 리용세액은 중앙재정지도기관이 정한다.

제61조(자동차리용세의 납부) 자동차리용세는 해마다 2월안으로 자동차 리용자가 해당 재정기관에 납부한다. 자동차를 리용하지 않는 기간에는 자동차리용세를 면제받을 수 있다.

제10장 제재 및 신소

제62조(연체료부과) 재정기관은 외국투자기업과 외국인이 세금을 정한 기일안에 납부하지 않았을 경우 납부기일이 지난날부터 납부하지 않은 세액에 대하여 매일 0.3%에 해당한 연체료를 물린다.

제63조(벌금부과) 다음의 경우에는 벌금을 물린다. 1. 정해진 기간안에 세무등록을 하지 않았거나 소득세납부서, 재정결산문건을 제출하지 않았을 경우 2. 세금을 적게 공제하였거나 공제한 세금을 납부하지 않았을 경우 3. 고의적으로 세금을 납부하지 않았을 경우

제64조(행정적 또는 형사적책임) 이 법을 어겨 엄중한 결과를 일으킨 경우에는 정상에 따라 행정적 또는 형사적 책임을 지운다.

제65조(신소와 그 처리) 외국투자기업과 외국인은 세금납부와 관련하여 의견이 있을 경우 해당 기관에 신소할 수 있다. 신소를 접수한 기관은 30일안으로 료해처리하여야 한다.

개성공업지구법

제1장 개성공업지구법의 기본

제1조 개성공업지구는 공화국의 법에 따라 관리운영하는 국제적인 공업, 무역, 상업, 금융, 관광지역이다. 조선민주주의인민공화국 개성공업지구법은 공업지구의 개발과 관리운영에서 제도와 질서를 엄격히 세워 민족경제를 발전시키는데 이바지한다.

제2조 공업지구개발은 지구의 토지를 개발업자가 임대받아 부지정리와 하부구조건설을 하고 투자를 유치하는 방법으로 한다. 공업지구는 공장구역, 상업구역, 생활구역, 관광구역 같은 것으로 나눈다.

제3조 공업지구에는 남측 및 해외동포, 다른 나라의 법인, 개인, 경제조직들이 투자할 수 있다. 투자가는 공업지구에 기업을 창설하거나 지사, 영업소, 사무소 같은 것을 설치하고 경제활동을 자유롭게 할 수 있다. 공업지구에서는 로력채용, 토지리용, 세금납부 같은 분야에서 특혜적인 경제 활동조건을 보장한다.

제4조 공업지구에서는 사회의 안전과 민족경제의 건전한 발전, 주민들의 건강과 환경보호에 저해를 주거나 경제기술적으로 뒤떨어진 부문

의 투자와 영업 활동은 할 수 없다. 하부구조건설부문, 경공업부문, 첨단과학기술부문의 투자는 특별히 장려한다.

제5조 공업지구의 사업에 대한 통일적 지도는 중앙공업지구지도기관이 한다. 중앙공업지구지도기관은 공업지구관리기관을 통하여 공업지구의 사업을 지도한다.

제6조 기관, 기업소, 단체는 공업지구의 사업에 관여할 수 없다. 필요에 따라 공업지구의 사업에 관여하려 할 경우에는 중앙공업지구지도기관과 합의하여야 한다.

제7조 공업지구에서는 투자가의 권리와 리익을 보호하며 투자재산에 대한 상속권을 보장한다. 투자가의 재산은 국유화하지 않는다. 사회 공동의 리익과 관련하여 부득이하게 투자가의 재산을 거두어들이려 할 경우에는 투자가와 사전협의를 하며 그 가치를 보상하여준다.

제8조 법에 근거하지 않고는 남측 및 해외동포, 외국인을 구속, 체포하거나 몸, 살림집을 수색하지 않는다. 신변안전 및 형사사건과 관련하여 북남사이의 합의 또는 공화국과 다른 나라 사이에 맺은 조약이 있을 경우에는 그에 따른다.

제9조 공업지구에서 경제활동은 이 법과 그 시행을 위한 규정에 따라 한다. 법규로 정하지 않은 사항은 중앙공업지구지도기관과 공업지구관리기관이 협의하여 처리한다.

제2장 개성공업지구의 개발

제10조 공업지구의 개발은 정해진 개발업자가 한다. 개발업자를 정하는 사업은 중앙공업지구지도기관이 한다.

제11조 개발업자는 중앙공업지구지도기관과 토지임대차계약을 맺어야

한다. 중앙공업지구지도기관은 토지임대차계약을 맺은 개발업자에게 해당 기관이 발급한 토지리용증을 주어야 한다.

제12조 공업지구의 토지임대기간은 토지리용증을 발급한 날부터 50년으로 한다. 토지임대기간이 끝난 다음에도 기업의 신청에 따라 임대받은 토지를 계속 리용할 수 있다.

제13조 개발업자는 공업지구개발총계획을 정확히 작성하여 중앙공업지구지도기관에 내야 한다. 중앙공업지구지도기관은 공업지구개발총계획을 접수한 날부터 30일 안으로 심의결과를 개발업자에게 알려주어야 한다.

제14조 공업지구의 개발은 승인된 공업지구개발총계획에 따라 한다. 공업지구개발총계획을 변경시키려 할 경우에는 중앙공업지구지도기관에 신청서를 내여 승인을 받는다.

제15조 중앙공업지구지도기관은 개발공사에 지장이 없도록 건물과 부착물을 제때에 철거, 이설하고 주민을 이주시켜야 한다. 개발구역안에 있는 건물, 부착물의 철거와 이설, 주민이주에 드는 비용은 개발업자가 부담한다.

제16조 개발업자는 개발구역안에 있는 건물과 부착물의 철거사업이 끝나는 차제로 개발공사에 착수하여야 한다. 공업지구개발은 단계별로 나누어 할 수 있다.

제17조 공업지구의 하부구조건설은 개발업자가 한다. 개발업자는 필요에 따라 전력, 통신, 용수보장시설 같은 하부구조대상을 다른 투자가와 공동으로 건설하거나 양도, 위탁의 방법으로 건설할 수도 있다.

제18조 개발업자는 하부구조대상건설이 끝나는 차제로 공업지구개발총계획에 따라 투자기업을 배치하여야 한다. 이 경우 공업지구의 토지리용권과 건물을 기업에 양도하거나 재임대할 수 있다.

제19조 개발업자는 공업지구에서 살림집건설업, 관광오락업, 광고업 같

은 영업활동을 할 수 있다.

제20조 중앙공업지구지도기관과 해당 기관은 공업지구개발에 지장이 없도록 인원의 출입과 물자의 반출입조건을 보장하여야 한다.

제3장 개성공업지구의 관리

제21조 공업지구에 대한 관리는 중앙공업지구지도기관의 지도밑에 공업지구관리기관이 한다. 공업지구관리기관은 공업지구관리운영사업 정형을 분기별로 중앙공업지구지도기관에 보고하여야 한다.

제22조 중앙공업지구지도기관의 임무는 다음과 같다.

　1. 개발업자의 지정

　2. 공업지구관리기관의 사업에 대한 지도

　3. 공업지구법규의 시행세칙작성

　4. 기업이 요구하는 로력, 용수, 물자의 보장

　5. 대상건설설계문건의 접수보관

　6. 공업지구에서 생산된 제품의 북측지역판매실현

　7. 공업지구의 세무관리

　8. 이밖에 국가로부터 위임받은 사업

제23조 중앙공업지구지도기관은 공업지구의 관리운영과 관련하여 제기되는 문제를 해당 기관과 정상적으로 협의하여야 한다. 해당 기관은 중앙공업지구지도기관의 사업에 적극 협력하여야 한다.

제24조 공업지구관리기관은 개발업자가 추천하는 성원들로 구성한다. 공업지구지도기관의 요구에 따라 중앙공업지구지도기관이 파견하는 일군도 공업지구관리기관의 성원으로 될 수 있다.

제25조 공업지구관리기관의 임무는 다음과 같다.

1. 투자조건의 조성과 투자유치

2. 기업의 창설승인, 등록, 영업허가

3. 건설허가와 준공검사

4. 토지리용권, 건물, 류전기재의 등록

5. 기업의 경영활동에 대한 지원

6. 하부구조시설의 관리

7. 공업지구의 환경보호, 소방대책

8. 남측지역에서 공업지구로 출입하는 인원과 수송수단의 출입증명서발급

9. 공업지구관리기관의 사업준칙작성

10. 이밖에 중앙공업지구지도기관이 위임하는 사업

제26조 공업지구관리기관의 책임자는 리사장이다. 리사장은 공업지구 관리기관의 사업전반을 조직하고 지도한다.

제27조 공업지구관리기관은 운영자금을 가진다. 운영자금은 수수료 같은 수입금으로 충당한다.

제28조 남측지역에서 공업지구로 출입하는 남측 및 해외동포, 외국인과 수송수단은 공업지구관리기관이 발급한 출입증명서를 가지고 지정된 통로로 사증없이 출입할 수 있다. 공화국의 다른 지역에서 공업지구로 출입하는 질서, 공업지구에서 공화국의 다른 지역으로 출입하는 질서는 따로 정한다.

제29조 공업지구에서 남측 및 해외동포, 외국인은 문화, 보건, 체육, 교육 분야의 생활상편의를 보장 받으며 우편, 전화, 팍스 같은 통신수단을 자유롭게 리용할 수 있다.

제30조 공업지구에 출입, 체류, 거주하는 남측 및 해외동포, 외국인은 정해진데 따라 개성시의 혁명사적지와 력사유적유물, 명승지, 천연기념물 같은 것을 관광할수 있다. 개성시 인민위원회는 개성시의 관광대상

과 시설을 잘 꾸리고 보존관리하며 필요한 봉사를 제공하여야 한다.

제31조 공업지구에서 광고는 장소, 종류, 내용, 방법, 기간 같은 것을 제한받지 않고 할 수 있다. 그러나 야외에 광고물을 설치하려 할 경우에는 공업지구 관리기관의 승인을 받는다.

제32조 공업지구에서 물자의 반출입은 신고제로 한다. 물자를 반출입하려는 자는 반출입신고서를 정확히 작성하여 물자출입지점의 세관에 내야 한다.

제33조 공업지구에 들어오거나 공업지구에서 남측 또는 다른 나라로 내가는 물자와 공화국의 기관, 기업소, 단체에 위탁가공하는 물자에 대하여서는 관세를 부과하지 않는다. 다른 나라에서 들여온 물자를 그대로 공화국의 다른 지역에 판매할 경우에는 관세를 부과할 수 있다.

제34조 검사, 검역기관은 공업지구의 출입검사, 세관검사, 위생 및 동식물 검역사업을 공업지구의 안전과 투자유치에 지장이 없도록 과학기술적 방법으로 신속히 하여야 한다.

제4장 개성공업지구의 기업창설운영

제35조 투자가는 공업지구에 기업을 창설하려 할 경우 공업지구관리기관에 기업 창설신청서를 내야 한다. 공업지구관리기관은 기업창설신청서를 접수한 날부터 10일 안으로 기업창설을 승인하거나 부결하는 결정을 하고 그 결과를 신청자에게 알려 주어야 한다.

제36조 기업창설승인을 받은 투자가는 정해진 출자를 하고 공업지구관리기관에 기업등록을 한 다음 20일안으로 해당기관에 세관등록, 세무등록을 하여야 한다. 이 경우 정해진 문건을 내야 한다.

제37조 기업은 종업원을 공화국의 로력으로 채용하여야 한다. 관리인원

과 특수한 직종의 기술자, 기능공은 공업지구관리기관에 알리고 남측 또는 다른 나라 로력으로 채용할 수 있다. 이 경우 공업지구 관리기관은 중앙공업지구지도기관에 보고하여야 한다.

제38조 기업은 승인받은 업종범위안에서 경영활동을 하여야 한다. 업종을 늘이거나 변경하려 할 경우에는 공업지구관리기관의 승인을 받아야 한다.

제39조 기업은 공업지구밖의 공화국령역에서 경영활동에 필요한 물자를 구입하거나 생산한 제품을 공화국령역에 판매할 수 있다. 필요에 따라 공화국의 기관, 기업소, 단체에 원료, 자재, 부분품의 가공을 위탁할 수도 있다.

제40조 공업지구에서 상품의 가격과 봉사료금, 기업과 공화국의 기관, 기업소, 단체사이에 거래되는 상품의 가격은 국제시장가격에 준하여 당사자들이 합의하여 정한다.

제41조 공업지구에서 류통화페는 전환성외화로 하며 신용카드 같은 것을 사용할수 있다. 류통화페의 종류와 기준화페는 공업지구관리기관이 중앙공업지구지도기관과 협의하여 정한다.

제42조 기업은 공업지구에 설립된 은행에 돈자리를 두어야 한다. 공업지구관리 기관에 알리고 공업지구밖의 남측 또는 다른 나라 은행에도 돈자리를 둘 수 있다.

제43조 기업은 회계업무를 정확히 하며 기업소득세, 거래세, 영업세, 지방세 같은 세금을 제때에 납부하여야 한다. 공업지구에서 기업소득세률은 결산리윤의 14%로 하며 하부구조건설부문과 경공업부문, 첨단과학기술부문은 10%로 한다.

제44조 공업지구에서는 외화를 자유롭게 반출입할 수 있다. 경영활동을 하여 얻은 리윤과 그밖의 소득금은 남측지역 또는 다른 나라로 세금없이 송금하거나 가지고 갈수 있다.

제45조 공업지구에 지사, 영업소, 사무소 같은것을 설치하려 할 경우에는 공업지구 관리기관에 해당한 신청을 하고 승인을 받는다. 지사, 영업소는 공업지구관리기관에 등록을 하여야 영업활동을 할 수 있다.

제5장 분쟁해결

제46조 공업지구의 개발과 관리운영, 기업활동과 관련한 의견상이는 당사자들 사이에 협의의 방법으로 해결한다. 협의의 방법으로 해결할 수 없을 경우에는 북남사이에 합의한 상사분쟁해결절차 또는 중재, 재판절차로 해결한다.

부칙

제1조 이 법은 채택한 날부터 실시한다.

제2조 개성공업지구와 관련하여 북남사이에 맺은 합의서의 내용은 이 법과 같은 효력을 가진다.

제3조 이 법의 해석은 최고인민회의 상임위원회가 한다.

금강산국제관광특구법

제1장 금강산국제관광특구법의 기본

제1조(금강산국제관광특구법의 사명) 조선민주주의인민공화국 금강산국 제관광특구법은 금강산국제관광특구(이 아래부터 국제관광특구라고 한다.)의 개발과 관리운영에서 제도와 질서를 바로 세워 금강산을 세계적인 관광특구로 발전시키는데 이바지한다.

제2조(국제관광특구의 지위와 위치) 국제관광특구는 관광 및 그와 관련한 경제활동을 자유롭게 할 수 있는 조선민주주의인민공화국의 특별관광지구 이다. 국제관광특구에는 강원도 고성군 고성읍, 온정리 일부 지역과 삼일포, 해금강지역, 금강군 내금강지역, 통천군 일부 지역이 포함된다.

제3조(국제특구관광발전원칙) 세계의 명산 금강산을 국제적인 관광특구로 꾸리는 것은 국가의 정책이다. 국가는 금강산을 여러 가지 관광목적과 기능을 수행할 수 있는 종합적인 관광지로 꾸리고 관광을 적극 발전시켜나가도록 한다.

제4조(투자장려 및 경제활동조건보장원칙) 국제관광특구에는 다른 나라 법인, 개

인, 경제조직이 투자할 수 있다. 남측 및 해외동포, 공화국의 해당 기관, 단체도 투자할 수 있다. 국가는 국제관광특구에 대한 투자를 적극 장려하며 투자가들에게 특혜적인 경제활동조건을 보장한다.

제5조(재산보호원칙) 국가는 투자가가 투자한 자본과 합법적으로 얻은 소득, 그에게 부여된 권리를 법적으로 보호한다.

제6조(국제관광특구관리의 담당자) 국제관광특구의 관리는 중앙금강산국 제관광특구지도기관(이 아래부터 국제관광특구지도기관이라고 한다.)의 통일적인 지도밑에 금강산국제관광특구관리위원회(이 아래부터 국제관광특구관리위원회라고 한다.)가 한다.

제7조(국제교류와 협력) 국가는 국제관광특구사업과 관련하여 국제관광기구, 다른 나라 관광조직과의 교류와 협력을 강화하도록 한다.

제8조(법규적용) 국제관광특구의 개발과 관리, 관광 및 관광업, 기타 경제활동은 이 법과 이 법 시행을 위한 규정, 세칙에 따라 한다.

제2장 국제관광특구의 관리

제9조(국제관광특구지도기관의 지위) 국제관광특구지도기관은 국제관광 특구의 개발과 관리운영을 통일적으로 지도하는 중앙지도기관이다.

제10조(국제관광특구지도기관의 임무와 권한) 국제관광특구지도기관은 다 음과 같은 사업을 한다. 1. 국제관광특구관리위원회사업에 대한 지도 2. 국제관광특구법규의 시행세칙작성 3. 국제관광특구개발총계획의 심의, 승인 4. 대상건설설계문건사본의 접수보관 5. 국제관광특구의 세무관리 6. 이밖에 국가가 위임한 사업

제11조(국제관광특구관리위원회의 지위) 국제관광특구관리위원회는 국제 관광특구를 관리하는 현지집행기관이다. 국제관광특구관리위원회의 책임자는 위원장이다.

제12조(국제관광특구관리위원회의 임무와 권한) 국제관광특구관리위원회는 다음과 같은 사업을 한다. 1. 국제관광특구개발총계획의 작성 및 실행 2. 관광자원의 조사, 개발, 관리 3. 관광선전과 관광객모집, 관광조직 4. 국제관광특구에서의 질서유지, 인식 및 재산보호 5. 토지, 건물의 임대 6. 투자유치와 기업의 창설승인, 등록, 영업허가 7. 토지리용권, 건물, 륜전기재의 등록 8. 기업활동에 필요한 로력보장 9. 건설허가와 준공검사 10. 국제관광특구하부구조시설물의 관리 11. 국제관광특구의 환경보호, 소방대책 12. 인원, 운수수단의 출입과 물자반출입에 대한 협조 13. 이밖에 국제관광특구지도기관이 위임한 사업

제13조(공동협의기구의 조직운영) 국제관광특구에는 국제관광특구관리위원회, 투자가, 기업의 대표들로 구성하는 공동협의기구 같은 것을 내올 수 있다. 공동협의기구는 국제관광특구의 개발과 관리, 기업운영에서 제기되는 중요 문제들을 협의, 조정한다.

제14조(국제관광특구의 출입관리) 국제관광특구에서는 무사증제를 실시한다. 공화국령역 밖에서 국제관광특구로 출입하는 인원과 수송수단은 려권 또는 그를 대신하는 출입증명서를 가지고 지정된 통로로 사증없이 출입할 수 있다. 공화국의 다른 지역을 거쳐 국제관광특구로 출입하는 질서, 국제관광 특구에서 공화국의 다른 지역으로 출입하는 질서는 따로 정한다.

제15조(검사, 검역) 국제관광특구에 출입하는 인원, 동식물과 수송수단은 통행검사와 세관검사, 위생 및 동식물검역을 받아야 한다. 검사, 검역기관은 국제관광특구의 안전과 출입에 지장이 없도록 검사, 검역사업을 과학기술적 방법으로 신속히 하여야 한다.

제16조(환경관리) 국제관광특구에서는 풍치림을 베거나 명승지, 바다기슭 의 솔밭, 해수욕장, 기암절벽, 우아하고 기묘한 산세, 풍치 좋은 섬을 비롯한 자연풍치와 동굴, 폭포, 옛성터 같은 천연기념물과 명승고

적을 파손시키거나 환경보호에 지장을 주는 건물, 시설물을 건설하지 말며 정해진 오염물질 의 배출기준, 소음, 진동기준 같은 환경보호기준을 보장하여야 한다.

제17조(통신수단의 리용) 국제관광특구에서는 우편, 전화, 팍스, 인터네트 같은 통신수단을 자유롭게 리용할 수 있다.

제3장 관광 및 관광봉사

제18조(관광당사자) 국제관광특구에서의 관광은 외국인이 한다. 공화국공민과 남측 및 해외동포도 관광을 할 수 있다.

제19조(관광형식과 방법) 관광은 등산과 유람, 해수욕, 휴양, 체험, 오락, 체육, 치료 같은 다양한 형식과 방법으로 한다. 관광객은 국제관광특구 안에서 자유롭게 관광할 수 있다.

제20조(관광환경과 조건보장) 국제관광특구관리위원회는 관광을 높은 수준에서 진행할 수 있도록 관광환경과 조건을 충분히 보장하여야 한다.

제21조(관광객을 위한 봉사) 투자가는 국제관광특구에서 숙박, 식당, 상 점, 카지노, 골프, 야간구락부, 치료, 오락 같은 여러 가지 관광봉사시설을 꾸리고 관광객을 위한 다양한 봉사를 할 수 있다.

제22조(국제적인 행사진행) 국제관광특구에서는 국제회의와 박람회, 전람회, 토론회, 예술공연, 체육경기 같은 다채로운 행사를 할 수 있다.

제23조(교통보장) 국제관광특구지도기관과 국제관광특구관리위원회는 국제비행장과 항만, 관광철도, 관광도로를 건설하여 관광객들의 교통상 편리를 원만히 보장하여야 한다.

제4장 기업창설 및 등록, 운영

제24조(기업창설) 투자가는 국제관광특구개발을 위한 하부구조건설부문과 려행업, 숙박업, 식당업, 카지노업, 골프장업, 오락 및 편의시설업 같은 관광업에 단독 또는 공동으로 투자하여 여러 가지 형식의 기업을 창설할 수 있다.

제25조(국제관광특구개발총계획의 준수) 국제관광특구의 개발은 개발총계획에 따라 한다. 국제관광특구에서 하부구조를 건설하거나 기업을 창설하려는 투자가는 국제관광특구개발 총계획의 요구를 지켜야 한다.

제26조(기업창설승인, 등록) 국제관광특구에서 기업을 창설, 운영하려는 투자가는 국제관광특구관리위원회의 기업창설승인을 받아야 한다. 기업창설 승인을 받은 투자가는 정해진 기간 안에 기업등록과 세무등록, 세관등록을 하여야 한다.

제27조(하부구조건설승인) 국제관광특구개발과 관리운영을 위한 비행장, 철도, 도로, 항만, 발전소 같은 하부구조건설승인은 국제관광특구지도기관이 한다. 비행장, 철도, 도로, 항만, 발전소 같은 하부구조건설부문의 투자를 특 별히 장려한다.

제28조(지사, 대리점, 출장소의 설립) 국제관광특구에는 지사, 대리점, 출 장소 같은 것을 내올 수 있다. 이 경우 국제관광특구관리위원회의 승인을 받아야 한다.

제29조(돈자리의 개설) 기업과 개인은 국제관광특구안에 설립된 공화국은행 또는 다른 나라은행에 돈자리를 개설하고 리용할 수 있다.

제30조(외화유가증권의 거래) 기업과 개인은 국제관광특구안의 정해진 장소에서 외화유가증권을 거래할 수 있다.

제31조(보험가입) 기업과 개인은 국제관광특구안에 설립된 공화국 또는 다른 나라 보험회사의 보험에 들수 있다.

제32조(버림물의 처리) 기업은 현대적인 정화장, 침전지, 오물처리장 같은

환경보호시설과 위생시설을 갖추고 버림물을 관광과 환경보호에 지장이 없도록 정화하거나 처리하여야 한다.

제5장 경제활동조건의 보장

제33조(로력채용) 국제관광특구에서 기업은 공화국의 로력과 다른 나라 또는 남측 및 해외동포로력을 채용할 수 있다.

제34조(관광특구에서의 류통화폐) 관광특구에서 류통화폐는 전환성외화로 한다. 전환성외화의 종류와 기준화폐는 국제관광특구지도기관이 해당 기관과 합의하여 정한다.

제35조(외화의 반출입과 송금, 재산의 반출) 국제관광특구에서는 외화를 자유롭게 반출입할 수 있으며 합법적으로 얻은 리윤과 소득금을 송금할 수 있다. 투자가는 다른 나라에서 국제관광특구에 들여왔던 재산과 국제관광특구에서 합법적으로 취득한 재산을 경영기간이 끝나면 공화국 령역 밖으로 내 갈수 있다.

제36조(세금) 국제관광특구에서 기업과 개인은 해당 법규에 정해진 세금을 물어야 한다. 비행장, 철도, 도로, 항만, 발전소건설 같은 특별장려 부문기업에는 세금을 면제하거나 감면해준다.

제37조(물자의 반출입) 국제관광특구에서는 정해진 금지품을 제외하고 경영활동과 관련한 물자를 자유롭게 들여오거나 내갈 수 있다.

제38조(관세면제 및 부과대상) 국제관광특구에서는 특혜관세제도를 실시한다. 국제관광특구의 개발과 기업경영에 필요한 물자, 투자가에게 필요한 정해진 규모의 사무용품, 생활용품에는 관세를 적용하지 않는다. 관세면제 대상의 물자를 국제관광특구밖에 팔거나 국가에서 제한하는 물자를 국제관광특구 안에 들여오는 경우에는 관세를 부과한다.

제39조(인원, 수송수단의 출입과 물자의 반출입조건보장) 국제관광특구관리위원회와

해당 기관은 국제관광특구의 개발, 기업활동에 지장이 없도록 인원, 운수수단의 출입과 물자의 반출입조건을 원만히 보장하여야 한다. 지정된 비행장을 통하여 국제관광특구로 출입할 경우에는 비행장통과세를 부과하지 않는다.

제6장 제재 및 분쟁해결

제40조(제재) 이 법을 어겨 국제관광특구의 관리운영과 관광사업에 지장을 주었거나 기업, 개인에게 피해를 준 자에게는 정상에 따라 원상복구 또는 손해보상시키거나 벌금을 부과한다. 공화국의 안전을 침해하거나 사회질서를 심히 위반하였을 경우에는 해당 법에 따라 행정적 또는 형사적 책임을 지운다.

제41조(분쟁해결) 관광지구의 개발과 관리운영, 기업의 경영활동과 관련하여 발생한 의견상이는 당사자들 사이에 협의의 방법으로 해결한다. 협의의 방법으로 해결할 수 없을 경우에는 당사자들이 합의한 중재절차로 해결하거나 공화국의 재판절차로 해결한다.

라선경제무역지대법

[조선민주주의인민공화국 라선경제무역지대법]

제1장 라선경제무역지대법의 기본

제1조(라선경제무역지대법의 사명) 조선민주주의인민공화국 라선경제무역지대법은 경제무역지대의 개발과 관리에서 제도와 질서를 바로세워 라선경제무역지대를 국제적인 중계수송, 무역 및 투자, 금융, 관광, 봉사지역으로 발전시키는데 이바지한다.

제2조(라선경제무역지대의 지위) 라선경제무역지대는 경제분야에서 특혜정책이 실시되는 조선민주주의인민공화국의 특수경제지대이다.

제3조(산업구의 건설) 국가는 경제무역지대에 첨단기술산업, 국제물류업, 장비제조업, 1차 가공공업, 경공업, 봉사업, 현대농업을 기본으로 하는 산업구들을 계획적으로 건설하도록 한다.

제4조(투자당사자) 경제무역지대에는 세계 여러 나라의 법인이나 개인, 경제조직이 투자할 수 있다. 우리나라 령역 밖에 거주하고 있는 조선동포도 이 법에 따라 경제무역지대에 투자할 수 있다.

제5조(경제활동조건보장의 원칙) 투자가는 경제무역지대에 회사, 지사, 사무소 같은 것을 설립하고 경제활동을 자유롭게 할 수 있다. 국가는 토지리

용, 로력채용, 세금납부, 시장진출 같은 분야에서 투자가에게 특혜적인 경제활동조건을 보장하도록 한다.

제6조(투자장려 및 금지, 제한부문) 국가는 경제무역지대에서 하부구조건설부문과 첨단과학기술부문, 국제시장에서 경쟁력이 높은 상품을 생산하는 부문의 투자를 특별히 장려한다. 나라의 안전과 주민들의 건강, 건전한 사회도덕생활에 저해를 줄 수 있는 대상, 환경보호와 동식물의 생장에 해를 줄 수 있는 대상, 경제기술적으로 뒤떨어진 대상의 투자는 금지 또는 제한한다.

제7조(투자가의 재산과 리익, 권리보호원칙) 경제무역지대에서 투자가의 재산과 합법적인 소득, 그에게 부여된 권리는 법적으로 보호된다. 국가는 투자가의 재산을 국유화하거나 거두어들이지 않는다. 사회공공의 리익과 관련하여 부득이하게 투자가의 재산을 거두어들이거나 일시 리용하려 할 경우에는 사전에 통지하고 해당한 법적절차를 거치며 차별없이 그 가치를 제때에 충분하고 효과있게 보상하여주도록 한다.

제8조(경제무역지대관리운영의 담당자, 관리위원회사업에 대한 관여금지원칙) 경제무역지대에서 산업구와 정해진 지역의 관리운영은 중앙특수경제지대지도기관과 라선시인민위원회의 지도와 방조 밑에 관리위원회가 맡아한다. 이 법에서 정한 경우를 제외하고 다른 기관은 관리위원회의 사업에 관여할 수 없다.

제9조(신변안전과 인권의 보장, 비법구속과 체포금지) 경제무역지대에서 공민의 신변안전과 인권은 법에 따라 보호된다. 법에 근거하지 않고는 구속, 체포하지 않으며 거주장소를 수색하지 않는다. 신변안전 및 형사사건과 관련하여 우리나라와 해당 나라사이에 체결된 조약이 있을 경우에는 그에 따른다.

제10조(적용법규) 경제무역지대의 개발과 관리, 기업운영 같은 경제활동에는 이 법과 이 법 시행을 위한 규정, 세칙, 준칙을 적용한다. 경제무

역지대의 법규가 우리나라와 다른 나라사이에 체결된 협정, 량해문, 합의서 같은 조약의 내용과 다를 경우에는 조약을 우선 적용하며 경제무역지대밖에 적용하는 법규의 내용과 다를 경우에는 경제무역지대법규를 우선 적용한다.

제2장 경제무역지대의 개발

제11조(개발원칙) 경제무역지대의 개발원칙은 다음과 같다. 1. 경제무역지대와 그 주변의 자연지리적조건, 자원, 생산요소의 비교우세보장 2. 토지, 자원의 절약과 합리적인 리용 3. 경제무역지대와 그 주변의 생태환경보호 4. 생산과 봉사의 국제적인 경쟁력제고 5. 무역, 투자 같은 경제활동의 편의보장 6. 사회공공의 리익보장 7. 지속적이고 균형적인 경제발전의 보장

제12조(개발계획과 그 변경) 경제무역지대의 개발은 승인된 개발계획에 따라한다. 개발계획에는 개발총계획, 지구개발계획, 세부계획 같은 것이 속한다. 개발계획의 변경승인은 해당 개발계획을 승인한 기관이 한다.

제13조(경제무역지대의 개발방식) 경제무역지대는 일정한 면적의 토지를 기업이 종합적으로 개발하고 경영하는 방식, 기업에게 하부구조 및 공공시설의 건설과 관리, 경영권을 특별히 허가해주어 개발하는 방식, 개발당사자들 사이에 합의한 방식 같은 여러 가지 방식으로 개발할 수 있다. 개발기업은 하부구조 및 공공시설건설을 다른 기업을 인입하여 할 수도 있다.

제14조(개발기업에 대한 승인) 경제무역지대의 개발기업에 대한 승인은 중앙특수경제지대지도기관이 관리위원회 또는 라선시인민위원회를 통하여 개발기업에게 개발사업권승인증서를 발급하는 방법으로 한다. 개발기업의 위임, 개발사업권승인증서의 발급신청은 관리위원회 또는

라선시인민위원회가 한다.

제15조(토지종합개발경영과 관련한 토지임대차계약) 토지종합개발경영방식으로 개발하는 경우 개발기업은 국토관리기관과 토지임대차계약을 맺어야 한다. 토지임대차계약에서는 임대기간, 면적, 구획, 용도, 임대료의 지불기간과 지불방식, 그 밖의 필요한 사항을 정한다. 국토관리기관은 토지임대료를 지불한 개발기업에게 토지리용증을 발급해주어야 한다.

제16조(토지임대기간) 경제무역지대에서 토지임대기간은 해당 기업에게 토지리용증을 발급한 날부터 50년까지로 한다. 경제무역지대안의 기업은 토지임대기간이 끝난 다음 계약을 다시 맺고 임대받은 토지를 계속 리용할 수 있다.

제17조(부동산의 취득과 해당 증서의 발급) 경제무역지대에서 기업은 규정에 따라 토지리용권, 건물소유권을 취득할 수 있다. 이 경우 해당 기관은 토지리용증 또는 건물소유권등록증을 발급하여준다.

제18조(토지리용권과 건물의 양도와 임대가격) 개발기업은 개발계획과 하부구조건설이 진척되는데 따라 개발한 토지와 건물을 양도, 임대할 권리를 가진다. 이 경우 양도, 임대가격은 개발기업이 정한다.

제19조(토지리용권, 건물소유권의 변경과 그 등록) 경제무역지대에서 기업은 유효기간안에 토지리용권과 건물소유권을 매매, 교환, 증여, 상속의 방법으로 양도하거나 임대, 저당할 수 있다. 이 경우 토지리용권, 건물소유권의 변경등록을 하고 토지리용증 또는 건물소유권등록증을 다시 발급받아야 한다.

제20조(건물, 부착물의 철거와 이설) 철거, 이설을 맡은 기관, 기업소는 개발공사에 지장이 없도록 개발지역 안의 공공건물과 살림집, 부착물 같은 것을 철거, 이설하고 주민을 이주시켜야 한다.

제21조(개발공사착수시점과 계획적인 개발) 개발기업은 개발구역안의 건물과 부착물의 철거, 이설사업이 끝나는 차제로 개발공사에 착수하여야 한다.

제22조(농업토지, 산림토지, 수역토지의 개발리용) 경제무역지대에서 투자가는 도급생산방식으로 농업토지, 산림토지, 수역토지를 개발리용할 수 있다. 이 경우 해당 기관과 계약을 맺어야 한다.

제3장 경제무역지대의 관리

제23조(경제무역지대의 관리원칙) 경제무역지대의 관리원칙은 다음과 같다. 1. 법규의 엄격한 준수와 집행 2. 관리위원회와 기업의 독자성보장 3. 무역과 투자활동에 대한 특혜제공 4. 경제발전의 객관적법칙과 시장원리의 준수 5. 국제관례의 참고

제24조(관리위원회의 설립, 지위) 경제무역지대의 관리운영을 위하여 관리위원회를 내온다. 관리위원회는 산업구와 정해진 지역의 관리운영을 맡아하는 현지관리기관이다.

제25조(관리위원회의 구성) 관리위원회는 위원장, 부위원장, 서기장과 필요한 성원들로 구성한다. 관리위원회에는 경제무역지대의 개발과 관리에 필요한 부서를 둔다.

제26조(관리위원회의 책임자) 관리위원회의 책임자는 위원장이다. 위원장은 관리위원회를 대표하며 관리위원회의 사업을 주관한다.

제27조(관리위원회의 사업내용) 관리위원회는 자기의 관할범위에서 다음과 같은 사업을 한다. 1. 경제무역지대의 개발과 관리에 필요한 준칙작성 2. 투자환경의 조성과 투자유치 3. 기업의 창설승인과 등록, 영업허가 4. 투자장려, 제한, 금지목록의 공포 5. 대상건설허가와 준공검사 6. 대상설계문건의 보관 7. 독자적인 재정관리체계의 수립 8. 토지리용권, 건물소유권의 등록 9. 위임받은 재산의 관리 10. 기업의 경영활동협조 11. 하부구조 및 공공시설의 건설, 경영에 대한 감독 및 협조 12.

관할지역의 환경보호와 소방대책 13. 인원, 운수수단의 출입과 물자의 반출입에 대한 협조 14. 관리위원회의 규약작성 15. 이밖에 경제무역지대의 개발, 관리와 관련하여 중앙특수경제지대지도기관과 라선시인민위원회가 위임하는 사업

제28조(관리위원회의 사무소설치) 관리위원회는 필요에 따라 사무소 같은것을 둘 수 있다. 사무소는 관리위원회가 위임한 권한의 범위안에서 사업을 한다.

제29조(사업계획과 통계자료의 제출) 관리위원회는 해마다 사업계획과 산업구와 정해진 지역의 통계자료를 중앙특수경제지대지도기관과 라선시인민위원회에 내야 한다.

제30조(라선시인민위원회의 사업내용) 라선시인민위원회는 경제무역지대의 개발, 관리와 관련하여 다음과 같은 사업을 한다. 1. 경제무역지대법과 규정의 시행세칙작성 2. 경제무역지대의 개발과 기업활동에 필요한 로력보장 3. 이밖에 경제무역지대의 개발, 관리와 관련하여 중앙특수경제지대지도기관이 위임한 사업

제31조(중앙특수경제지대지도기관의 사업내용) 중앙특수경제지대지도기관은 다음과 같은 사업을 한다. 1. 경제무역지대의 발전전략작성 2. 경제무역지대의 개발, 건설과 관련한 국내기관들과의 사업련계 3. 다른 나라 정부들과의 협조 및 련계 4. 기업창설심의기준의 승인 5. 경제무역지대에 투자할 국내기업의 선정 6. 경제무역지대생산품의 지대밖 국내판매협조

제32조(예산의 편성과 집행) 관리위원회는 예산을 편성하고 집행한다. 이 경우 예산작성 및 집행정형과 관련한 문건을 중앙특수경제지대지도기관과 라선시인민위원회에 내야 한다.

제33조(관리위원회사업에 대한 협조) 중앙특수경제지대지도기관과 라선시인민위원회는 관리위원회의 사업을 적극 도와주어야 한다.

제34조(자문위원회의 운영) 경제무역지대에서는 지대의 개발과 관리운영, 기업경영에서 제기되는 문제를 협의, 조정하기 위한 자문위원회를 운영할 수 있다. 자문위원회는 라선시인민위원회와 관리위원회의 해당 성원, 주요기업의 대표들로 구성한다.

제35조(원산지관리) 경제무역지대에서 원산지관리사업은 원산지관리기관이 한다. 원산지관리기관은 상품의 원산지관리사업을 경제무역지대 법규와 국제관례에 맞게 하여야 한다.

제4장 기업창설 및 경제무역활동

제36조(심의, 승인절차의 간소화) 경제무역지대에서는 통일적이며 집중적인 처리방법으로 경제무역활동과 관련한 각종 심의, 승인절차를 간소화하도록 한다.

제37조(기업의 창설신청) 투자가는 산업구에 기업을 창설하려 할 경우 관리위원회에, 산업구밖에 기업을 창설하려 할 경우 라선시인민위원회에 기업창설신청문건을 내야 한다. 관리위원회 또는 라선시인민위원회는 기업창설신청문건을 받은 날부터 10일 안으로 승인하거나 부결하고 그 결과를 신청자에게 알려주어야 한다.

제38조(기업의 등록, 법인자격) 기업창설승인을 받은 기업은 정해진 기일안에 기업등록, 세관등록, 세무등록을 하여야 한다. 등록된 기업은 우리나라 법인으로 된다.

제39조(지사, 사무소의 설립과 등록) 경제무역지대에 지사, 사무소를 설립하려 할 경우에는 정해진데 따라 라선시인민위원회 또는 관리위원회의 승인을 받고 해당한 등록수속을 하여야 한다.

제40조(기업의 권리) 경제무역지대에서 기업은 경영 및 관리질서와 생산계획, 판매계획, 재정계획을 세울 권리, 로력채용, 로임기준과 지불형식,

생산물의 가격, 리윤의 분배방안을 독자적으로 결정할 권리를 가진다. 기업의 경영활동에 대한 비법적인 간섭은 할 수 없으며 법규에 정해지지 않은 비용을 징수하거나 의무를 지울수 없다.

제41조(기업의 업종 및 변경승인) 기업은 승인받은 업종범위안에서 경영활동을 하여야 한다. 업종을 늘이거나 변경하려 할 경우에는 승인을 다시 받아야 한다.

제42조(계약의 중시와 리행) 기업은 계약을 중시하고 신용을 지키며 계약을 성실하게 리행하여야 한다. 당사자들은 계약의 체결과 리행에서 평등과 호혜의 원칙을 준수하여야 한다.

제43조(지대밖 우리나라 기업과의 경제거래) 기업은 계약을 맺고 경제무역지대밖의 우리나라 령역에서 경영활동에 필요한 원료, 자재, 물자를 구입하거나 생산한 제품을 판매할 수 있다. 우리나라 기관, 기업소, 단체에 원료, 자재, 부분품의 가공을 위탁할 수도 있다.

제44조(상품, 봉사의 가격) 경제무역지대에서 기업들사이의 거래되는 상품과 봉사가격, 경제무역지대안의 기업과 지대 밖의 우리나라 기관, 기업소, 단체사이에 거래되는 상품가격은 국제시장가격에 준하여 당사자들이 협의하여 정한다. 식량, 기초식품 같은 중요 대중필수품의 가격과 공공봉사료금은 라선시인민위원회가 정한다. 이 경우 기업에 생긴 손해에 대한 재정적 보상을 한다.

제45조(무역활동) 경제무역지대에서 기업은 가공무역, 중계무역, 보상무역 같은 여러 가지 형식의 무역활동을 할 수 있다.

제46조(특별허가경영권) 경제무역지대에서는 하부구조시설과 공공시설에 대하여 특별허가대상으로 경영하게 할 수 있다. 특별허가경영권을 가진 기업이 그것을 다른 기업에게 양도하거나 나누어주려 할 경우에는 계약을 맺고 해당 기관의 승인을 받아야 한다.

제47조(자연부원의 개발허용) 경제무역지대의 기업은 생산에 필요한 원료, 연

료보장을 위하여 해당 기관의 승인을 받아 지대의 자연부원을 개발할
수 있다. 경제무역지대밖의 자연부원개발은 중앙특수경제지대지도기
관을 통하여 한다.

제48조(경제무역지대상품의 구입) 경제무역지대밖의 우리나라 기관, 기업소,
단체는 계약을 맺고 지대안의 기업이 생산하였거나 판매하는 상품을
구입할 수 있다.

제49조(로력의 채용) 기업은 우리나라의 로력을 우선적으로 채용하여야 한
다. 필요에 따라 다른 나라 로력을 채용하려 할 경우에는 라선시인민
위원회 또는 관리위원회에 통지하여야 한다.

제50조(월로임 최저기준) 경제무역지대의 기업에서 일하는 종업원의 월로임
최저기준은 라선시인민위원회가 관리위원회와 협의하여 정한다.

제51조(광고사업과 야외광고물의 설치승인) 경제무역지대에서는 규정에 따라 광
고업과 광고를 할 수 있다. 야외에 광고물을 설치하려 할 경우에는 해
당 기관의 승인을 받는다.

제52조(기업의 회계) 경제무역지대에서 기업은 회계계산과 결산에 국제적
으로 통용되는 회계기준을 적용할 수 있다.

제5장 관세

제53조(특혜관세제도의 실시) 경제무역지대에서는 특혜관세제도를 실시한다.

제54조(관세의 면제대상) 관세를 면제하는 대상은 다음과 같다. 1. 경제무역
지대의 개발에 필요한 물자 2. 기업의 생산과 경영에 필요한 수입물자
와 생산한 수출상품 3. 가공무역, 중계무역, 보상무역을 목적으로 경
제무역지대에 들여오는 물자 4. 투자가에게 필요한 사무용품과 생활
용품 5. 통과하는 다른 나라의 화물 6. 다른 나라 정부, 기관, 기업, 단
체 또는 국제기구가 기증하는 물자 7. 이밖에 따로 정한 물자

제55조(관세면제대상에 관세를 부과하는 경우) 무관세상점의 상품을 제외하고 관세면제대상으로 들여온 물자를 경제무역지대안에서 판매할 경우에는 관세를 부과한다.

제56조(수입원료, 자재와 부분품에 대한 관세부과) 기업이 경제무역지대에서 생산한 상품을 수출하지 않고 지대 또는 지대밖의 우리나라 기관, 기업소, 단체에 판매할 경우에는 그 상품생산에 쓰인 수입원료, 자재와 부분품에 대하여 관세를 부과시킬수 있다.

제57조(물자의 반출입신고제) 경제무역지대에서 관세면제대상에 속하는 물자의 반출입은 신고제로 한다. 관세면제대상에 속하는 물자를 반출입하려 할 경우에는 반출입신고서를 정확히 작성하여 해당 세관에 내야 한다.

제58조(관세납부문건의 보관기일) 기업은 관세납부문건, 세관검사문건, 상품송장 같은 문건을 5년동안 보관하여야 한다.

제6장 통화 및 금융

제59조(류통화폐와 결제화폐) 경제무역지대에서 류통화폐와 결제화폐는 조선원 또는 정해진 화폐로 한다. 조선원에 대한 외화의 환산은 지대외화관리기관이 정한데 따른다.

제60조(은행의 설립) 경제무역지대에서 투자가는 규정에 따라 은행 또는 은행지점을 내오고 은행업무를 할 수 있다.

제61조(기업의 돈자리) 기업은 경제무역지대에 설립된 우리나라 은행이나 외국투자은행에 돈자리를 두어야 한다. 우리나라 령역밖의 다른 나라 은행에 돈자리를 두려 할 경우에는 정해진데 따라 지대외화관리기관 또는 관리위원회의 승인을 받아야 한다.

제62조(자금의 대부) 경제무역지대에서 기업은 우리나라 은행이나 외국의

금융기관으로부터 경제무역활동에 필요한 자금을 대부받을 수 있다. 대부받은 조선원과 외화로 교환한 조선원은 중앙은행이 지정한 은행에 예금하고 써야 한다.

제63조(보험기구의 설립과 보험가입) 경제무역지대에서 투자가는 보험회사를, 다른 나라의 보험회사는 지사, 사무소를 설립운영할 수 있다. 경제무역지대에서 기업과 개인은 우리나라 령역안에 있는 보험회사의 보험에 들며 의무보험은 정해진 보험회사의 보험에 들어야 한다.

제64조(유가증권의 거래) 외국인 투자기업과 외국인은 규정에 따라 경제무역지대에서 유가증권을 거래할 수 있다.

제7장 장려 및 특혜

제65조(소득의 송금, 투자재산의 반출) 경제무역지대에서는 합법적인 리윤과 리자, 리익배당금, 임대료, 봉사료, 재산판매수입금 같은 소득을 제한없이 우리나라 령역밖으로 송금할 수 있다. 투자가는 경제무역지대에 들여왔던 재산과 지대에서 합법적으로 취득한 재산을 제한없이 경제무역지대 밖으로 내갈수 있다.

제66조(수출입의 장려) 경제무역지대의 기업 또는 다른 나라 개인업자는 지대안이나 지대 밖의 기업과 계약을 맺고 상품, 봉사, 기술거래를 할 수 있으며 수출입대리업무도 할 수 있다.

제67조(기업소득세률) 경제무역지대에서 기업소득세률은 결산리윤의 14%로 한다. 특별히 장려하는 부문의 기업소득세률은 결산리윤의 10%로 한다.

제68조(기업소득세의 감면) 경제무역지대에서 10년 이상 운영하는 정해진 기업에 대하여서는 기업소득세를 면제하거나 감면하여준다. 기업소득

세를 면제 또는 감면하는 기간, 감세률과 감면기간의 계산시점은 해당 규정에서 정한다.

제69조(토지리용과 관련한 특혜) 경제무역지대에서 기업용토지는 실지수요에 따라 먼저 제공되며 토지의 사용분야와 용도에 따라 임대기간, 임대료, 납부방법에서 서로 다른 특혜를 준다. 하부구조시설과 공공시설, 특별장려부문에 투자하는 기업에 대하여서는 토지위치의 선택에서 우선권을 주며 정해진 기간에 해당한 토지사용료를 면제하여 줄 수 있다.

제70조(개발기업에 대한 특혜) 개발기업은 관광업, 호텔업 같은 대상의 경영권취득에서 우선권을 가진다. 개발기업의 재산과 하부구조시설, 공공시설운영에는 세금을 부과하지 않는다.

제71조(재투자분에 해당한 소득세의 반환) 경제무역지대에서 리윤을 재투자하여 등록자본을 늘이거나 새로운 기업을 창설하여 5년 이상 운영할 경우에는 재투자분에 해당한 기업소득세액의 50%를 돌려준다. 하부구조건설부문에 재투자할 경우에는 납부한 재투자분에 해당한 기업소득세액의 전부를 돌려준다.

제72조(지적재산권의 보호) 경제무역지대에서 기업과 개인의 지적재산권은 법적 보호를 받는다. 라선시인민위원회는 지적재산권의 등록, 리용, 보호와 관련한 사업체계를 세워야 한다.

제73조(경영과 관련한 봉사) 경제무역지대에서는 규정에 따라 은행, 보험, 회계, 법률, 계량 같은 경영과 관련한 봉사를 할 수 있다.

제74조(관광업) 경제무역지대에서는 바다기슭의 솔밭과 백사장, 섬 같은 독특한 자연풍치, 민속문화 같은 유리한 관광자원을 개발하여 국제관광을 널리 조직하도록 한다. 투자가는 규정에 따라 경제무역지대에서 관광업을 할 수 있다.

제75조(편의보장) 경제무역지대에서는 우편, 전화, 팍스 같은 통신수단을

자유롭게 리용할 수 있다. 거주자, 체류자에게는 교육, 문화, 의료, 체육분야의 편리를 제공한다.

제76조(물자의 자유로운 반출입) 경제무역지대에는 물자를 자유롭게 들여올 수 있으며 그것을 보관, 가공, 조립, 선별, 포장하여 다른 나라로 내갈 수 있다. 그러나 반출입을 금지하는 물자는 들여오거나 내갈 수 없다.

제77조(인원, 운수수단의 출입과 물자의 반출입조건보장) 통행검사, 세관, 검역기관과 해당 기관은 경제무역지대의 개발과 기업활동에 지장이 없도록 인원, 운수수단의 출입과 물자의 반출입을 신속하고 편리하게 보장하여야 한다.

제78조(다른 나라 선박과 선원의 출입) 다른 나라 선박과 선원은 경제무역지대의 라진항, 선봉항, 웅상항에 국제적으로 통용되는 자유무역항출입질서에 따라 나들수 있다.

제79조(외국인의 출입, 체류, 거주) 외국인은 경제무역지대에 출입, 체류, 거주할 수 있으며 려권 또는 그것을 대신하는 출입증명서를 가지고 정해진 통로로 경제무역지대에 사증없이 나들수 있다. 우리나라의 다른 지역에서 경제무역지대에 출입하는 질서는 따로 정한다.

제8장 신소 및 분쟁해결

제80조(신소와 그 처리) 경제무역지대에서 기업 또는 개인은 관리위원회, 라선시인민위원회, 중앙특수경제지대지도기관과 해당 기관에 신소할 수 있다. 신소를 받은 기관은 30일 안에 료해처리하고 그 결과를 신소자에게 알려주어야 한다.

제81조(조정에 의한 분쟁해결) 관리위원회 또는 해당 기관은 분쟁당사자들의 요구에 따라 분쟁을 조정할 수 있다. 이 경우 분쟁당사자들의 의사에 기초하여 조정안을 작성하여야 한다. 조정안은 분쟁당사자들이 수표

하여야 효력을 가진다.

제82조(중재에 의한 분쟁해결) 분쟁당사자들은 합의에 따라 경제무역지대에 설립된 우리나라 또는 다른 나라 국제중재기관에 중재를 제기할 수 있다. 중재는 해당 국제중재위원회의 중재규칙에 따른다.

제83조(재판에 의한 분쟁해결) 분쟁당사자들은 경제무역지대의 관할재판소에 소송을 제기할 수 있다. 경제무역지대에서의 행정소송절차는 따로 정한다.

부칙

제1조(법의 시행일) 이 법은 공포한 날부터 시행한다.

제2조(법의 해석권) 이 법의 해석은 최고인민회의 상임위원회가 한다.

황금평·위화도 경제지대법
(조선민주주의인민공화국 황금평·위화도 경제지대법)

[주체 100(2011)년 12월 3일 최고인민회의 상임위원회 정령 제2006호로 채택]

제1장 경제지대법의 기본

제1조 (경제지대법의 사명) 조선민주주의인민공화국 황금평·위화도 경제지대법은 경제지대의 개발과 관리에서 제도와 질서를 바로 세워 대외경제협력과 교류를 확대발전시키는 데 이바지한다.

제2조 (경제지대의 지위와 위치) 황금평·위화도 경제지대는 경제분야에서 특혜정책이 실시되는 조선민주주의인민공화국의 특수경제지대이다. 황금평·위화도 경제지대에는 평안북도의 황금평지구와 위화도지구가 속한다.

제3조 (경제지대의 개발과 산업구성) 경제지대의 개발은 지구별·단계별로 한다. 황금평지구는 정보산업, 경공업, 농업, 상업, 관광업을 기본으로 개발하며 위화도지구는 위화도개발계획에 따라 개발한다.

제4조 (투자당사자) 경제지대에는 세계 여러 나라의 법인이나 개인, 경제조직이 투자할 수 있다. 우리나라 령역 밖에 거주하고 있는 조선동포도 이 법에 따라 경제지대에 투자할 수 있다.

제5조 (경제활동조건의 보장) 투자가는 경제지대에서 회사, 지사, 사무소 같은

것을 설립하고 기업활동을 자유롭게 할 수 있다. 국가는 토지리용, 로력채용, 세금납부, 시장진출 같은 분야에서 투자가에게 특혜적인 경제활동조건을 보장하도록 한다.

제6조(투자장려 및 금지, 제한 부문) 국가는 경제지대에서 하부구조건설부문과 첨단과학기술부문, 국제시장에서 경쟁력이 높은 상품을 생산하는 부문의 투자를 특별히 장려한다. 나라의 안전과 주민들의 건강, 건전한 사회도덕생활, 환경보호에 저해를 주거나 경제기술적으로 뒤떨어진 대상의 투자와 영업활동은 금지 또는 제한한다.

제7조(경제지대관리운영의 담당자, 관리위원회사업에 대한 관여금지 원칙) 경제지대의 관리운영은 중앙특수경제지대지도기관과 평안북도인민위원회의 지도와 방조밑에 관리위원회가 맡아한다. 이 법에서 규정한 경우를 제외하고 다른 기관은 관리위원회의 사업에 관여할 수 없다.

제8조(투자가의 권리와 리익보호) 경제지대에서 투자가의 재산과 합법적인 소득, 그에게 부여된 권리는 법에 따라 보호된다. 국가는 투자가의 재산을 국유화하거나 거두어들이지 않는다. 사회공공의 리익과 관련하여 부득이하게 투자가의 재산을 거두어들이거나 일시 리용하려 할 경우에는 사전에 그에게 통지하고 해당한 법적절차를 거치며 차별없이 그 가치를 제때에 충분하고 효과 있게 보상하여주도록 한다.

제9조(신변안전과 인권의 보장, 비법구속과 체포금지) 경제지대에서 공민의 신변안전과 인권은 법에 따라 보호된다. 법에 근거하지 않고는 구속, 체포하지 않으며 거주장소를 수색하지 않는다. 신변안전 및 형사사건과 관련하여 우리나라와 해당 나라 사이에 체결된 조약이 있을 경우에는 그에 따른다.

제10조(적용법규) 경제지대의 개발과 관리, 기업운영 같은 경제활동에는 이 법과 이 법시행을 위한 규정, 세칙, 준칙을 적용한다. 경제지대의 법규가 우리나라와 다른 나라 사이에 체결된 협정, 량해문, 합의서 같은 조

약의 내용과 다를 경우에는 조약을 우선 적용하며 경제지대밖에 적용하는 법규의 내용과 다를 경우에는 경제지대법규를 우선 적용한다.

제2장 경제지대의 개발

제11조(경제지대의 개발원칙) 1. 경제지대와 그 주변의 자연지리적 조건과 자원, 생산요소의 비교우세 보장

2. 토지, 자원의 절약과 합리적 리용

3. 경제지대와 그 주변의 생태환경보호

4. 생산과 봉사의 국제경쟁력 제고

5. 무역, 투자 같은 경제활동의 편의 보장

6. 사회공공의 리익 보장

7. 지속적이고 균형적인 경제발전의 보장

제12조(경제지대의 개발계획과 그 변경) 경제지대의 개발은 승인된 개발계획에 따라 한다. 개발계획의 변경승인은 해당 개발계획을 승인한 기관이 한다.

제13조(경제지대의 개발장식) 경제지대에서 황금평지구는 개발기업이 전체 면적의 토지를 임대받아 종합적으로 개발하고 경영하는 방식으로 개발한다. 위화도지구는 개발당사자들 사이에 합의한 방식으로 개발한다.

제14조(개발기업에 대한 승인) 개발기업에 대한 승인은 중앙특수경제지대지도기관이 관리위원회를 통하여 개발기업에게 개발사업권승인증서를 발급하는 방법으로 한다. 개발기업의 위임, 개발사업권승인증서의 발급신청은 관리위원회가 한다.

제15조(토지임대차계약) 개발사업권승인증서를 받은 개발기업은 국토관리기관과 토지임대차계약을 맺어야 한다. 토지임대차계약에서는 임대기간, 면적과 구획, 용도, 임대료의 지불기간과 지불방법, 그밖의 필요한 사항을 정한다. 국토관리기관은 토지임대료를 지불한 개발기업에

게 토지리용증을 발급하여 준다.

제16조(토지임대기간) 경제지대에서 토지임대기간은 해당 기업에게 토지리용증을 발급한 날부터 50년까지로 한다. 지대 안의 기업은 토지임대기간이 끝난 다음 계약을 다시 맺고 임대받은 토지를 계속 리용할 수 있다.

제17조(건무르, 부착물의 철거와 이설) 철거, 이설을 맡은 기관, 기업소는 개발공사에 지장이 없도록 개발지역 안의 공공건물과 살림집, 부착물 같은 것을 철거, 이설하고 주민을 이주시켜야 한다.

제18조(개발공사의 착수시점) 개발기업은 개발구역 안의 건물과 부착물의 철거, 이설사업이 끝나는 차제로 개발공사에 착수하여야 한다.

제19조(하부구조시설 및 공공시설건설) 경제지대의 하부구조 및 공공시설건설은 개발기업이 하며 그에 대한 특별허가경영권을 가진다. 개발기업은 하부구조 및 공공시설을 다른 기업을 인입하여 건설할 수 있다.

제20조(토지리용권과 건물의 양도 및 임대가격) 개발기업은 개발계획과 하부구조 건설이 진척되는 데 따라 개발한 토지와 건물을 양도, 임대할 권리를 가진다. 이 경우 양도, 임대가격은 개발기업이 정한다.

제21조(토지리용권, 건물소유권의 변경과 그 등록) 경제지대에서 기업은 유효기간 안에 토지리용권과 건물소유권을 매매, 교환, 증여, 상속의 방법으로 양도하거나 임대, 저당할 수 있다. 이 경우 토지리용권, 건물소유권의 변경등록을 하고 토지리용증 또는 건물소유권등록증을 다시 발급받아야 한다.

제3장 경제지대의 관리

제22조(경제지대의 관리원칙) 경제지대의 관리원칙은 다음과 같다.

1. 법규의 엄격한 준수와 집행

2. 관리원회와 기업의 독자성 보장

3. 무역과 투자활동에 대한 특혜 제공

4. 경제발전의 객관적 법칙과 시장원리의 준수

5. 국제관례의 참고

제23조(관리원회의 설립, 지위) 경제지대의 관리운영을 위하여 지대에 관리위원회를 설립한다. 관리위원회는 경제지대의 개발과 관리운영을 맡아하는 현지관리기관이다.

제24조(관리위원회의 구성) 관리위원회는 위원장, 부위원장, 서기장과 필요한 성원들로 구성한다. 관리위원회에는 경제지대의 개발과 관리에 필요한 부서를 둔다.

제25조(관리위원회의 책임자) 관리위원회의 책임자는 위원장이다. 위원장은 관리위원회를 대표하며 관리위원회의 사업을 주관한다.

제26조(관리위원회의 사업내용) 관리위원회는 다음과 같은 사업을 한다.

1. 경제지대의 개발과 관리에 필요한 준칙 작성

2. 투자환경의 조성과 투자 유치

3. 기업의 창설승인과 등록, 영업허가

4. 투자장려, 제한, 금지목록의 공포

5. 대상건설허가와 준공검사

6. 대상건설설계문건의 보관

7. 경제지대의 독자적인 재정관리체계수립

8. 토지리용권, 건물소유권의 등록

9. 위임받은 재산의 관리

10. 기업의 경영활동협조

11. 하부구조 및 공공시설의 건설, 경영에 대한 감독 및 협조

12. 경제지대의 환경보호와 소방대책

13. 인원, 운수수단의 출입과 물자의 반출입에 대한 협조

14. 관리위원회의 규약 작성

15. 이밖에 경제지대의 개발, 관리와 관련하여 중앙특수경제지대지도 기관과 평안북도인민위원회가 위임하는 사업

제27조(기업책임자회의의 소집) 관리위원회는 기업의 대표들이 참가하는 기업 책임자회의를 소집할 수 있다. 기업책임자회의에서는 경제지대의 개발과 관리, 기업운영과 관련하여 제기되는 중요문제를 토의한다.

제28조(예산의 편성과 집행) 관리위원회는 예산을 편성하고 집행한다. 이 경우 예산편성 및 집행정형과 관련한 문건을 중앙특수경제지대지도기 관과 평안북도인민위원회에 내야 한다.

제29조(평안북도인민위원회의 사업내용) 평안북도인민위원회는 경제지대와 관련하여 다음과 같은 사업을 한다.

1. 경제지대법과 규정의 시행세칙 작성

2. 경제지대개발과 관리, 기업운영에 필요한 로력 보장

3. 이밖에 경제지대의 개발, 관리와 관련하여 중앙특수경제지대지도 기관이 위임한 사업

제30조(중앙특수경제지대지도기관의 사업내용) 중앙특수경제지도기관은 다음과 같은 사업을 한다.

1. 경제지대의 발전전략작성

2. 경제지대의 개발, 건설과 관련한 국내기관들과의 사업련계

3. 다른 나라 정부들과의 협조 및 련계

4. 기업창설심의기준의 승인

5. 경제지대에 투자할 국내기업의 선정

6. 경제지대생산품의 지대밖 국내판매협조

제31조(사업계획과 통계자료의 제출) 관리위원회는 해마다 사업계획과 경제지대의 통계자료를 중앙특수경제지대지도기관과 평안북도인민위원회에 내야 한다.

제4장 기업의 창설 및 등록, 운영

제32조(기업의 창설신청) 경제지대에 기업을 창설하려는 투자가는 관리위원회에 기업창설신청문건을 내야 한다. 관리위원회는 기업창설신청문건을 받은 날부터 10일 안으로 승인하거나 부결하고 그 결과를 신청자에게 알려주어야 한다.

제33조(기업의 등록, 법인자격) 기업창설승인을 받은 기업은 정해진 기일 안에 기업등록, 세관등록, 세무등록을 하여야 한다. 관리위원회에 등록된 기업은 우리나라 법인으로 된다.

제34조(기업의 권리) 경제지대에서 기업은 규약에 따라 경영 및 관리질서와 생산계획, 판매계획, 재정계획을 세울 권리, 로력채용, 로임기준과 지불형식, 생산물의 가격, 리윤의 분배방안을 독자적으로 결정할 권리를 가진다. 기업의 경영활동에 대한 비법적인 간섭은 할 수 없으며 법규에 정해지지 않은 비용을 징수하거나 의무를 지울 수 없다.

제35조(기업의 업종과 그 변경승인) 기업은 승인받은 업종범위 안에서 경영활동을 하여야 한다. 업종을 늘이거나 변경하려 할 경우에는 관리위원회의 승인을 받아야 한다.

제36조(로력의 채용) 기업은 우리나라의 로력을 우선적으로 채용하여야 한다. 필요에 따라 다른 나라 로력을 채용하려 할 경우에는 관리위원회에 통지하여야 한다.

제37조(월로임최저기준) 경제지대의 기업에서 일하는 종업원의 월로임최저기준은 평안북도인민위원회가 관리위원회와 협의하여 정한다.

제38조(지대밖의 우리나라 기업과의 거래) 기업은 계약을 맺고 경제지대밖의 우리나라 령역에서 경영활동에 필요한 원료, 자재, 물자를 구입하거나 생산한 제품을 판매할 수 있다. 우리나라 기관, 기업소, 단체에 원료, 자재, 부분품의 가공을 위탁할 수도 있다.

제39조(상품, 봉사의 가격) 경제지대에서 기업들 사이에 거래되는 상품과 봉

사가격, 경제지대 안의 기업과 지대밖의 우리나라 기관, 기업소, 단체 사이에 거래되는 상품의 가격은 국제시장 가격에 준하여 당사자들이 협의하여 정한다. 식량, 기초식품 같은 중요 대중필수품의 가격과 공공봉사료금은 평안북도인민위원회가 정한다. 이 경우 기업에 생긴 손해에 대한 재정적 보상을 한다.

제40조(기업의 돈자리) 기업은 경제지대에 설립된 우리나라 은행이나 외국투자은행에 돈자리를 두어야 한다. 우리나라 령역 밖의 다른 나라 은행에 돈자리를 두려 할 경우에는 관리위원회의 승인을 받아야 한다. 경제지대에 은행 또는 은행지점을 설립하는 절차는 규정으로 정한다.

제41조(보험가입과 보험기구의 설립) 경제지대에서 기업과 개인은 우리나라 령역 안에 있는 보험회사의 보험에 들며 의무보험은 정해진 보험회사의 보험에 들어야 한다. 경제지대에서 투자가는 보험회사를, 다른 나라의 보험회사는 지사, 사무소를 설립운영할 수 있다.

제42조(기업의 회계) 경제지대에서는 기업의 회계계산과 결산을 국제적으로 통용되는 회계기준을 적용하여 하도록 한다.

제43조(기업의 세금납부의무와 기업소득세률) 경제지대에서 기업은 정해진 세금을 납부하여야 한다. 기업소득세률은 결산리윤의 14%로, 특별히 장려하는 부문의 기업소득세률은 결산리윤의 10%로 한다.

제44조(지사, 사무소의 설치 및 등록) 경제지대에 지사, 사무소 같은 것을 설치하려 할 경우에는 관리위원회의 승인을 받고 등록을 하여야 한다. 지사, 사무소는 관리위원회에 등록한 날부터 정해진 기일 안에 세무등록, 세관등록을 하여야 한다.

제5장 경제활동조건의 보장

제45조(심의, 승인절차의 간소화) 경제지대에서는 통일적이며 집중적인 처리방

법으로 경제활동과 관련한 각종 심의, 승인절차를 간소화하도록 한다.

제46조(류통화폐와 결제화폐) 경제지대에서는 정해진 화폐를 류통시킨다. 류통화폐와 결제화폐는 조선원 또는 정해진 화폐로 한다. 경제지대에서 외화교환, 환률과 관련한 절차는 규정으로 정한다.

제47조(외화, 리윤, 재산의 반출입) 경제지대에서는 외화를 자유롭게 반출입할 수 있으며 합법적인 리윤과 기타 소득을 제한 없이 경제지대 밖으로 송금할 수 있다. 투자가는 경제지대에 들어왔던 재산과 지대에서 합법적으로 취득한 재산을 제한 없이 경제지대 밖으로 내갈 수 있다.

제48조(지적재산권의 보호) 경제지대에서 지적재산권은 법적보호를 받는다. 관리위원회는 경제지대에서 지적재산권의 등록, 리용, 보호와 관련한 사업체계를 세워야 한다.

제49조(원산지관리) 경제지대에서 원산지관리사업은 원산지관리기관이 한다. 원산지관리기관은 상품의 원산지관리사업을 경제지대법규와 국제관례에 맞게 하여야 한다.

제50조(특별허가경영권) 경제지대에서는 하부구조시설과 공공시설에 대하여 특별허가대상으로 경영하게 할 수 있다. 특별허가경영권을 가진 기업이 그것을 다른 기업에게 양도하거나 나누어주려 할 경우에는 계약을 맺고 관리위원회의 승인을 받아야 한다.

제51조(경제지대상품의 구입) 경제지대 밖의 우리나라 기관, 기업소, 단체는 계약을 맺고 경제지대의 기업이 생산하였거나 판매하는 상품을 구입할 수 있다.

제52조(계약의 중시와 리행) 기업은 계약을 중시하고 신용을 지키며 계약을 성실하게 리행하여야 한다. 당사자들은 계약의 체결과 리행에서 평등과 호혜의 원칙을 준수하여야 한다.

제53조(경영과 관련한 봉사) 경제지대에서는 규정에 따라 은행, 보험, 회계, 법률, 계량 같은 경영과 관련한 봉사를 할 수 있다.

제54조(광고사업과 야외광고물의 설치승인) 경제지대에서는 규정에 따라 광고업과 광고를 할 수 있다. 야외에 광고물을 설치하려 할 경우에는 관리위원회의 승인을 받는다.

제55조(건설기준과 기술규범) 경제지대에서의 건설설계와 시공에는 선진적인 다른 나라의 설계기준, 시공기술기준, 기술규범을 적용할 수 있다.

제56조(관광업) 경제지대에서는 자연풍치, 민속문화 같은 관광자원을 개발하여 국제관광을 발전시키도록 한다. 투자가는 규정에 따라 경제지대에서 관광업을 할 수 있다.

제57조(통신수단의 리용) 경제지대에서는 우편, 전화, 팍스 같은 통신수단을 자유롭게 리용할 수 있다.

제58조(인원, 운수수단의 출입과 물자의 반출입조건보장) 통행검사, 세관, 검영기관과 해당 기관은 경제지대의 개발, 기업활동에 지장이 없도록 인원, 운수수단의 출입과 물자의 반출입을 신속하고 편리하게 보장하여야 한다.

제59조(유가증권거래) 외국인투자기업과 외국인은 규정에 따라 경제지대에서 유가증권을 거래할 수 있다.

제6장 장려 및 특혜

제60조(투자방식) 투자가는 경제지대에 직접투자나 간접투자 같은 여러가지 방식으로 투자할 수 있다.

제61조(수출입의 장려) 기업은 경제지대 안이나 지대 밖의 기업과 계약을 맺고 상품거래, 기술무역, 봉사무역을 할 수 있으며 수출입대리업무도 할 수 있다.

제62조(기업소득세의 감면) 경제지대에서 10년 이상 운영하는 정해진 기업에 대하여서는 기업소득세를 면제하거 감면하여 준다. 기업소득세를 면제 또는 감면하는 기간, 감세률과 감면기간의 계산시점은 해당 규정

에서 정한다.

제63조(토지리용과 관련한 특혜) 경제지대에서 기업용 토지는 실지수요에 따라 먼저 제공되며 토지의 사용분야와 용도에 따라 임대기간, 임대료, 납부방법에서 서로 다른 특혜를 준다. 하부구조시설과 공공시설, 특별장려부문에 투자하는 기업에 대하여서는 토지 위치의 선택에서 우선권을 주며 정해진 기간에 해당한 토지사용료를 면제하여줄 수 있다.

제64조(재투자분에 해당한 소득세반환) 경제지대에서 리윤을 재투자하여 등록자본을 늘이거나 새로운 기업을 창설하여 5년 이상 운영할 경우에는 재투자분에 해당한 기업소득세액의 50%를 돌려준다. 하부구조건설부문에 재투자할 경우에는 납부한 재투자분에 해당한 기업소득세액의 전부를 돌려준다.

제65조(개발기업에 대한 특혜) 개발기업은 관광업, 호텔업 같은 대상의 경영권취득에서 우선권을 가진다. 개발기업의 재산과 하부구조시설, 공공시설운영에는 세금을 부과하지 않는다.

제66조(특별허가대상경영자에 대한 특혜) 관리위원회는 특별허가대상의 경영자에게 특혜를 주어 그가 합리적인 리윤을 얻도록 한다.

제67조(경제지대의 출입) 경제지대로 출입하는 외국인과 운수수단은 려권 또는 그를 대신하는 출입증명서를 가지고 지정된 통로로 사증없이 출입할 수 있다. 우리나라의 다른 지역에서 경제지대로 출입하는 질서, 경제지대에서 우리나라의 다른 지역으로 출입하는 질서는 따로 정한다.

제68조(특혜관세제도와 관세면제) 경제지대에서는 특혜관세제도를 실시한다. 가공무역, 중계무역, 보상무역을 목적으로 경제지대에 들여오는 물자, 기업의 생산과 경영에 필요한 물자와 생산한 수출상품, 투자가에게 필요한 사무용품과 생활용품, 경제지대건설에 필요한 물자, 그 밖에 정해진 물자에는 관세를 부과하지 않는다.

제69조(물자의 반출입신고제) 경제지대에서 물자의 반출입은 신고제로 한다.

물자를 반출입하려는 기업 또는 개인은 반출입신고서를 정확히 작성하여 반출입지점의 세관에 내야 한다.

제70조(교육, 문화, 의료, 체육 등의 편리제공) 경제지대에서는 거주자, 체류자에게 교육, 문화, 의료, 체육 같은 분야의 편리를 보장한다.

제7장 신소 및 분쟁해결

제71조(신소와 그 처리) 기업 또는 개인은 관리위원회, 평안북도인민위원회, 중앙특수경제지대지도기관과 해당 기관에 신소할 수 있다. 신소를 받은 기관은 30일 안에 료해처리하고 그 결과를 신소자에게 알려주어야 한다.

제72조(조정에 의한 분쟁해결) 관리위원회 또는 해당 기관은 분쟁당사자들의 요구에 따라 분쟁을 조정할 수 있다. 이 경우 분쟁당사자들의 의사에 기초하여 조정안을 작성하여야 한다. 조정안은 분쟁당사자들이 수표하여야 효력을 가진다.

제73조(중재에 의한 분쟁해결) 분쟁당사자들은 합의에 따라 경제지대에 설립된 우리나라 또는 다른 나라 국제중재기관에 중재를 제기할 수 있다. 중재는 해당 국제중재위원회의 중재규칙에 따른다.

제74조(재판에 의한 분쟁해결) 분쟁당사자들은 경제지대의 관할재판소 또는 경제지대에 설치된 재판소에 소송을 제기할 수 있다. 경제지대에서의 행정소송절차는 따로 정한다.

부칙

제1조(법의시행일) 이 법은 공포한 날부터 시행한다.

제2조(법의해석권) 이 법의 해석은 최고인민회의 상임위원회가 한다.

상업은행법

[조선민주주의인민공화국 상업은행법]

제1장 상업은행법의 기본

제1조(상업은행법의 사명) 상업은행은 예금, 대부, 결제 같은 업무를 전문으로 하는 기관이다. 조선민주주의인민공화국 상업은행법은 상업은행의 설립과 업무, 회계, 통합 및 해산에서 제도와 질서를 엄격히 세워 상업은행의 역할을 높이고 금융거래의 편의를 보장하는데 이바지 한다.

제2조(상업은행의 설립원칙) 상업은행의 설립을 바로 하는 것은 국가의 금융정책을 정확히 집행하기 위한 기본요구이다. 국가는 상업은행의 설립에서 공정성, 객관성과 실리를 보장하도록 한다.

제3조(상업은행의 업무원칙) 상업은행의 업무를 합리적으로 조직하는 것은 금융거래의 안전성을 보장하고 거래자의 리익을 보호하기 위한 중요담보이다. 국가는 상업은행업무에서 신용을 지키며 그것을 현대화, 과학화하도록 한다.

제4조(상업은행의 운영원칙) 국가는 상업은행이 경영활동에서 상대적 독자성을 가지고 채산제로 운영하도록 한다.

제5조(상업은행일군의 양성원칙) 국가는 상업은행 일군대렬을 튼튼히 꾸리고

그들의 책임성과 역할을 높이도록 한다. 상업은행의 일군은 해당한 자결을 가진 자만이 할 수 있다.

제6조(상업은행사업의 지도원칙) 조선민주주의인민공화국에서 상업은행에 대한 통일적인지도는 내각의 지도밑에 중앙은행이 한다. 국가는 상업은행에 대한 지도체계를 바로 세우고 통제를 강화하도록 한다.

제7조(법의 적용대상) 이 법은 공화국령역 안에서 설립운영하는 상업은행에 적용한다. 특수경제지대에서 상업은행의 설립운영과 외국투자은행의 설립운영은 해당 법규에 따른다.

제8조(교류와 협조) 국가는 상업은행 사업분야에서 다른 나라, 국제기구들과의 교류와 협조를 강화하도록 한다.

제2장 상업은행의 설립

제9조(상업은행의 설립승인) 상업은행의 설립승인은 중앙은행이 한다. 기관, 기업소, 단체는 승인없이 은행업무를 할 수 없으며 '은행'이라는 글자를 기관명칭에 리용할 수 없다.

제10조(상업은행설립신청문건의 제출) 상업은행을 설립하려는 기관, 기업소, 단체는 설립신청문건을 중앙은행에 제출하여야 한다. 설립신청문건에는 은행명칭, 밑자금, 거래대상, 업무범위, 소재지 같은 내용을 밝혀야 한다.

제11조(상업은행설립 승인문건의 심의) 중앙은행은 상업은행설립신청문건을 받은 날부터 60일안으로 심의하고 승인하거나 부결하여야 한다. 승인된 대상에 대하여서는 상업은행설립승인문건을 발급해주어야 한다.

제12조(상업은행의 운영준비) 상업은행의 설립승인을 받은 기관, 기업소, 단체는 정한 기간에 은행을 정상적으로 운영할 수 있는 준비를 끝내야 한다. 중앙은행은 상업은행의 운영준비기간을 밑자금 규모와 업무범위

를 고려하여 정해주어야 한다.

제13조(상업은행의 설립등록, 영업허가증 발급) 운영준비를 끝낸 상업은행은 30일 안으로 은행소재지의 도(직할시)인민위원회에 기관등록을 하여야 한다. 중앙은행은 등록된 상업은행에 10일안으로 영업허가증을 발급하여야 한다.

제14조(상업은행의 기구) 상업은행은 관리부서, 업무부서, 정보분석부서, 금융감독부서, 양성부서, 내부경리부서 같은 필요한 부서를 둘수 있다. 필요에 따라 리사회를 조직하고 운영 할 수 있다.

제15조(지점, 대표부의 설치) 상업은행은 국내와 국외의 여러 지역에 지점, 대표부 같은 기구를 내올 수 있다. 이 경우 해당 기관의 승인을 받는다.

제16조(상업은행에 변경등록) 상업은행은 은행명칭, 밑자금, 거래대상, 업무범위, 소재지 같은 것을 변경하려 할 경우 변경등록신청문건을 작성하여 중앙은행에 내야 한다. 중앙은행은 변경등록신청문건을 30일안으로 심의하고 그 결과를 상업은행에 통지해 주어야 한다.

제17조(영업허가증의 재교부) 상업은행은 영업허가증을 오손시켰거나 분실하였을 경우에는 제때에 재발급 받아야 한다.

제18조(상업은행업무종류) 상업은행의 업무는 다음과 같다.

1. 예금업무
2. 대부업무
3. 돈자리의 개설과 관리업무
4. 국내결제업무
5. 대외결제, 수형과 증권의 인수 및 할인, 환자조작업무
6. 외화교환업무
7. 거래자에 대한 신용확인 및 보증업무
8. 금융채권발행 및 팔고사기 업무
9. 귀금속거래업무

10. 고정재산등록업무

11. 화폐의 팔고사기업무

12. 은행카드업무

13. 이 밖에 승인받은 업무

제19조(예금) 상업은행은 유휴화폐자금을 적극 동원하기 위하여 거래자로부터 예금을 받아들일 수 있다. 이 경우 상업은행은 예금을 늘이기 위한 봉사활동을 다양하게 벌려야 한다.

제20조(예금의 지불과 비밀보장) 상업은행은 거래자가 예금에 대한 지불을 요구할 경우 원금과 리자를 제때에 정확히 지불하여야 한다. 예금에 대한 비밀을 철저히 보장하여야 한다.

제21조(지불준비금의 보유) 예금의 정상적인 지불을 위하여 상업은행은 정한 지불준비금을 보유하여야 한다. 지불준비금은 다른 용도에 리용할 수 없다.

제22조(준비금) 상업은행은 정한 준비금을 중앙은행에 적립하여야 한다. 중앙은행에 적립한 준비금은 상업은행이 통합 및 해산되는 경우에만 찾아쓸수 있다.

제23조(대부조건) 상업은행 거래자의 요구에 따라 경영활동을 개선하는데 필요한 자금을 대부하여 줄 수 있다. 이 경우 상업은행은 대부금을 계약내용에 맞게 리용하도록 하여야 한다.

제24조(대부의 원천) 대부원천은 거래자로부터 받아들인 예금과 자체자금, 중앙은행에서 받은 대부금 같은 것으로 한다. 상업은행은 대부원천을 초과하여 대부를 줄 수 없다.

제25조(대부계약) 상업은행은 상환능력이 있는 거래자에 대하여 서면으로 된 대부계약을 맺고 대부를 주어야 한다. 대부계약서에서는 대부금액, 대부용도, 담보, 상환기관과 방식, 리자률 같은 것을 밝혀야 한다.

제26조(대부금의 담보, 보증) 상업은행은 대부를 주기 전에 차입자로부터 대부금에 대한 담보 또는 보증을 세워야 한다. 담보는 차입자의 자금으

로 마련한 동산 또는 부동산으로, 보증은 해당 상급기관 또는 지불능력이 있는 제3자가 서면으로 한다.

제27조(대부상환) 상업은행은 계약에 따라 대부원금과 리자를 정한 기간에 정확히 받아 들여야 한다. 대부원금과 리자의 상환기간을 연장하거나 면제하려는 경우 해당 상업은행의 승인을 받아야 한다.

제28조(예금 및 대부리자률) 상업은행은 정한 기준리자률과 변동폭 범위에서 예금리자률과 대부리자률을 정하고 적용하여야 한다.

제29조(결제의 조직) 상업은행은 거래자가 돈자리를 통하여 화폐거래를 편리하게 할 수 있도록 결제조직을 짜고 들어야 한다. 결제는 돈자리에 화폐자금이 있을 경우에만 하는 것을 기본으로 한다.

제30조(돈자리의 개설) 상업은행은 거래자에게 현금 및 환치거래를 위한 돈자리를 개설하여 줄 수 있다. 거래자는 한 은행에만 돈자리를 개설하여야 한다.

상업은행은 중앙은행의 승인을 받아 외국은행에 돈자리를 둘 수 있다.

제31조(대금의 결제) 상업은행은 거래자의 지불지시에 따라 대금결제를 하여야 한다. 대금결제는 환치로 하는 것을 기본으로 한다.

제32조(대외결제, 수형, 증권의 인수 및 할인, 환자조작) 다른 나라와의 경제거래에 따르는 대외결제, 수형, 증권의 인수 및 할인, 환자조작은 승인받은 해당 상업은행이 진행한다. 대외결제, 수형, 증권의 인수 및 할인, 환자조작은 정한 절차와 방법에 따른다.

제33조(외화의 교환) 해당 상업은행은 외화교환업무를 할 수 있다. 외화교환업무는 기준환자시세와 변동폭 범위에서 자체의 실정에 맞게 하여야 한다.

제34조(거래자의 신용확인 및 보증) 상업은행은 거래자의 요구에 다라 제3자에게 거래자의 경영상태와 신용에 대하여 확인하여주거나 보증하여 줄 수 있다. 이 경우 거래자는 경영상태자료를 상업은행에 제출하여야

한다. 신용확인, 보증은 신용장 또는 보증장 같은 것을 발행하는 방법으로 한다.

제35조(금융채권의 발행 및 팔고사기) 상업은행은 금융채권을 발행하여 자금을 모집할 수 있으며 류통중의 각종 채권을 팔거나 살 수 있다. 금융채권의 발행은 해당 기관의 승인을 받아야 한다.

제36조(귀금속의 거래) 귀금속의 거래는 해당 상업은행이 한다. 해당 상업은행은 귀금속의 수매와 보관, 판매질서를 엄격히 지켜야 한다.

제37조(고정재산의 등록) 해당 상업은행은 기관, 기업소, 단체의 고정재산을 빠짐없이 정확히 등록하여야 한다. 고정재산의 등록은 부문별, 현물형태별, 금액별로 하여야 한다.

제38조(화폐의 팔고사기) 상업은행은 중앙은행과 화폐의 팔고 사기를 할 수 있다. 화폐의 팔고사기는 환자시세에 따라 조선원과 외화를 교환하는 방법으로 한다.

제39조(금융봉사료금) 상업은행은 거래자로부터 업무에 따르는 금융봉사료금을 받을 수 있다. 금융봉사료금을 정하는 사업은 중앙가격지도기관이 한다.

제40조(국고업무의 대리) 국고업무대리는 해당 상업은행이 한다. 해당 상업은행은 중앙은행의 국가예산자금지출문건에 따라 자금을 신속히 지출하며 거래자가 바치는 국가예산납부금을 중앙은행에 제때에 집중시켜야 한다.

제41조(통계자료의 제출) 상업은행은 화폐류통과 관련한 통계자료를 정확히 작성하고 정한 기간에 중앙은행에 제출하여야 한다. 통계자료에는 화폐류통정형과 예금, 대부관계 같은 거래내용을 반영하여야 한다.

제4장 상업은행의 회계

제42조(회계제도의 수립) 상업은행은 모든 거래내용을 빠짐없이 기록, 계산, 분석하고 결산하는 회계제도를 엄격히 세워야 한다. 회계는 시초서류 또는 아랫단위의 회계보고문건에 기초하여 한다.

제43조(회계결산의 주기) 상업은행은 주기에 따라 회계결산을 하여야 한다. 회계결산주기는 분기, 반년, 년간으로 한다.

제44조(회계결산서의 작성) 상업은행은 회계결산서를 정확히 작성하여야 한다. 회계결산서에는 해당 기관의 수입과 지출, 리익금 및 손실금과 그 처리정형, 채권채무관계 같은 거래내용을 구체적으로 밝혀야 한다.

제45조(회계결산서이 검증, 제출) 상업은행의 회계결산서는 회계검증기관의 검증을 받아야 한다. 검증받은 회계결산서를 해당 기관에 제출하여야 한다.

제46조(회계문건의 보관, 취급) 상업은행은 회계문건을 정한 기간까지 보관하여야 한다. 회계문건은 승인없이 다른 기관, 기업소, 단체와 공민에게 보여줄 수 없다.

제47조(회계년도, 기준화폐) 상업은행의 회계연도는 1월 1일부터 12월 31일까지로 한다. 회계는 조선원으로 한다.

제5장 상업은행의 통합 및 해산

제48조(통합 및 해산사유) 상업은행은 경영과정에 거래자의 리익을 엄중하게 침해하거나 경영활동을 계속할 수 없는 경우 다른 상업은행에 통합하거나 해산할 수 있다.

제49조(통합 및 해산신청문건의 제출) 다른 상업은행에 통합하거나 해산하려는 상업은행은 통합 및 해산신청문건을 중앙은행에 제출하여야 한다. 통합 및 해산신청문건작성은 정한 양식에 따른다.

제50조(통합 및 해산신청문건의 심의) 통합 및 해산신청문건을 받은 중앙은행은 30일안으로 심의하여야 한다. 통합 및 해산이 승인된 상업은행의 영업허가증은 즉시 회수한다.

제51조(통합 및 해산되는 상업은행 업무청산) 통합 및 해산되는 상업은행은 정한 절차에 따라 은행업무를 청산하여야 한다. 중앙은행은 통합 및 해산되는 상업은행의 업무청산을 바로 지도하여야 한다.

제52조(통합되는 상업은행의 채권채무) 통합되는 상업은행의 채권채무관계를 통합하는 상업은행에 그대로 넘어간다. 통합한 상업은행은 넘겨받은 채권채무를 정확히 처리하여야 한다.

제6장 제재 및 분쟁해결

제53조(벌금) 벌금을 물리는 경우 다음과 같다.

1. 부당하게 돈자리를 개설해주었거나 예금을 받아들였거나 대부를 주었을 경우

2. 정한 기준 리자률과 변동폭 범위를 초과하여 예금 또는 대부리자률을 적용 하였을 경우

3. 정당한 리유없이 결제문건을 제때에 처리하지 않았을 경우

4. 외화교환을 정한 절차와 방법대로 진행하지 않았을 경우

5. 금융봉사료금을 정한대로 받지 않았을 경우

6. 기관, 기업소, 단체의 자금을 개인의 명의로 예금하였을 경우

7. 승인없이 은행업무를 중지하였거나 업무시간을 단축하였을 경우

제54조(업무중지) 업무를 중지시키는 경우는 다음과 같다.

1. 승인없이 은행업무를 하였을 경우

2. 거래자의 요구대로 예금을 지불하지 않았을 경우

3. 준비금을 중앙은행에 예금하지 않았을 경우

4. 업무검열을 방해하였을 경우

제55조(상업은행설립승인의 취소) 영업허가증을 받은 날부터 30일안으로 업무를 시작하지 않았을 경우에는 상업은행의 설립승인을 취소한다.

제56조(행정적 또는 형사적 책임) 이 법을 어겨 상업은행에 엄중한 결과를 일으킨 기관, 기업소, 단체의 책임있는 일군과 개별적 공민에게는 정상에 따라 행정적 또는 형사적 책임을 지운다

제57조(분쟁해결) 상업은행사업과 관련한 분쟁은 협의의 방법으로 해결한다. 협의의 방법으로 해결할 수 없을 경우에는 공화국 재판 또는 중재기관에 제기하여 해결할 수 있다.

남북경협 활성화를 위한
북한 투자법령 개정 방안

1. 서언

남북경협 활성화를 위한 북한 투자법령의 개선방안 논의에서 중요한 전제로 UN과 미국의 대북제재가 해제 또는 완화되어야 하고 북한 투자법령의 개정이 북한 체제유지에 위협이 되지 않도록 북한 당국이 용인 가능한 수준이 될 필요가 있다. 여기에 더하여 남북경협이 실질적으로 확대되기 위해서는 북한의 핵 포기로 남한의 전략물자의 반출입에 관한 통제가 완화되는 내용의 관련 법령의 개정이 필요하다. 이러한 전제하에서 향후 남북경협에 참여하는 한국기업과 기업인의 투자보호 관점에서 북한의 투자법령의 개선방안을 검토하고자 한다.

2. 현행 북한 투자법령의 미비점과 개선 방향

현재 남북경협의 관련 절차와 내용을 규정하고 있는 북한법령에는 북남경제협력법, 개성공업지구법, 금강산국제관광특구법 등이 있다. 북남경제협력법은 북한에 투자하는 남한기업과 기업인에 대한 사항을 규정하는 것으로 남북경협에 관한 북한의 기본법에 해당된다. 북남경제협력법을 기본으로 하여 개성공업지구, 금강산국제관광특구에 대한 사항을 규정하는 개별 법률로 개성공업지구법, 금강산국제관광특구법이 있고 개성공업지구법의 하위법령으로 다양한 규정과 시행세칙이 있다.

북한의 현행 남북경협 관련 법령의 문제점은 북남경제협력법과 개별 경제특구법인 개성공업지구법, 금강산국제관광특구법과의 관계가 불명확하고, 위 각 법률 간에 모순되고 상충하는 내용이 있어 법률 상호간의 체계 정합성이 떨어진다는 것이다.

또한 위 투자법령의 규정들이 구체적이지 않고 추상적으로 규정되어 불명확하게 해석될 여지가 많고, 투자자 보호 관련 조항이 미비하여 북한에 투자한 남한기업에 자율적 기업활동과 투자원금·이익 회수에 대한 예측 가능성을 보장할 수 없다는 것이다.

이와 관련하여 구체적인 미비점을 살펴보면 첫째, 현행의 북남경제협력법은 남북경협 관련 기본법임에도 불구하고 모법으로서의 기능을 하기에는 규율하는 대상과 조항이 부실하다. 남북경협사업의 절차, 노무관리, 이윤회수, 분쟁해결절차, 통행·통관·통신의 3통 문제 등 남한 기업인과 투자자들의 주요한 관심사항에 관한 주요 내용들이 누락되어 남북경협사업의 준거법으로서 기능을 제대로 하지 못하고 있다.

둘째, 북남경제협력법은 남한의 남북교류협력에 관한 법률에 대응하는 것인데, 남한의 남북교류협력법이 남북경협의 구체적 절차에 관하여 상세히 규정하고 있는 것과 달리 북남경제협력법은 남북한의 경제협력을 지원하는 구체적인 절차규정이 부족하다.

셋째, 개성공업지구법의 규율내용이 너무 추상적이고 대부분의 주요한 사항은 하위 규정, 시행세칙에 위임되어 있어 남한 기업으로서는 예측 가능성이 낮으므로 하위규정들의 주요 내용을 상위법인 개성공업지구법에 격상시켜 규정하여 투자자보호 및 거래 안정성을 담보할 필요가 있다.

넷째, 남북경협과 관련하여 체결된 주요합의서의 내용을 기본법인 북남경제협력법에 규정하여 규범력을 강화해야 한다.

남북경협과 관련하여 남한과 북한이 체결한 주요한 합의서로, 남북 사이의 투자보장에 관한 합의서, 남북 사이의 상사분쟁해결절차에 관한 합의서, 개성공업지구와 금강산관광지구의 출입 및 체류에 관한 합의서, 개성공업지구 통신에 관한 합의서, 개성공업지구 통관에 관한 합의서, 개성공업지구 검역에 관한 합의서 등이 있다.

위 합의서는 대부분 조약으로서 법적 효력을 갖지 못할 것으로 보이므로 규범력에 한계가 있다.

따라서 위 합의내용에 법적 규범력을 부여하기 위해서라도 위 합의서 중 남북경협에 공통으로 적용되는 총칙에 관한 사항인 투자보장, 상사분쟁해결절차, 출입 및 체류, 통신, 통관, 검역 등에 관한 내용은 기본법인 북남경제협력법에 명시적으로 규정하여 법적 규범력과 실효성을 강화해야 한다.

3. 북남경제협력법의 구체적 개정방안

가. 북남경제협력법 제2조는 북남경제협력를 정의하면서 북과 남 사이에 진행되는 건설, 관광, 기업경영, 임가공, 기술교류와 은행, 보험, 통신, 수송, 봉사업무, 물자교류를 들고 있다. 위 규정이 예시적 조항인지 열거적 조항인지 불명확하나 향후 대북제재 해제와 북미관계의 개선에 따라 남북경협의 범위가 어디까지 확대될지는 예측할 수 없으므로 북남경제협력의 범위를 현재 조항처럼 한정적으로 정의할 것이 아니라 광범위하게 포괄적으로 규정하고 부적합한 업종은 북한당국이 승인심사 단계에서 선별하여 거르는 방식이 적절하다.

나. 북남경제협력법 제9조는 북남경제협력은 북측 또는 남측 지역에서 한다고 하여 남북경협이 진행될 북측 지역을 제한하지 아니하고 있다. 그러나 북한의 경제특구에 관한 개별법인 라선경제무역지대법,

황금평·위화도 경제지대법에는 투자당사자를 '세계 여러나라의 법인이나 개인, 경제조직 또는 우리나라 영역 밖에 거주하는 조선동포'(라선경제무역지대법 제4조, 황금평·위화도경제지대법 제4조)라고 규정하여 남한기업이나 남한의 개인을 제외하고 있고 신의주특별행정구기본법의 경우 투자당사자에 관한 명시적 규정이 없어 남한기업이나 남한 개인이 신의주특별행정구에 투자를 할 수 있는지 여부가 불분명하게 되어 있다.

향후 남북경협이 확대되고 북미관계가 실질적으로 개선되어 대북제재가 해제되는 경우 남한의 기업이 개성공업지구와 금강산 국제관광지구를 넘어서 북한과 중국, 러시아 국경과 인접한 라선경제특구나 황금평·위화도 경제특구, 신의주특별행정구에 투자를 확대할 수 있는 여지를 남겨두기 위해서라도 북남경제협력법에 남한기업이나 남한 사람들은 외국인이 투자할 수 있는 북한 지역이라면 동등하게 어디라도 투자할 수 있다는 취지의 규정을 추가하여 남한기업이나 기업인의 투자당사자 자격을 명확히 할 필요가 있다.

다. 남한 주민이 북한의 개성공업지구나 금강산 관광지구에 체류할 때 신변안전을 보장하는 내용의 '개성·금강산지구 출입·체류합의서'가 남북간에 체결되었는데, 위 출입체류에 관한 합의내용을 북남경제협력법에 규정하고 그 신변안전 보장의 범위를 외국인이 투자할 수 있는 북한의 모든 경제특구로 확대하는 규정을 추가할 필요가 있다.

라. 남북한 사이의 상사분쟁해결에 관해서는 '남북사이의 상사분쟁해결절차에 관한 합의서'와 '남북상사중재위원회 구성, 운영에 관한 합의서'가 체결되었는바, 위 합의내용을 현재의 북남경제협력법 제27조에 추가하여 분쟁해결절차에 관해 보다 상세한 규정을 할 필요가 있다. 특히 현재 남북상사중재위원회 구성이 남한과 북한의 각 2인의 위원으로만 구성되어 있어 남북한 간에 의견충돌이 발생할 경우 의

견수렴이 안 되는 문제점을 시정하기 위하여 미국, 중국 등 제3국의 위원을 중재위원으로 선임하여 실질적으로 최종 중재합의가 도출될 수 있도록 보완할 필요가 있다.

마. 한편 외국인투자에 관하여는 합작법, 합영법, 외국인기업법 등 외국인 투자자가 영위할 수 있는 법인이나 사업의 형태에 관하여 상세한 규정을 두고 있으나 북남경제협력법이나 개성공업지구법 등에는 이에 관한 조항이 없다. 향후 개성공업지구가 활성화되면 한국기업이 북한의 기업·사업소와 합작이나 합영의 형태로 사업할 수도 있으므로 북남경제협력법에 남한기업도 합작이나 합영 형태의 사업이 가능함을 명시하고 관련 합작법, 합영법을 준용하는 조항을 신설할 필요가 있다.

4. 개성공업지구법의 개정방안

가. 개성공업지구법은 그 하위법령으로 개발규정, 기업창설·운영규정, 세금규정, 노동규정, 출입체류거주규정, 세관규정 등 16개의 규정이 있고 그 아래에 출입, 자동차관리, 노력채용해고, 노동시간 등 17개의 시행세칙이 있으며 다시 그 아래에 51개의 준칙이 있다. 그런데 개성공업지구법을 제외한 나머지 규정이나 시행세칙 등은 북한 당국이 임의로 변경이 가능하고 일반에 공개되어 있지 않아 남한 기업이 기업활동을 함에 있어서 예측 가능성이 떨어진다. 따라서 적어도 규정, 시행세칙들의 주요한 내용은 모법인 개성공업지구법으로 격상시켜 법률에 규정할 필요가 있다.

나. 또한 개성공업지구가 재개되는 경우 한국기업의 투자자산을 보호하기 위하여 개성공업지구법에 투자자산의 보호를 위한 구체적인 절차, 요건, 내용 및 범위 등을 상세히 규정하는 조항을 신설하여 북한 당국의 남한기업의 투자자산 보호를 선언적 내용이 아니라 법적 규

범력을 강화하는 방향으로 유도하여야 한다.

다. 개성공업지구의 경우 남한 입주기업에 노무관리에 관한 권한이 인정되지 않아 경영활동의 자율성이 침해된다는 지적이 많았다. 북한 당국의 최종적 노무관리권한을 인정하더라도 1차적으로는 남한 기업이 북한 노동자들에게 최소한 출퇴근시간 지정, 작업장 배치 등의 권한을 인정하는 내용이 신설될 필요가 있어 보인다.

5. 금강산국제관광특구법의 구체적 개정방안

가. 북한은 기존의 금강산관광지구법을 폐지하고 금강산국제관광특구법을 제정하였는데 위 법률에는 금강산관광지구의 개발과 관리를 중앙금강산국제관광특구지도기관의 지도 하에 금강산국제관광특구관리위원회가 담당하는 것으로 되어 있어 현대아산의 독점사업권을 전면적으로 부인하고 있다.

향후 남북경협이 활성화될 경우 현대아산의 독점사업권을 어떤 방식으로든 인정받는 형식의 정부 협상과 후속 법률개정이 불가피하다. 이 문제는 현대아산의 7대 독점사업권의 재지정문제와 맞물려 있어 향후 남북간 협상이 필요한 부분이다.

나. 한편 동법 제24조는 '투자가는 관광업에 투자하여 기업을 창설할 수 있다'고 규정하여 남한기업 외에 다른 외국인 투자자에도 금강산국제관광특구에 대한 사업참여를 개방하고 있는바, 북측이 애초에 남한에 약속한 대로 남한 기업에 우선투자권을 보장하는 내용의 우선투자권 조항이 신설될 필요가 있어 보인다.

6. 결어

남북경협 활성화를 위한 북한 법제개선은 남한 법령과 북한 법령의 개정작업이 상호 조화롭게 진행되어야 한다. 따라서 북미관계가 개선되고 남북교류가 활성화되면 남북연락사무소 산하에 남한과 북한의 법률가들이 참여하는 남북경협 법제개정위원회를 구성하여 남북이 통일적이고 조화로운 법률개정작업을 시작하여야 할 것이다.

참고도서 및 참고 사이트

- KDB 산업은행, 《북한의 산업》, 2015.
- 권영태, 《남도 북도 모르는 북한법 이야기》, 이매진.
- 김병로 등, 《개성공단》, 진인진, 2015.
- 김병연, 《Unveiling the North Korean Economy》, 캠브리지대학교 출판사, 2017
- 김흥광 외 6인, 《김정은의 북한은 어디로》, 늘품플러스, 2012.
- 류종훈 외 KBS 제작팀, 〈누가 북한을 움직이는가〉, 가나출판사, 2018.
- 삼정KPMG 대북비지니스 지원센터, 《북한 비즈니스 진출전략》, 두앤북, 2018.
- 서종원, 한은영, 《TSR 운송현황 및 용량분석》, 동북아북한연구센터, 2018. 5. 14.
- 장쉰, 《북한이라는 수수께끼》, 에쎄, 2015.
- 전지명, 《사회주의 국가 북한의 외국인 투자제도》, 삼영사, 2010.
- 조선대외경제투자협력위원회, 《조선민주주의 인민공화국 투자안내》, 2016.
- 주성하, 《평양 자본주의 백과전서》, 북돋움, 2018년
- 통일문제연구위원회, 《통일문제연구위원회 자료집》, 대한변호사협회, 2018.
- 법무부 북한법령센터, 통일법제 데이터베이스 http://www.unilaw.go.kr
- 통일부 북한정보포털 http://nkinfo.unikorea.go.kr
- 개성공업지구지원재단, 개성공업지구관리위원회 http://www.kidmac.com
- 대한무역투자진흥공사 http://www.kotra.or.kr

대북투자는 경제적 신분상승의 마지막 기회다

우리는 왜 투자를 하는가? 부자가 되기 위해서다.

부자가 되려면 부자가 가는 길을 따라야 가야 한다. 부자와 같은 방식으로 사고하고 부자가 하는 패턴대로 행동해야 한다. 작은 부자는 노력과 근면으로 이룰 수 있지만 큰 부자는 고수익이 예상되는 불확실하거나 새로운 사업영역에 리스크를 짊어지고 일을 저질러야만 탄생한다.

대북투자나 북한 비즈니스를 이야기하면 남북관계 개선이나 통일 등 자신과는 관련 없는 먼 미래의 일로 치부하는 사람들이 의외로 많아서 놀라웠다.

이 책을 쓰게 된 동기 중의 하나가 대북투자와 북한 비즈니스가 우리에게 주는 중대한 기회와 변화의 가능성에 대하여 알려주고 싶었기 때문이다.

한국은 이미 계층상승의 사다리가 붕괴되고 신분과 경제적 계급이 완전히 고착화되어 버렸다. 특히 경제적 부의 고착화는 심각해서 개인이 웬만한 노력을 하더라도 현재의 구조화되고 경직화된 경제구조에서 경제적 신분상승을 이루기는 거의 불가능에 가깝다.

대북투자나 북한 비즈니스가 지금 우리에게 중요한 것은 이것이 단순히 남북 간의 정치외교적인 거대담론의 문제가 아니라 한반도에 살고 있는 우리 개인들에게 유일하게 남아 있는 경제적 신분상승의 마지막 가능성과 기회에 관한 이야기이기 때문이다.

한국의 재벌이나 큰 부자가 형성된 시기는 두 번 있었다.

먼저, 해방 이후 적산재산의 분배에 운 좋게 참여한 개인이나 기업이 새로운 신흥 갑부로 떠올랐었고, 두 번째로 박정희 대통령 시절 수출 주도의 경제 드라이브를 걸던 당시에 정부와의 네트워크로 원조차관 등 정부자금의 다양한 특혜성 지원을 받은 기업들이 현재의 재벌기업으로 성장했다.

그리고 다시 북한이 개혁개방정책을 실시하고 대북제재가 해제되어 대북투자의 문호가 열리면 이것이 희망 없이 사는 한국의 서민, 중산층에게는 한반도에서 누릴 수 있는 마지막 신분변동 기회가 될 것이다.

나는 운 좋게도 노무현 대통령 시절 청와대에서 행정관으로 근무하면서 대북지원 관련 TF팀에 관여할 기회가 있었고 그 이후 검사생활을 마치고 KB금융지주와 KB증권에서 금융업과 투자에 관한 경험을 쌓으면서 신흥시장으로서 북한의 잠재적 가치에 주목하게 되었다. KB증권에서 전무로 재직할 당시 동남아시아의 신흥시장인 인도네시아와 베트남에 진출할 전략을 고민하면서 신흥시장의 잠재적 성장가능성이 얼마나 높은지 알게 되었고 북한도 이러한 관점에서 접근하면 무한한 성장가능성이 응축된 시장이라고 결론을 내리게 되었다. 또 주위에 북한과 사업을 하던 중국 조선족 사업가들이나 북한의 고위 탈북민들을 만나면서 개혁개방이 진행되면 북한에서 진행할 수 있는 다양한 사업영역에 대하여 알게 되었다.

일반인들은 북한투자나 북한 비즈니스에 대하여 여전히 지속가능성에 대하여 걱정이나 의문이 많다는 것을 알고 있다. 그런데 사업은 원래 리스크가 그 본질이다. 위험하지 않으면 사업이 아니다. 사업가들은 다만 할 수 있는 한 모든 방법을 동원해서 리스크를 최대한 줄이고 또 줄일 뿐이다.

이 책에는 내가 참여정부의 청와대 행정관으로 근무하면서 체험한 대북 관련 정보와 증권사의 임원으로서 신흥시장에 투자한 경험, 그리고 대한변협의 통일문제연구위원회 위원으로 활동하면서 익힌 북한의 투자법제에 관한 변호사로서의 지식을 종합하여 어떻게 하면 대북 투자 리스크를 최대한 줄이고 헷징을 할 수 있을지에 관한 고민들이 담겨 있다.

사업은 리스크를 먹고 자란다. 대북투자도 마찬가지다. 가난한 자들에게는 그것이 위험이고 불안이지만 부자들에게는 그것이 기회다.

대북제재가 해제되어 북한이 열릴 때 당신이 무엇을 하느냐가 20년 후 당신의 삶과 운명을 바꿀 것이라고 감히 확신한다.

전국민
1인 1토지
프로젝트

난생처음 토지 투자

이라희 지음 | 18,000원

대한민국 제1호 '토지 투자 에이전트',
1,000% 수익률을 달성한
토지 투자 전문가 이라희 소장의 땅테크 노하우

초저금리 시대, 땅테크가 최고의 재테크 수단으로 떠오르고 있는 지금,
전국민이 '1인 1토지'를 가져 재테크에 성공할 수 있도록 누구나 쉽게 실
천할 수 있는 실전 노하우를 담았다. 재테크를 전혀 해보지 않은 초보자
도 이해할 수 있도록 개발 지역 확인하는 법을 알려주고, 초보자가 꼭 봐
야 할 토지 투자 관련 사이트, 용지지역 확인하는 법 등 실질적인 노하우
를 공개한다. 나의 자금대에 맞는 토지 투자법, 3~5년 안에 3~5배 수익
을 내는 법 등 쉽고 안전한 토지 투자 방법을 담아내 누구나 '1,000만 원
으로 시작해 100억 부자'가 될 수 있다.

경매의 신
임경민의
경매 노하우

난생처음 10배 경매

임경민 지음 | 18,000원

가장 빠르고 확실하게 부자 되는 방법
안전하고 확실한 '10배 경매 6단계 매직 사이클'
과장된 무용담이 아닌 100% 리얼 성공 사례 수록!

경매가 무엇인지 개념 정리부터 경매의 6단계 사이클을 토대로 경매물
건 보는 법, 10초 만에 권리분석하는 법 등 경매 고수가 알아야 할 기술
을 알려준다. 특히 실제로 경매를 통해 수익을 올린 사례를 실투자금, 예
상 수익, 등기부등본과 함께 실어서 경매가 얼마나 확실하고 안전한 수
익을 올릴 수 있는지 증명했다. 경매는 결코 어렵고 위험한 것이 아니다.
큰돈이 있어야만 할 수 있는 것도 아니다. 투자금액의 몇 배를, 빠른 기간
에 회수할 수 있는 훌륭한 재테크 수단이다. 경매는 부자로 태어나지 못
한 사람이 부자가 되는 가장 빠르고 확실한 방법이다.

5할 타율
유지하는 안전한
주식투자법!

난생처음 주식투자

이재웅 지음 | 13,800원

'판단력'만 있으면 주식 투자 절대 실패하지 않는다!
차트보다 정확한 기업 분석으로 적금처럼 쌓이는 주식 투자법!

쪽박에 쪽박을 거듭하던 저자가 전문 주식 투자자가 되기까지! 저자가 터득한 가장 효과적인 공부법과 이를 바탕으로 실전에서 활용할 수 있는 효과적인 투자 노하우를 담은 책이다. 1장에는 저자의 생생한 투자 실패담과 많은 주식 투자자들이 실패하는 이유에 대해, 2장에는 주식 투자에 밑바탕이 되는 기본 지식 공부법과 습관에 대해 설명한다. 그리고 3장부터 본격적으로 주식 투자에 필요한 용어 설명, 공시 보는 법, 손익계산서 계산법, 재무제표 분석법, 사업계획서 읽는 법, 기업의 적정 주가 구하는 법 등 투자에 필요한 실질적인 노하우를 6장까지 소개하고 있다. 마지막 부록에는 저자가 실제 투자를 위해 분석한 기업 7곳의 투자노트가 담겨 있다.

플랫폼 구축
트레이닝 시트
수록

노마드 비즈니스맨

이승준 지음 | 15,000원

경쟁하지 않고 이기는 최고의 전략,
시간을 팔아서 돈을 벌지 말고,
나 대신 돈을 벌어줄 플랫폼을 구축하라!

다들 돈과 시간에서 자유로운 삶을 꿈꾼다. 하지만 이는 희망사항일 뿐 연봉은 적게 받고 일은 더 많이 하는 게 현실이다. 이 책은 직장 생활을 하지 않아도 충분한 돈을 벌고 자신이 원하는 삶을 살아가는 방법, 즉 '노마드 비즈니스맨'이 되는 방법을 알려준다. 7년간 노마드 비즈니스로 일하며 일주일에 3~4시간 일하고 월 1억 원 이상을 버는 저자가 네이버 카페, 책, 유튜브, 카카오스토리, 페이스북 등 다양한 SNS를 통해 노마드 비즈니스를 실천할 수 있는 구체적인 방법을 소개한다. 또한 독자 개인의 성향에 맞는 노마드 비즈니스를 찾을 수 있도록 안내해준다.